遨遊11國省錢品味

歐洲

24~25年版

法國、英國、荷蘭、德國、意大利、瑞士
西班牙、匈牙利、奧地利、捷克、希臘

典雅被遷藝術名城 深華大地
皇家無派古堡庭園 搶遊眼驟

- 走遍11個歐洲必遊國家,點讚推薦
  268個經典景點、名勝,不容錯過
- 31個行程規劃示範,率性出遊!
- 搜羅各地滋味美食、舒適住宿選擇
- 35幅詳細地圖,專業可靠,教你橫越歐洲
  城市、郊區、小島無難度!
- 下載手機app輕鬆購買歐洲火車證

跨版生活

地圖使用說明:
- 書內有介紹的景點
- 書內沒有介紹的景點

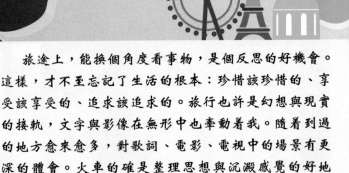

作者序

旅途上，能換個角度看事物，是個反思的好機會。這樣，才不至忘記了生活的根本：珍惜該珍惜的、享受該享受的、追求該追求的。旅行也許是幻想與現實的接軌，文字與影像在無形中也牽動着我。隨着到過的地方愈來愈多，對歌詞、電影、電視中的場景有更深的體會。火車的確是整理思想與沉澱感覺的好地方，窗外的美景配上寧靜的環境，很適合創作。

到訪歐洲之後，我看到了自己的不足與渺小。同時，這趟旅程亦喚醒了我對歷史、藝術、宗教的興趣。在歐洲走遍無數的教堂跟博物館之後，對知識的渴求一日比一日大。在香港，九成以上的都是膚色相同的亞洲人，實在很少機會可以讓我們接觸到別國的文化。因此，透過旅行讓我們「擴闊視野」，實在很重要。自古以來，人人都說：「讀萬卷書不如行萬里路」，很期待將來能用雙腳踏遍全球，迎接不一樣的自己。

很多事情也不只有羨慕別人的份兒，一切視乎你自己有沒有踏出第一步的決心。在努力讀書、努力工作以外，還應該有點不一樣的生活。由閱讀本書的這一刻開始，你的歐洲自由行之旅已經正式開始了。

祝大家旅途愉快！

Betty

關於作者

正職眼科視光師，業餘從事各類型文字創作。自美國三個月工作假期後，瘋狂愛上了自由行。本是「理科人」，卻最愛文字。曾擔任理工大學校報編輯及大學聯校月刊記者。跟大部分人一樣是朝九晚五的上班族，閒時最愛寫作、跑步、「夾 band」、胡思亂想，確信「麵包」與「理想」能夠共存。

已出版暢銷旅遊書：《環抱晴朗慢走島國 Easy GO! 四國》、
　　　　　　　　　《豪情闖蕩自然探奇 Easy GO! 澳洲》
個人博客：betty-wong.blogspot.hk

目錄

3

Contents

Part 1 歐洲旅遊

實用資料

歐洲各國位置圖

N

俄羅斯

芬蘭

瑞典

挪威

丹麥

北海

冰島

愛爾蘭

英國
(P.76)

荷蘭
(P.113)

比利時

盧森堡

法國
(P.48)

愛沙尼亞

拉脫維亞

立陶宛

白俄羅斯

波蘭

德國
(P.130)

捷克
(P.252)

斯洛伐克

奧地利
(P.274)

匈牙利
(P.262)

烏克蘭

摩爾多瓦

羅馬尼亞

保加利亞

塞爾維亞

波士尼亞

克羅地亞

斯洛文尼亞

義大利
(P.158)

瑞士
(P.202)

西班牙
(P.222)

葡萄牙

地中海

波羅的海

黑海

土耳其

科索沃

希臘
(P.284)

阿爾巴尼亞

簽證

香港、台灣旅客

一般來說，持有香港特區護照、BNO 或中華民國護照人士到指定的歐洲國家旅行，是免簽證的。出發前必須檢查一下自己的護照甚麼時候到期。一般國家要求旅客的護照距離到期日至少有 6 個月，才准許旅客入境。

Info

有關歐洲國家駐港機構或辦事處，可瀏覽政府總部禮賓處網址：www.protocol.gov.hk/tc/posts_bodies.html

到訪國家	免簽證逗留日數
法國、荷蘭、德國、意大利、瑞士、捷克、奧地利、匈牙利、西班牙、希臘	3 個月 / 90 天
英國	180 天

i 免簽證國家資訊
香港特區護照：www.gov.hk/tc/residents/immigration/traveldoc/hksarpassport/visafreeaccess.htm
中華民國護照：www.boca.gov.tw

Tips

歐盟新推出 ETIAS 電子旅行許可，即歐洲旅行信息和授權系統，給予超過 50 個國家及地區的公民可免簽證待遇，只需要在出發前申請 ETIAS 電子旅行許可。申請人需介乎 18 至 70 歲，申請手續費 € 7(HK$60)，申請通過後，會傳送至電郵地址，有效期限為 3 年，期間不限入境次數，但仍需遵守免簽停留上限 90 天等相關規定。ETIAS：www.etiasvisa.com

季節與天氣

基於經濟與可行性的考慮，不建議讀者於下雪季節到歐洲自由行。歐洲的日夜溫差可以很大，即使是炎炎夏日，晚上溫度會降至只得十多度，實在難以睡得好。雖然歐洲的建築物披上層層白雪是多麼醉人的美景，但是下雪亦表示火車、飛機，甚至景點的開放也有機會受影響，亦容易發生意外。而且冬季的衣服無論體積跟重量都是夏季衣服的數倍，乾洗都較困難，為了減輕行李的負擔，兩星期以上的歐洲之旅，應盡量避開嚴寒的季節。

假如假期許可的話，避開香港旅遊旺季，可能會買到較便宜的機票。但同時，也得留意歐洲國家的旅遊旺季。當你的旅程碰着歐洲人旅遊的熱門時間，旅舍的房間可能會比較緊張，最好提早預訂。同樣地，需要預約的火車班次，亦有可能很快滿座；另外，旺季住宿費亦可能比淡季稍高。

歐洲旅遊旺季一覽

法國	夏季 (暑假)		捷克	5 月 (布拉格春季音樂會)	夏季 (暑假)
英國	夏季 (暑假)	冬季 (新年)	奧地利	9 月 (歌劇、演奏會)	11 月 - 次年 2 月 (舞會、嘉年華會)
荷蘭	夏季 (暑假)		匈牙利	夏季 (暑假)	9 月 (葡萄收成季節)
德國	夏季 (暑假)		西班牙	夏季 (暑假)	
意大利	夏季 (暑假)				
瑞士	夏季 (暑假)	冬季 (滑雪的季節)			
希臘	夏季 (暑假)				

歐洲交通

老實説，到歐洲自由行，相比起到言語不通、交通又複雜的日本，其實歐洲的鐵路很簡單，景點不難找，若是旅遊熱點，通常有很多為旅客而設的服務。到歐洲的大城市旅遊，其實又輕鬆又容易。

自駕遊

去歐洲可以自駕遊嗎？這個問題的答案取決於「你去哪個國家旅遊？」以及「你是否打算作深度遊？」。如果你打算到本書所提及的 11 個國家，即使不懂駕車，也很容易到訪各大景點，因為這些國家在旅遊熱點的公共交通配套很完善。

倘若你的行程主要是參觀一些偏遠的果園或較冷門的歷史遺跡，並打算在同一國家逗留較長的時間，自駕遊可以是一個不錯的選擇，因為歐洲國家的衛星導航很清晰。

若然是第一次到歐洲旅遊，同時以參觀熱門旅遊景點為主，那麼，乘搭公共交通工具比較划算，既可節省租車的麻煩和駕車的疲累，亦可減低因不習慣海外交通規則而發生意外的機會。而且，乘搭火車跟地下鐵也是旅遊的一部分，可更緊密地接觸歐洲人，深入體會歐洲的文化。

要特別注意的是，因為本身駕駛技巧不熟練，再加上對異地交通不熟悉，會較易發生意外。此外，雖然歐洲的衛星導航系統很完善，但有時還得翻看地圖尋找目的地。即使你對自己的駕駛技術很有信心，也別邊駕駛邊看地圖，查看地圖的工作就交給身邊的朋友，確保安全。另外，一連多天的旅程是很勞累的，身邊的朋友可能一上車便睡着了，只剩下「司機」一個人在駕車，此時應盡量跟身邊朋友交談或吃零食，特別在長途公路上，必須時刻保持清醒，避免在駕駛途中睡着。

Info

申請國際車牌

持有香港車牌人士攜同所需文件到運輸署，即日就可領取國際車牌，亦可經網上申請，只要你是「智方便＋」用戶或持有效個人數碼證書，並且準備好正面近照的 JPG 或 JPEG 圖像檔案、現時地址證明的圖像檔案及網上付款工具，便可經香港政府一站通網站辦妥申請。國際車牌有效期為 1 年，費用為 HK$80，約 10 個工作天內以掛號郵件形式收到國際駕駛許可證。

電話：3763 8080
網址：www.gov.hk/idpabs

海外租車

AVIS：
www.avis.com
HERTZ：
www.hertz.com
EUROPCAR：
www.europcar.com
Booking Group：
www.economybookings.com

購買火車證

歐洲的火車證選擇很多，**若是打算一次過到多國遊覽，建議大家將逗留時間較短的國家放在一起**，就如筆者 34 天的旅程，買 15 天或 22 天的火車證已經足夠了。另外，代售歐洲火車證的公司，如學聯旅遊或中國旅行社，為吸引學生暑假到歐洲自由行，很多時候都會做一些不同的推廣優惠，如減價或免費延長火車證有效期等，記得留意雜誌或網頁上的資訊。當然，讀者也可以自行在歐洲火車證的官方網頁訂購。

學聯旅遊網址：www.hkst.com
中國旅行社：www.ctshk.com
Eurail：www.eurail.com/en

火車證的種類

歐洲火車證有幾種，分別是多國或單國、必須連續使用或於特定期限內使用。購買火車證，還是獨立購買火車票視乎旅程的安排，建議如下：

行程	適合的火車證 / 火車票建議
單國深度遊	不需連續使用的單國火車證
多國深度遊	不需連續使用的多國火車證
單國重點遊 (主要逗留一兩個城市)	獨立購買火車票
單國重點遊 (一次過遊覽多個城市)	連續使用的單國火車證
多國重點遊	連續使用的多國火車證

Info 歐洲各國與相鄰國家

歐洲各國	相鄰國家
奧地利	德國、匈牙利、意大利、斯洛文尼亞、瑞士
荷比盧	法國、德國、愛爾蘭
保加利亞 / 瑟比雅 / 芒特尼格羅	希臘、羅馬尼亞、瑟比雅 / 芒特尼格羅、匈牙利、奧地利
斯洛文尼亞 / 克羅地亞	匈牙利、瑟比雅 / 芒特尼格羅、斯洛文尼亞、奧地利、意大利
丹麥	德國、挪威、瑞典
芬蘭	德國、瑞典
法國	荷比盧、德國、愛爾蘭、意大利、西班牙、瑞士
德國	奧地利、荷比盧、丹麥、芬蘭、法國、瑞典、瑞士
希臘	保加利亞、意大利
匈牙利	奧地利、克羅地亞、斯洛文尼亞、羅馬尼亞、瑟比雅 / 芒特尼格羅
愛爾蘭	荷比盧、法國
意大利	奧地利、法國、希臘、斯洛文尼亞、西班牙、瑞士
挪威	丹麥、瑞典
葡萄牙	西班牙
羅馬尼亞	保加利亞、匈牙利、瑟比雅 / 芒特尼格羅
西班牙	法國、意大利、葡萄牙
瑞典	丹麥、芬蘭、德國、挪威
瑞士	奧地利、法國、德國、意大利
奧地利	德國、匈牙利、意大利、斯洛文尼亞、瑞士

歐洲火車證 Eurail Global Pass

歐洲火車證適用於奧地利、比利時、保加利亞、波斯尼亞與黑塞哥維那、克羅地亞、捷克、丹麥、芬蘭、法國、德國、希臘、匈牙利、愛爾蘭、意大利、盧森堡、黑山、荷蘭、挪威、波蘭、葡萄牙、羅馬尼亞、塞爾維亞、斯洛文尼亞、斯洛伐克、西班牙、瑞典、瑞士及土耳其。

留意持有 Eurail Global Pass，不等於可以免費乘搭指定歐洲國家的所有鐵路，例如 Eurail Global Pass 不包括私營鐵路及某些需要預約座位的車票。若在車上被發現沒有額外購票，有可能被罰數以倍計的車資。雖然大部分的查票員體諒遊客不知情而不多收罰款，但事前還是查清楚比較好。

歐洲的火車通常分為頭等車廂和二等車廂，而 Eurail Global Pass 的頭等車廂和二等車廂票種分為成人票、12-27 歲青年票和 60 歲以上老年人，車票價格每年變動，最好留意官方網頁的最新資訊。

以下是歐洲火車證套票種類及價格：

可使用天數	成人		12-27 歲青年	
	頭等車廂	二等車廂	頭等車廂	二等車廂
1 個月內任選 4 天	€ 328(HK$2,821)	€ 258(HK$2,219)	€ 246(HK$2,116)	€ 194(HK$1,668)
1 個月內任選 5 天	€ 376(HK$3,234)	€ 296(HK$2,547)	€ 282(HK$2,425)	€ 223(HK$1,918)
1 個月內任選 7 天	€ 446(HK$3,836)	€ 352(HK$3,027)	€ 335(HK$2,881)	€ 264(HK$2,270)
2 個月內任選 10 天	€ 534(HK$4,592)	€ 421(HK$3,621)	€ 401(HK$3,449)	€ 316(HK$2,718)
2 個月內任選 15 天	€ 657(HK$5,650)	€ 518(HK$4,455)	€ 493(HK$4,240)	€ 389(HK$3,345)
連續使用 15 天	€ 590(HK$5,074)	€ 465(HK$3,999)	€ 443(HK$3,810)	€ 349(HK$3,001)
連續使用 22 天	€ 690(HK$5,934)	€ 544(HK$4,678)	€ 518(HK$4,455)	€ 408(HK$3,509)
連續使用 1 個月	€ 893(HK$7,680)	€ 704(HK$6,054)	€ 670(HK$5,762)	€ 528(HK$4,541)
連續使用 2 個月	€ 975(HK$8,385)	€ 768(HK$6,605)	€ 731(HK$6,278)	€ 575(HK$4,945)
連續使用 3 個月	€ 1,202(HK$10,337)	€ 947(HK$8,144)	€ 902(HK$7,757)	€ 711(HK$6,115)

註：2023 年價格

Eurail Global Pass：www.eurail.com/en/eurail-passes/global-pass

歐洲鐵路一國通票 Eurail One Country Pass

購買歐洲鐵路一國通票可自由乘搭國內鐵路 (夜間列車和高速列車須預訂)，包括 29 個國家，如意大利 (P.161)、西班牙 (P.226)、捷克 (P.255)、匈牙利 (P.265)、奧地利 (P.277)、希臘 (P.287) 等。另外還提供組合形式的通票供遊客選購，以下將詳細介紹。

歐洲鐵路比荷盧通票 Eurail Benelux Pass

歐洲鐵路比荷盧通票可以 1 個國家或地區的價錢暢遊比荷盧經濟聯盟國，盧森堡、比利時和荷蘭。價格詳情見下表。

1 個月內可使用天數	成人		12-27 歲青年	
	頭等車廂	二等車廂	頭等車廂	二等車廂
3 天	€ 161(HK$1,385)	€ 127(HK$1,092)	€ 129(HK$1,109)	€ 110(HK$946)
4 天	€ 194(HK$1,668)	€ 153(HK$1,316)	€ 155(HK$1,333)	€ 132(HK$1,135)
5 天	€ 225(HK$1,935)	€ 177(HK$1,522)	€ 180(HK$1,548)	€ 153(HK$1,316)
6 天	€ 253(HK$2,176)	€ 200(HK$1,720)	€ 202(HK$1,737)	€ 172(HK$1,479)
8 天	€ 305(HK$2,623)	€ 240(HK$2,064)	€ 244(HK$2,098)	€ 208(HK$1,789)

註：2023 年價格

Eurail Benelux Pass：www.eurail.com/en/eurail-passes/one-country-pass/benelux

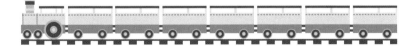

歐洲斯堪地那維亞通票 Eurail Scandinavia Pass

　　歐洲斯堪地那維亞通票可以前往斯堪地那維亞半島的 4 個國家，丹麥、挪威、瑞典和芬蘭，計劃前往哥本哈根、奧斯陸、斯德哥爾摩、赫爾辛基和拉普蘭，可以選擇此通票。價格詳情見下表。

1個月	成人		12-27 歲青年	
內可使用天數	頭等車廂	二等車廂	頭等車廂	二等車廂
3 天	€ 256(HK$2,202)	€ 202(HK$1,737)	€ 205(HK$1,763)	€ 174(HK$1,496)
4 天	€ 291(HK$2,503)	€ 229(HK$1,969)	€ 233(HK$2,004)	€ 192(HK$1,651)
5 天	€ 321(HK$2,761)	€ 253(HK$2,176)	€ 257(HK$2,210)	€ 219(HK$1,883)
6 天	€ 349(HK$3,001)	€ 275(HK$2,365)	€ 279(HK$2,374)	€ 238(HK$2,047)
8 天	€ 396(HK$3,406)	€ 312(HK$2,683)	€ 317(HK$2,726)	€ 270(HK$2,322)

註：2023 年價格

 Eurail Benelux Pass：www.eurail.com/en/eurail-passes/one-country-pass/scandinavia

歐洲希臘島嶼通票 Eurail Greek Islands Pass

　　價格詳情見下表。歐洲希臘島嶼通票分為 6-day Pass 和 4-day Pass，可以遊覽國內 Blue Star Ferries 和 Hellenic Seaways 前往的所有島嶼，而 6-day Pass 還包括 2 天意大利和希臘之間國際航道以及帕特雷國際港口到比雷埃夫斯國內港口的巴士 / 火車接送服務。價格詳情見下表。

1個月	成人		12-27 歲青年	
內可使用天數	頭等車廂	二等車廂	頭等車廂	二等車廂
4-day	/	€ 95(HK$817)	/	€ 71(HK$611)
6-day	€ 208(HK$1,789)	€ 185(HK$1,591)	€ 182(HK$1,565)	€ 163(HK$1,402)

註：2023 年價格
註：僅以紙本通票形式提供

 Eurail Greek Islands Pass：www.eurail.com/en/eurail-passes/one-country-pass/greek-islands

Tips

Rail Planner app

Rail Planner app 可在手機內規劃行程、查詢火車時間表，亦可以購買 Eurail 的火車證和鐵路通票，以及了解哪些火車需要預約座位，還會提供歐洲渡輪、巴士、景點等的折扣和優惠，建議出發前下載。

* 部分國家鐵路通票僅以紙本通票形式提供

遨遊 11 國省錢品味遊 Easy Go!- 歐洲

機票及住宿

預訂機票

網上訂票

　　一般來説，需要轉機的機票價錢比直航機要便宜。若不介意多花數小時於等待及轉機上，可選擇需要中途轉機的機票。

　　若機票屬於廉價類別，不一定能在網上預先選擇航機座位。建議出發當天提早到機場，選個好機位。

Info
提供特惠航班及旅遊套票的網站
Hutchgo：www.hutchgo.com.hk
CheapTickets.hk：www.cheaptickets.hk

Info
提供廉價機票的航空公司
Ryanair：www.ryanair.com
Norwegian Air Shuttle：www.norwegian.com/en/

行李寄艙注意事項

Info
往來香港及歐洲多國航班的航空公司
(直航或轉機)
國泰航空：www.cathaypacific.com
澳洲航空：www.qantas.com.au
新西蘭航空：www.airnewzealand.hk
馬來西亞航空：www.malaysiaairlines.com
英國航空：www.britishairways.com
瑞士航空：www.swiss.com
法國航空：www.airfrance.com
阿聯酋航空：www.emirates.com

　　若想乘搭廉價航空往來歐洲各國，出發前需計算好寄艙行李跟手提行李的尺寸及重量限制，因為每件寄艙行李都需要獨立收費的。由於手提行李體積較小，不另收費，可選擇以手提行李的形式將行李箱帶上機艙，將不能帶上飛機的物品放到其他需要將行李箱寄艙的同行朋友那邊。另外，廉價航空是沒有免費「飛機餐」提供的，上飛機前記得先填飽肚子。

預訂住宿

　　住宿是另一項必須預先準備好的重要事項。一般來説，遊客可透過旅行社預約酒店或直接在網上預訂。如金錢預算充足，不想費神找旅館，可以拜託各大旅行社預訂酒店。若是打算入住歐洲的廉價 Hostel，最好自己在網上預訂，因為一般旅行社都不提供廉價 Hostel 的預訂服務。另外，如大家打算於暑假旺季出發到歐洲，建議提前兩個月預訂酒店房間，因為這段時間很多歐洲的年輕人也會到鄰近的國家旅遊。

Tips
預訂酒店的方法
1. 到酒店官方網頁預訂
2. 購買機票＋酒店的旅遊套票
3. 在提供多國酒店預訂的網站預訂
　（一般有較多的折扣優惠）
4. 透過智能手機的酒店預訂程式預訂
　（一般有較多折扣優惠）

基本旅遊資訊　交通　機票住宿　國際通用證件　歐遊心得

預訂酒店或住宿時，宜考慮以下各項：

☑ **金錢預算：**
入住五星級大酒店的價錢，可以是入住 Hostel 的數倍以至十倍，應根據個人的旅費預算作出合適的選擇。

☑ **旅舍位置：**
不一定需要在旅遊景點附近，有時候，距離主要旅遊景點數個地鐵站以外的地區，更易找到價錢相宜、質素不錯的旅館。最重要的反而是旅館需鄰近火車站或地鐵站，最好距離地鐵站不超過 15 分鐘的步行時間。

☑ **房間類別：**
Hostel 的價錢一般較便宜，除了考慮房間的價錢，還要考慮旅舍的設備，如房間內有否獨立的洗手間、Dormitory 有沒有提供 Locker 等。

☑ **額外收費：**
有些 Hostel 的房價並未包括稅項、床鋪、早餐的價錢，或可能要求旅客先成為會員才能享有廉價的收費。

☑ **互聯網服務：**
一般 Hostel 或青年旅舍都提供免費 WiFi 服務，反而大部分星級酒店的上網服務均需收費。

Tips

能不能「屈蛇」？

一般價錢較相宜的旅舍，通常要求旅客在訂房時，說明入住人數。別以為只要不介意擠一點，就可以少報住客數目。要知道，這類旅舍通常不大，而且住客以歐洲旅客佔大多數，有多少個亞洲人入住，是絕對騙不過老闆的。為免麻煩，還是老實一點，這些金錢是不應該節省的。

Info

預訂酒店熱門網站
Hostelworld.com：www.hostelworld.com
Booking.com：www.booking.com
Hotels.com：zh.hotels.com
Agoda：www.agoda.com.hk
Expedia：www.expedia.com.hk

兌換外幣

香港、台灣旅客

現時，歐元區國家，包括奧地利、比利時、芬蘭、法國、德國、希臘、愛爾蘭、意大利、盧森堡、荷蘭、葡萄牙、斯洛文尼亞和西班牙等通行的法定貨幣是歐元 (€)，英國的法定貨幣為英鎊 (£)，瑞士的法定貨幣為瑞士法郎 (CHF)，捷克的法定貨幣為捷克克朗 (Kč)，匈牙利的法定貨幣為福林 (Ft)。

雖然，筆者不是什麼投資專家，但也可以給大家一個建議，當外幣的兌換價低於去年的中位數，便可以放心兌換。千萬別因為自己錯過了最佳兌換時間而耿耿於懷。有關歐元、英鎊、瑞士法郎的最新匯價，可參看 hk.finance.yahoo.com/currencies。

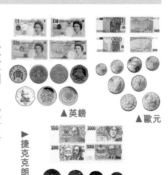

▲ 英鎊

▲ 歐元

► 捷克克朗

國際通用的證件

省錢推介：國際學生證 / 國際青年證 / 國際教師證

Info

國際學生證協會
（香港辦事處）
地址：香港九龍長沙灣荔枝角道
777 號田氏企業中心 2007-
11 室
辦公時間：周一至周五 09:30-
18:00，周六 09:30-
13:00（星期日及公眾
假期休息）
電話：27303260
電郵：info@isic.hk
網址：www.isic.hk

建議學生讀者申請一張國際學生證 (International Student Identity Card)。若你已畢業，但未滿 30 歲或是以教師為職業的話，可以申請國際青年證 (International Youth Travel Card) 或國際教師證 (International Teacher Identity Card)，上述證件可透過國際學生證協會辦理。留意國際學生證及國際教師證的有效期為每年 9 月 1 日至翌年 12 月 31 日止；國際青年證由申請日起為期 1 年或申請人年滿 30 歲止。

相比起國際學生證，國際青年證及國際教師證的優惠網絡覆蓋面較少。手持國際學生證，在購買門票、車票、購物及入住青年旅舍等都有折扣優惠。每個景點省下十元八塊，整個旅程加起來是一個可觀的數字。

申請資格

國際學生證：年滿 12 歲或以上之全日制學生
（包括大專生、海外學生及修讀滿 3 個月之短期課程的學生）
國際青年證：30 歲或以下（大部分機票優惠只提供予 26 歲以下的青年）
國際教師證：凡任職認可註冊教育機構、學校、大專院校之全職教師、教授（每星期工作最少 18 小時）

提交文件

1. ISIC/IYTC/ITIC 申請表；
2. 身分證 / 護照副本；
3. 學生證副本（申請國際學生證適用）/
   教師證明文件（申請國際教師證適用）；
4. 照片一張；
5. 申請費用（香港及澳門）：HK$ 100。

申請方法

1. 網上申請：於提交申請後的第三個工作天到你所選擇的學聯分社提交所需文件、申請費用，可即時取證。
2. 親臨學聯旅遊各分社或代理機構辦理，可瀏覽 www.isic.hk/home/apply/branch 查詢相關資訊。
3. 郵寄至國際學生證協會（香港辦事處），郵寄申請需時七天。

基本旅遊資訊　交通　機票住宿　國際通用證件　歐遊心得

精明旅遊達人 Check List

出發前，可利用以下清單檢查是否已帶齊了所需物品。

證件

☑ 香港身分證　別只顧着護照，而忘了帶香港身分證。

☑ 護照　如需簽證，請提前辦妥。

☑ 國際證件　可以為你節省足夠買手信的金錢。（詳見 P.15）

☑ 八達通卡　預先充值，可以免去攜帶太多港幣零錢的煩惱。

隨身物品

☑ 現金　包括港幣、歐元、英鎊、瑞士法郎等。

☑ 錢包　可以備有兩個錢包，一個放港幣，另一個放外幣。

☑ 手提電話　在這個年代，智能手機比電腦更重要。另外，千萬別忘了帶充電器。

☑ 手錶　投入參觀玩樂之餘，亦要留意時間，可別誤了景點開放時間或火車時刻。

☑ 信用卡　不建議帶多過一張，每個團友帶一至兩張已足夠，免得造成不必要的負擔。

☑ 相機　千萬別忘了帶充電器、後備電，以及 SD Card。

☑ 紙巾

☑ 防曬用品　歐洲的夏天有時萬里無雲，太陽曬得很！

☑ 水樽　自由行會消耗不少體力，必須時刻補充水分，自攜水樽傍身，可以節省購買瓶裝水的金錢。

☑ 口香糖　在飛機上吃口香糖，可預防耳鳴。

☑ 潤唇膏　歐洲的天氣十分乾燥，潤唇膏是必需品。

☑ 帽　歐洲的夏天，太陽熱得要命，差不多可以在頭頂上煎雞蛋！

☑ 太陽眼鏡　拍照的時候，假若每張照片都是被太陽曬得眯着眼的話，實在不好看。除了愛美之外，我們也要保護眼睛。

☑ 傘　雨傘愈輕愈好，因為幾乎每天都隨身，建議二人隨身帶一把傘。

☑ 筆　最少也帶一支原子筆和一支鉛筆吧！

☑ 筆記本　記下重要的事項、收集紀念蓋印及寫日記。

☑ 安全腰包　詳見 P.18 的介紹。

個人護理用品

☑ 梳洗用品　洗面、Gel、洗頭水、沐浴露、髮夾、牙刷、牙膏、梳、毛巾等。

☑ 隱形眼鏡　隱形眼鏡藥水、隱形眼鏡盒等。

☑ 剃刀　這是男生的必需品。

☑ 指甲鉗　在旅途中要保持個人衛生，定時修剪指甲。

☑ 女性衛生用品　歐洲的女性衛生用品設計較厚，不太好用，可以的話，還是自己帶備較好。

☑ 眼鏡　歐洲天氣乾燥，戴隱形眼鏡可能不舒服，眼鏡可作後備之用。

☒ 化妝品　可以的話盡量不要帶。

日用品

☑ 衣履　衫、褲、內衣褲、襪子、拖鞋 / 涼鞋等。

☑ 膠袋　用來將衣物分類。

☑ 購物袋　自備購物袋，在途上買了大包小包的不致引起不便。

☑ 平安藥　在歐洲看病是一件很麻煩的事，除了言語不通外，到醫院看醫生，會替你做很多檢查，最後只能給你一顆止痛藥，預先準備一些適合自己的退燒藥、止痛藥、止瀉藥等較有保障。

☑ 旅途所需文件　包括證件副本、機票、火車證、旅舍預約確認電郵、旅遊保險文件及行程安排等。

☑ 旅遊書　在飛機、火車上聞着沒事做，可多翻閱書上的景點介紹，增加對歐洲的了解。

☑ 頸枕　若預計每程火車都會睡覺，頸枕有助提高睡眠質素，建議帶可吹氣的頸枕。

☑ 轉換插頭　沒有它，你的所有電器用品便無法充電。

☑ 萬用刀　用來切水果、打開包裝、開啤酒等，或在危急的時候救你一命。

☑ 衣架　假如你的旅程在十天以上的話，要每天替換衣物實在不大可能。如入住的旅舍沒有洗衣服務或設備，可用衣架晾乾衣服。

☑ 羽絨　如打算到瑞士雪山區逗留一段時間的話，建議帶備足夠的保暖衣物，如羽絨等。而且，捲起來的羽絨亦可當作枕頭使用。

☑ 繩　可以用來晾衣物，是衣架以外的選擇。

☑ 大手提包　如行李超重，無法寄艙時，可將部分物品放進手提包，當成手提行李拿上機。當然，要留意手提行李的重量限制。

歐遊不可不知的 42 件事

出發前

1. 行李愈少愈好

　　歐洲很多火車站或旅舍沒有電梯，如你的行李箱重達 20 公斤，那麼你就要抬着 20 公斤的重物「環遊歐洲」了。千萬別以為隨同的人可以幫忙，他人也有自己的行李，因此帶多少東西，還是量力而為好了。而且，歐洲的廉價內陸機對寄艙及手提行李有嚴格的規定，航空公司會根據行李的重量收費，假如行李超重，有可能要繳付額外的費用。

 Tips

收拾行李竅門

1. 衣物、毛巾等可逐件捲起放置
2. 重的東西放近行李箱滑輪的位置
3. 重的東西放在背包下方或貼背的位置
4. 用衣物包裹易碎的東西
5. 用襪子填滿大件物品的空間

2. 用背包還是行李箱？

　　自由行的旅客又稱為「背包客」，一般人有個錯誤的觀念，以為到歐洲自由行要揹着大背包出發。事實上，用行李箱也一樣可以四處去，筆者跟同學一行八人就是帶行李箱遊歐洲。背包和行李箱各有優點和缺點，只需選擇適合自己的一種就行了。

背包	行李箱
背包較輕。	行李箱較重。
上落樓梯較方便。	上落樓梯較麻煩。
可以騰空雙手做別的事，如看地圖等。	同時拉着行李箱和拿着地圖，有點手忙腳亂，很不方便。
在不平坦的路上行走較方便。	在沙地或不平坦的路上行走較不便。
長時間揹着背包，身體會比較吃力。	行李箱的滑輪有助減輕體力負擔。
因沒有外殼保護，寄艙時背包及物品難免受損。	因有外殼保護，寄艙時箱內的物品損壞的機會較低。
收拾行裝時，需要把大部分東西拿出來。	收拾行裝時，只需把需要的東西拿出來。
夏季時，背部較易出汗。	背部涼爽舒適。
揹起和卸下背包時，如動作不當，容易拉傷肩膀或腰部。	長時間拉行李箱會使手部肌肉酸痛。

3. 合作最重要

　　一些可共用的物品，如洗髮水、護髮素、沐浴露、指甲鉗、萬用刀等可以一團人只帶一套，盡量減輕各人的負重；洗髮水、沐浴露等消耗品用完後，可到當地超級市場補充。假如一團人各自帶一套沐浴用品走遍整個歐洲，最後卻用不完，真是白拿一趟了。

　　此外，數人一起旅行，各人有各自想去的地方，要滿足所有人的需要，可說是一件不可能的事，建議各人負責計劃部分旅程，一方面提供策劃行程的機會，另一方面可體會自由行的經歷。很多參加旅行團的人，回來後很快便忘了曾到過的地方，如親身參與策劃旅行，所有經歷會更深刻更難忘。

4. 陪你到天涯海角的一雙鞋和一個袋

假如你穿了一雙不好走的鞋，每天走 10 小時，那麼整個歐洲自由行之旅必定會非常疲累及痛苦。所以，除了美觀之外，還是選一雙可每天陪你走 10 小時、讓你穿得舒服的鞋子，運動鞋也好，拖鞋也好。跟鞋子一樣，隨身的袋子也該選實用舒適的，建議選擇輕身耐用及有一定容量的袋子，可放外套、水樽、乾糧、地圖、手信等，不用大包小包地提着。

5. 自備安全腰包

去旅行，除了人身安全，最怕丟了證件及金錢。不用時刻擔心財物被偷去，建議大家買一個專為旅行而設、可以放在衣服內的「安全腰包」，將證件和部分金錢放進腰包內，在旅途上不論是洗澡，還是睡覺，腰包應該隨時隨身。即使所有行李都丟失了，只要「安全腰包」仍在，你就可以安全地回家。

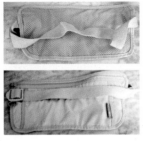

坊間的「安全腰包」價錢由數十元到數百元不等，在一般旅行用品店或百貨公司有售。由於這腰包與大家貼身一個月，建議買個質素較高，又薄又透氣的腰包。另外，避免買安全扣是金屬的腰包，以免過海關或進入博物館時無法通過金屬探測器，屆時被要求掀起衣服檢查，就尷尬極了。但絕對不是叫大家把所有金錢都放進安全腰包內，否則每次付款時都要掀起衣服，不但不雅，而且讓不法之徒知道錢都放到哪裏，就更加危險了。所以，將每天需要用的零錢放到錢包裏去就可以了。

6. 認識景點背後的故事

出發前多了解每個地方背後的故事，才能真正深入感受歐洲的文化。要不然你看到的，只是一樣的教堂、一樣的博物館、一樣的宮殿，走馬看花般麻木：旅途每一天重覆着。簡而言之，出發前做好功課，參觀景點時，才會更有 Feel。

7. 廣角鏡相機 + 智能手機

攝影可以説是行程中其中一項重要的活動，很多攝影愛好者都是為了拍照而特地到歐洲旅行。歐洲的風景如畫，基本上胡亂拍攝也可能成為明信片，隨着智能手機的發展，手提電話兼具數碼相機的功能，一般智能手機拍攝影像的像素可媲美數碼相機，近距離拍攝已無難度。

如你希望拍出高質素的照片，建議大家還是帶備內置廣角鏡的相機為佳，因為歐洲的建築物通常都很宏偉，一般的鏡頭難以將建築物或風景的全貌拍下來。除非你對攝影極為講究，否則不建議攜帶過多的鏡頭旅行，一部具廣角鏡的相機加上智能手機，已能完美地記錄整個旅程。

8. 1 個月的旅程需要容量多大的記憶卡？

　　以筆者的經驗，1 個多月的旅程，32GB 的記憶卡已足夠保存旅途中所有紀念照及能夠出版這本書的風景照 (以單鏡反光相機的相片像素調至最高為準)。而兩張 16GB 的記憶卡又比一張 32GB 的記憶卡為好，萬一其中一張記憶卡意外壞了，只是失去其中一半的照片。當然，若然你是攝影狂熱愛好者，同一景點同一角度要拍過 40、50 張才肯罷休，大概要帶更多的記憶卡了。雖然，拍照留念固然重要，但可別忘了感受當地的風土人情。記着，我們是花數萬元去旅遊，而不是花數萬元去當「攝影師」。

9. 信用卡

　　留意部分發卡銀行是沒有預先為客戶設定海外簽賬的功能，因此出發前最好向有關銀行查詢，確保至少有一張信用卡可於海外簽賬，旅途中便可盡情購物。

　　另外，帶信用卡到歐洲旅行，出發前先記下終止信用卡服務的電話號碼，若不幸遺失了信用卡，可以立即致電終止信用卡，減低信用卡遭盜用的風險。建議攜帶一至兩張信用卡，以備不時之需。另外，別忘了攜帶在港用以預訂機票或旅舍的信用卡，因在機場或酒店 Check-in 時，或需要出示該信用卡，以作證明。

10. 旅行支票有用嗎？

　　旅行支票不大適合需要在歐洲「趕路」的自由行旅程。一般來說，旅行支票適用於大型旅館、景點或名店等，如預計行程中沒有大額花費，實在沒必要使用旅行支票。此外，旅行支票在「經濟型」自由行中，通常適用於到銀行或找換店兌換外幣現金，不過提取現金也可透過 ATM，後者比前者更方便。事實上，在編排得密密麻麻的行程中加入「尋找銀行或換錢之旅」，是很不划算的。銀行通常有指定的辦公時間，對一個自由行旅客來說不是一件方便的事。而且，申請旅行支票需要手續費。總括來說，旅行支票較適合長時間在同一個地方「定居」的旅客。若打算花大額金錢購物，信用卡比旅行支票簡單和安全。

Tips
如在旅程上需要用上旅遊支票，支票上的簽名最好用中文，因為對外國人而言，要模仿中文字的簽名不是一件容易的事。

11. 智能手機地圖

　　智能手機的衛星定位功能，在歐洲自由行可發揮很大的作用，建議除了旅遊書上的地圖，若能預先在電話下載一些程式提供的離線地圖，在歐洲即可以利用衛星定位，幫助你更快找到目的地。雖然現時很多 Apps 都提供世界各地的地圖，但大部分都需要連線才能操作。如你的智能手機支援 Google Map，可預先在地圖程式上設定好用作離線使用的區域，將地圖儲存在手機裏。若手機不支援 Google Map，可試試這個方法：住宿的旅舍如提供 WiFi，建議大家先在電話預設的地圖功能上預覽第二天行程的地圖。由於電話都有「短暫記憶」，只要不關機，第二天在旅途上未能連線上網時，即可利用已下載的地圖使用衛星導航。

12 可致電回港的電話卡及流動數據服務

利用智能手機找到 WiFi 網絡，免費由歐洲致電回家報平安不但很容易又很方便。不過，WiFi 在歐洲是「可遇不可求」的，最划算的做法，就是出發前預先購買一張能以合理的價錢致電回港的電話卡或在出發前在各大電訊服務供應商申請按日計算的數據服務，在手機 app 或網站預購數據漫遊，利用 SKYPE、Whatsapp、LINE 等智能手機程式致電回港。為免在用不著的時候浪費了購買電話卡的金錢及漫遊數據，建議一團人只申請一個帳戶，輪流分享及使用。

除了電話卡或漫遊數據外，租用 pocket WiFi 亦成了出遊時常用的上網方法。如租用 WiFi BB 等，只要做足準備，就可身處外地也能夠跟親友保持聯絡，隨時隨地都可以在各社交網站更新自己的最新近況。

WiFi BB

價錢：HK$61/ 日，按金 $1,000
租借方法：經網上或電話預約後出發時到機場辦事處提取
使用詳情：可同時供 5 部 WiFi 裝置一起使用
網址：wifibb.com

> **Info**
> 提供國際漫遊數據漫遊服務的電訊公司
> 3HK：www.three.com.hk
> SmarTone：
> www.smartone.com
> 中國移動通訊：
> www.hk.chinamobile.com

13 免費 WiFi

> **Info**
> 歐洲鐵路公司：www.raileurope.com

歐洲各國政府也有在多處地方設有 WiFi 供市民及遊客使用，各餐廳、商店也有可能提供免費 WiFi，如歐洲絕大部分的 McDonald's，都提供免費 WiFi，而且不設限時，可無限任用。此外，某些長途火車亦提供 WiFi 服務，如英國 UK Trains、荷蘭 Thalys 等，有些火車只會在頭等車廂提供免費 WiFi，乘二等車廂的話，使用 WiFi 有可能需要收費，詳情可參閱各火車公司的官網或歐洲鐵路公司網頁。

14 購買旅遊保險

到歐洲自由行數星期，可能會遇上很多突發事情，如行李失竊、航機延誤、遺失旅遊證件、因天氣或天災而導致旅程延誤等，買了旅遊保險，遇上突發事件時，也不致方寸大亂。數百元就可買個安心，何樂而不為呢？有時候，即使是航機的延誤，保險公司可能會給你賠償一筆可觀的金錢，或許可省回部分旅費，留意保險公司的一切賠償都需要「有單有據」，因此務必保留旅途上的所有票尾或收據。

> **Info**
> 藍十字：www.bluecross.com.hk
> 星展銀行：www.dbs.com.hk/personal-zh/insurance/life-insurance.page
> 恆生銀行：www.hangseng.com/zh-hk/personal/insurance-mpf/
> 　　　　　travel/
> 匯豐銀行：www.hsbc.com.hk/1/2/chinese/hk/insurance/travel

15 剪髮

一個月的旅程，説長不長，説短不短。不論是因為到歐洲旅行沒機會修剪頭髮，還是想換個形象到歐洲拍照，都建議在旅行前先上一次髮型屋，尤其是男生，如出發前沒有預先修剪頭髮，旅程結束後，可能會變成頭髮長長的「流浪漢」了。

遊遊 11 國省錢品味遊 Easy Go！歐洲

16 適應時差

歐洲比香港時間慢,如你平常是個「夜鬼」,基本上不用重新適應時差,只當是晚一點才睡。不過,一般人因時差的關係而會提早眼睏,反而有助晚上睡得更好。所以,出發前沒必要預先調整睡眠習慣。當然,若你平常習慣早睡,可以在出發前幾天開始晚一點睡。

位於歐洲較南的意大利和法國,夏天的日照時間比較長,通常晚上 21:00 左右才日落。抵達歐洲的首兩天,身體可能仍未習慣晚上仍是陽光普照,因而容易覺得累。如晚上 19:00 左右仍身處日照充足的戶外,可嘗試戴上墨鏡,減低射進眼鏡的光線,有助身體慢慢適應。旅程結束回港後,可能會不適應香港那麼早就日落,一天的時間好像不夠用似的。

17 高山症

到歐洲旅遊,有機會到地勢較高的地方遊玩,必須事前對高山症有初步的認識。首先,高山症跟個人的年齡及體質無關,任何人都有可能出現高山症反應。身處高地,口渴的感覺會變得遲緩,不口渴時,仍要不時補充水分。有些人誤以為在高地空氣稀薄,應該要多做深呼吸,其實這是錯誤的做法,過量的深呼吸,可能會導致手腳麻痹。另外,在高地上應盡量放鬆心情,感受大自然的美。如行程中最少一晚要逗留在海拔 2,000 米以上的地方,為安全起見,出發前最好詢問家庭醫生的意見,及準備一些預防高山症的藥物。遊玩時,建議由低處及海拔較低的地方慢慢玩或住上幾天,適應了後才到較高海拔的地方,減少出現高山反應。

18 出發前的心理準備

很多人都視歐遊為夢想,加上平常看了無數電視節目或雜誌介紹,在不少人心目中歐遊簡直美麗得像是童話故事。不過,建議大家出發前,還是別對歐遊過分理想化。到歐洲自由行,除了能可觀賞歐洲美麗的景色外,在旅途上還有很多實際問題要面對的,例如舟車勞頓、言語不通、食物文化不同、思鄉等。過程是疲累的、辛苦的,可是換來的經歷,足夠讓你回味一生;旅程中的遭遇,讓你在朋友面前能有說不完的故事。

19 旅遊文件

出發前,預先把重要的旅遊文件拍下來,成為 Soft Copy,及上載至互聯網或電郵,如旅途中不幸遺失了證件、機票、火車證、旅舍預約證明、行程安排等,只要在能連線的地方,就可取得相關文件的副本。除了各式各樣的文件外,亦可為自己的行李箱內外拍照,即使行李箱遺失了,也有相片為證,方便報失及認領,向保險公司申請賠償時也容易一點。萬一不幸在旅途中遺失了證件,記得先到當地警察局報案。

20 多包容、多忍耐

一班人去旅行,最怕意見不合。由於各人抱着不同的期望,一個行程大概無法滿足所有人。在身心疲累的情況下,很容易會因小事吵架,多美好的景點都看不下去。在旅途上,大家應該盡量多忍讓,明白各人的興趣、能力和負擔也不盡相同。一生人可能只得一次機會一起去旅行,要好好珍惜。多年後回想,你會懷念跟友人或情人曾經這樣瘋狂過。

21 別攜帶海關違禁物品上機!

根據香港國際機場出入境保安規定,嚴禁遊客攜帶以下物品上機:包括打火機補充燃料、易燃膠水、油漆、稀釋液或天拿水、滅蟲劑、濕電池、煙花、化驗樣本、化學品。雖然如此,部分被列為「危險品」的日常物品是可攜帶上飛機的,但要遵守有關規定。這些物品包括:香煙打火機或一小盒安全火柴;總容量不得多於 2 公升的化妝用品,而每件物品的淨容量不多於 0.5 公升;存放於保護盒內的小型水銀探熱針;內含鋰電池的自用手提電子產品,如相機、手提電話、手提電腦等;手提電子產品的後備鋰電池須個別包裝以防短路,並存放於手提行李內;不多於 2.5 公斤的乾冰,作包裝易腐物之用;酒精濃度不超過 70% 的零售包裝飲料,其總容量不得多於 5 公升。手提行李中攜帶液體、凝膠和噴霧類物品的限制,包括液體、凝膠及噴霧類物品,均需以容量不超過 100 毫升的容器盛載;所有盛載液體、凝膠及噴霧類物品之容器,應儲存於一個容量不超過 1 公升、並可重複密封的透明塑膠袋內,確保塑膠袋完全封妥;行經安檢站時,裝有容器的塑膠袋應與隨身行李分開擺放,以便進行檢查;每名旅客只可攜帶一個裝有容器的塑膠袋;所有藥物、嬰兒奶粉 / 食品及特別飲食所需之物品,經查證後可獲豁免。

只要盡量將液體、凝膠和噴霧類物品放到寄艙行李內,手提行李只帶保暖衣物、手提電話、證件、金錢、紙巾和記事簿等,就用不着擔心觸犯保安規定了。由於每個國家有不同的保安條例,建議出發前應查清楚。一般來說,如果不是需要攜帶特別的物品或藥物,各國的機場對一般旅遊物品的處理都大同小異。

22 有用 Apps

XE Currency Converter

這個匯率計算程式的資料是每分鐘更新的,匯率有極高的準確度,並可換算全世界的貨幣及金屬價格。程式會自動儲存已更新的數據,可離線使用;內置的匯率轉換計算機,可用以計算匯率換算後的商品價格。這程式十分適合出發前兌換外幣及購物時換算之用。

(適用於 iOS 及 Android)

ℹ️ 網頁版:www.xe.com/currencyconverter

Bill Bear

Bill Bear 可清楚記錄行程中各項的使費,還可處理多人分帳和共同花費,即時同步,亦可離線使用,版面簡約,簡單易用,可定期檢討用了多少旅費在什麼項目上,以免到旅程的尾段不夠金錢,又或是到頭來把預算好要花的錢都帶回香港。

(適用於 iOS)

酒店 Apps

　　現時不少常用的酒店預訂網站設有手機版本，可隨時隨地為自己的行程作準備。跟網上版一樣，這些網站可為用家篩選所需的旅館種類、地區及價錢等，亦可看到其他旅客到該旅館的評價；登入程式後，可隨時查看過去的預約紀錄及付款詳情。如在海外臨時找不到住處，這類程式還可以幫你搜尋最近的旅舍。

　　另外，有些程式還可以同一時間比較多個酒店訂房網站的價格，保證讓你能以最超值的價錢訂到心儀的酒店。

(適用於 iOS 及 Android)

www.hostelworld.com
www.booking.com
hotels.com
www.agoda.com.hk
www.expedia.com.hk

用智能手機預訂住宿 ▶

手電筒

　　如果你的智能手機有足夠的電源，只要安裝手電筒程式，出門旅遊就無需攜帶手電筒和電池。程式發出的光源來自螢幕燈及相機閃光燈，沒有閃光燈裝置的智能手機也可以用螢幕作照明。

(適用於 iOS 及 Android)

指南針

　　要準確地找到目的地，光看地圖還不夠，還需要一個指南針。指南針程式確保你往正確的方向走，不用走回頭路。

(適用於 iOS 及 Android)

City Maps 2 GO Pro

　　利用此 App，可事先在有網絡的地方預載各大城市的地圖，那麼就算去到沒網路的地方，都可隨時隨地離線看地圖，十分方便，不用擔心迷路。此外，App 還提供景點介紹功能。

(適用於 iOS 及 Android)

Skype、Whatsapp、LINE

　　只要撥號者跟接聽者都安裝了這些程式，就可以免費用數據進行即時語音通話。程式也提供付費致電到對方手提電話帳號和固網電話的服務，收費都較手提電話的國際漫遊費便宜。不過，使用這些程式時要特別小心，記得先把智能手機內的漫遊功能關掉，免得誤用了漫遊致電。

(適用於 iOS 及 Android)

> www.skype.com/zh-Hant/
> www.whatsapp.com
> line.me/en

▶安裝了程式即可免費用數據進行語音通話。

圖片處理 Apps

　　智能手機鏡頭的像素已能媲美一般數碼相機，再加上五花百門的圖片修飾程式，如美圖秀秀、Foodie-美食相機、B612 Camera&Photo/Video Editor和PhotoGrid相片組合等，即可輕易拍攝高質素的個人化照片，為你的歐洲之旅作一個完美的記錄。

> 美圖秀秀 (iOS 及 Android)：
> play.google.com/store/apps/details?id=com.mt.mtxx.
> mtxx&hl=zh_TW
> Foodie - 美食相機：play.google.com/store/apps/
> details?id=com.linecorp.foodcam.android&hl=zh_TW
> PhotoGrid：www.photogrid.app/en/

▲各種圖片修飾程式。

香港航班資訊

　　可查詢於香港國際機場抵港或離港的航班資料，及即時知悉所乘航班的最新狀況。有了這個App，進入離境大堂後，可放心用膳或購物，不用時刻盯着電子報告板，確保按時抵達指定登機閘口。

(適用於 iOS 及 Android)

> 網頁版：www.hongkongairport.com/flightinfo/chi/chkfltarr.html

23 好歌伴旅途

　　長途旅行，隨身聽內的音樂是你最好的伴侶。出發前，忙於收拾行李之餘，也別忘了為自己預備旅途上可聽的音樂。耳機內的音樂將會伴你渡過每個失眠的晚上、打發長途交通的時間、消除人在異國的寂寞、掃走不順心的經歷、加深旅途上的體會，如林一峰《離開是為了回來》、《重回布拉格》和《CL411》、何韻詩《嘆息橋》、陳奕迅《一個旅人》和《早開的長途班》、陳綺貞《旅行的意義》、鄧麗欣《自遊自在》、梁詠琪《空中小姐》、吳浩康《你哪邊幾點？》、張靚穎《出境入境》等等。

出發前一天及當天

24 Final Check

　　在出發前一天，最好再次確認機票上的名字和性別有沒有錯漏、護照的有效期是否足夠。在離家出門前，記得再檢查一遍是否已帶齊所有旅行必須品，通常在最後一刻會忘記帶某些東西，如電話充電器、眼鏡、Hair gel、現金等。Final Check 有助旅程順利的開展。

在旅途上

25 善用乘火車的時間

　　在歐洲的列車上，有很多事情可以做，如寫日記，記下旅程中的所見所聞所感；整理照片；看旅遊書，為下一個景點作準備；跟朋友玩紙牌遊戲、整頓心情、給朋友寫明信片，或「補眠」等等。另外，不要每次坐上列車就倒頭大睡，這樣你可能會錯過沿途突然出現的羊群、花田、雪山等美好的事物，抱着「上車睡覺，下車尿尿」的想法，錯過的可能會更多。通常最美的風景都是那些未被開發、未受遊客污染的大自然，而這些風景可能只在火車途上出現。事實上，去歐洲旅行，坐火車是既舒服又吸引的。

26 在歐洲乘車一定要付錢！

　　人在歐洲，或會覺得歐洲的秩序不及香港嚴格，筆者曾在「不小心」的情況下沒付錢就上了車。以法國為例，在巴黎多次遇到當地人教我們好幾種不付錢搭 Metro 的方法，如跳閘、一張票兩個人一起入閘、待別人出閘後在出口進入等等。德國的 Metro 閘口更是大開的，誰入了閘也沒有人知道；荷蘭的地上列車很難找到打票的地方，想付錢似乎沒辦法。不過，若然在車上被職員發現沒購票，會被罰車費的數倍。總之，乘車不買票是非法的行為，在海外更加不該以身試法。

▲法國巴黎 Metro 閘口。

27 別讓海關誤會你是毒販

　　歐洲各國有不少路邊攤檔，不難發現設計精美、香氣特別的香皂。喜歡歸喜歡，購買之前請三思。在荷蘭，吸食大麻是合法的，在荷蘭出入境時，如有肥皂類的物品，有可能會被要求拆開包裝檢查。為免被誤認為「毒販」，建議大家在荷蘭之後的旅程才購買香皂類的手信。如果可以的話，還是不要買香皂為佳，一想到香皂的重量，真令人無奈。一般來說，各國海關對正方形的物體比較敏感，為免麻煩，還是盡量不要購買方形或磚狀的食物或物品。

基本旅遊資訊　交通　機票住宿　國際通用證件　歐遊心得

28 不能穿拖鞋或露肩的衣服進入教堂

　　雖然歐洲的教堂不會要求遊客穿着畢挺的衣服進入教堂，但若穿着拖鞋或背心，有可能被拒絕入內參觀，或被要求穿上鞋套及披上膠袋入內。為免尷尬，參觀教堂當日就不要穿拖鞋，出門時帶一件外套，以備不時之需。如果你覺得披着膠袋參觀教堂是難得的經驗，就試試穿背心拖鞋短褲進入教堂，後果自負。除此以外，在神聖的宗教場所，要遵守基本的禮儀，注意舉止言行，不要大聲喧譁。

29 在旅途中如何洗衣服？

　　歐洲的大部分的廉價旅舍，一般都不設洗衣服務。筆者跟朋友們在整個旅程都自己用手洗衣物，建議自備手洗衣物專用的清潔液，或以沐浴露簡單地洗擦。

30 有言語不通的情況嗎？

歐洲國家日常用語對照

中文	英語	法語	意大利語	德語	西班牙語
你好	Hello	Bonjour	Buon girno	Gruss Gott	Hola
謝謝	Thank you	Merci	Grazie	Danke	Gracias
再見	Goodbye	Au revoir	Arrivederci	Auf Wiedersehen	Adios
是	Yes	Oui	Si	Ja	Si
不是	No	Non	No	Nein	No
巴士	Bus	Autobus	Autobus	Omnibus	Autobus
地下鐵	Subway	Métro	Metropolitana	U-bahn	Metro
入口	Entrance	Entrée	Entrata	Eingang	Entrada
出口	Exit	Sortie	Uscita	Ausgang	Salida
售票處	Ticket	Guichet	Biglietteria	Fahrkartenschalter	Billete
電話	Telephone	Telephone	Telefono	Telefon	Telefono
餐廳	Restaurant	Restaurant	Ristorante Principale	Restaurant	Restaurante
郵局	Post Office	Bureau de Poste	Ufficio Postale	Postamt	Correos

31 用餐要給小費嗎？

　　在歐洲，在正式的餐館用餐一般都給小費，快餐店則不用。至於到底要給多少小費呢？要視乎國家和餐館的級數了，由 10-20% 不等。簡單來說，遊客在結賬時，禮貌地多付一點，或是不找零錢已可以了。

32 消費稅和退稅

在歐洲購物，貨品的價格已包含消費稅，無需另付，不過購買價格較高的商品，最好先跟售貨員確認價錢是否已包含稅款，免得起爭議。一般來說，旅客在有「Tax Free Shopping」標示的商店購物，商品價格超過指定金額，離境時可在機場辦理退稅手續。記得保留購買商品的有效發票，購物時除了登記護照編號，最好同時登記購買者的姓名，方便工作人員辦理。需要退稅的貨品最好放在手提行李中，因海關可能會檢查商品，以便完成退稅手續。

Info

商品退稅的最低金額：

國家	最低消費金額	退稅比率
法國	€ 100	12%
英國	現已取消外國觀光客退稅政策	
荷蘭	€ 50	7.8-15.5%
德國	€ 25	6.1-14.5%
意大利	€ 154.95	11.6-15.5%
瑞士	CHF 300	3.8-6%
捷克	CZK 2,001	11.3-17%
奧地利	€ 75.01	10.5-15%
匈牙利	HUF 52,001	12-17%
西班牙	€ 0.01	15.7%
希臘	€ 50	17-24%

Tips

辦理退稅手續注意事項

- 在購物的商店取得已登記購買者護照編號的發票。
- 如購物的地方跟下一個目的地國家使用不一樣的貨幣，離開該國前，須到海關取得退稅蓋印。
- Check-in 前，在海關 Free Counter 為所有退稅發票蓋印。
- 在禁區 Tax Free Office 領取退稅金額，可選擇現金或以信用卡退稅。

33 自來水能飲用嗎？

大部分歐洲國家的自來水都可直接飲用，如自來水不適合飲用，一般都會在水喉標明「不適合飲用」。歐洲的自來水是有石灰成分的硬水，如你是腸胃比較敏感的人，喝了這些自來水可能會引致水土不服。若打算整個行程只喝瓶裝礦泉水或蒸餾水加乾糧，就沒有問題了。不過，在歐洲要徹底避開自來水幾乎是不可能的，例如在餐館進餐、喝咖啡，難免喝到自來水。建議在抵達歐洲初期，先把少量的自來水混入瓶裝水來喝，幾天後沒有不適的現象，即可放心飲用自來水了。若想減少水中的石灰量，盛水後先讓石灰沉澱到杯底，然後才飲用。

Tips

有氣的「水」

在歐洲，水可分為有氣的和沒有氣的；有氣的水等於「沒有甜味的汽水」，對於喝不慣的人，完全沒味道的「汽水」的確有點難以入口。一般在香港買到的瓶裝水是沒有氣的，在歐洲商店買水時最好看清楚是否有氣的水了。不過，難得到了歐洲，嘗嘗這種特別口味的水也是一種體驗吧。

34 喜歡不一定要擁有

初次到歐洲，對每樣東西都感到新奇有趣，很容易在不知不覺間胡亂購物。花多了金錢事少，但買了回家放著沒用，實在浪費。在旅途上碰到有趣的物品，給它拍照，也能擁有美好的回憶，不會因為買了沒有用的物品而佔用行李箱的位置。

35 歐洲的治安

一般來説，西歐的治安比中歐、東歐要好。

不過，由於歐盟區內交通方便，東西歐國家的人可自由出入，人口流動頻繁，當中難免有不法之徒向遊客下手。譬如假裝問路，以求分散受害人注意力，期間偷去財物；遊客喝下陌生人的啤酒後失去意識，身上貴重財物被拿走；假扮警察檢查旅客證件，藉此搶去旅客的錢包；在夜行火車上拿走其他乘客的行李；主動提出幫觀光客拍照，搶去其相機；跟當地人交談時被下迷藥；信用卡結帳後，卡號被盜用等等。所以，不論何時何地，旅遊時別樂極忘形，盡量不穿着浮誇的衣裝，以及日落後避免到偏遠的景點。

更重要的是，在外地切記盡量跟朋友一起行動，不法之徒通常「取易不取難」，人多勢眾，難以下手。總之，在旅途上應時刻保持警覺，小心看管自己的財物。

Tips

在外國遺失旅行證件怎麼辦？

根據香港入境事務處建議，香港居民外遊時遺失香港特區護照或簽證身分書，應向當地警方報告，並索取一份警察報告副本。然後，與中國駐當地領事館聯繫，並要求補發旅行證件；也可致電香港入境事務處協助在外香港居民小組的 24 小時求助熱線 (852)1868 尋求協助。有關中國駐歐洲各國領事館名單，可瀏覽 www.fmprc.gov.cn/web/zwjg_674741/zwzlg_674757/xo_674763

Tips

遺失重要物品應對方法

遺失機票：到所在地的警察局報案，然後到航空公司申請補發機票。

遺失護照：到所在地的警察局報案，致電香港入境處，然後到海外中國領事館取臨時護照。

遺失信用卡：到警察局報案，通知當地或香港信用卡公司。

遺失財物：到警察局報案，取得「口供紙」，方便申請保險賠償。

36 公共洗手間

在歐洲，要找公共廁所其實不容易，而且大部分是要收費的。建議好好利用博物館、教堂、火車站等的洗手間。另外，為了不妨礙行程，最好盡量大伙兒一起上洗手間。否則，在旅途上各人不斷找洗手間，白白浪費了參觀景點的時間。

37 到超市補給糧水

如歐洲自由行三餐是在餐廳用膳，旅費的預算要增加 1 倍，難道要天天「捱麵包」？不一定的！除了麵包外，歐洲的超市有很多平常未吃過的餅乾、即沖薯蓉、即食麵、三文治、乳酪、沙律等可以選擇，約 HK$ 20-30 已可吃得飽飽的。

當然，這是一趟旅行，大家不是來捱苦，建議每兩三天到餐館吃一頓吧。旅途上，交通及排隊等都需要花時間，不妨善用這些時間，用輕食代替上餐館用餐，例如買快餐到火車上吃，這樣便有更多時間多看不同的景點。

38 留意歐國之間的時差

除了注意歐洲跟香港的時差外，還要留意不同歐洲國家所在的時區。雖然歐洲國與國之間的距離很近，但仍然存在着時差的問題。例如英國與法國有1小時的時差，稍不留神，可能因此而誤了飛機或火車的時間。

一般來説，法國、荷蘭、德國、意大利、瑞士、西班牙、奧地利、捷克、匈牙利、斯洛伐克之間沒有時差，要特別注意的是，英國比以上的國家慢了1小時。

39 機場 Check-in

留意部分歐洲機場 Check-in 的所需時間，其中最以「悠閒」見稱的法國，機場的 Check-in 櫃位每每有一條長長的人龍，這是司空見慣的事。為免延誤旅程，建議提早約4小時抵達機場，寧可 Check-in 後慢慢「醫肚」或辦理退税手續，也不要浪費時間排隊。

40 Medicine=Drug ？

在歐洲，濫藥的問題很普遍，海關會特別留意旅客行李內的藥物，特別是中藥。由於歐洲海關對有關藥物沒有認識，如必須攜帶這些藥物，最好事先準備醫生紙作證明，如必須帶備特別的西藥，也在出發前取得醫生紙較好。

另外，如海關詢問該藥物是什麼，切記要説「Medicine」而不是「Drug」，因為「Drug」的另一個意思是「毒品」。小心，小心！

41 剩餘的外幣

1個月的歐洲旅程可能會用上多於一種的外幣，如英鎊、瑞士法郎及歐元。大家在完成英國或瑞士的行程後，建議把餘下的英鎊或瑞士法郎全數兌換成歐元，在歐元區國家使用，可減少零散外幣的數目。

留意回港後如想把歐元換回港元，銀行只收紙幣，餘下的硬幣只能作留念了。

42 護照有效期必須有 8 個月以上

很多人誤以為出發日那天的護照有6個月有效期便足夠，可是如果你的旅程長達1個月或以上，到了旅程的後段，自己的護照有效期便少於6個月了。再加上行程有可能出現延誤，所以護照在出發日的有效期必須有8個月以上。

Part 2 歐洲

行程精選

經濟型旅程基本預算

以歐洲六國 30 天旅程計算，
預算如下 (僅供參考) :

- ☑ 機票:
  HK$12,000 (直航歐洲)
- ☑ 火車證: HK$3,234 (1 個月內任選 7 天
  Eurail Global Pass 頭等車廂成人票)
- ☑ 歐洲當地交通費: HK$ 2,000 (包括地
  下鐵、巴士、火車預約座位等費用)
- ☑ 住宿費: HK$21,700 (約 HK$ 700/ 晚)
- ☑ 一日三餐:
  HK$6,200 (約每天 HK$ 200，某些旅舍
  的宿費是包含第二天的早餐。)
- ☑ 景點入場費: HK$3,000
- ☑ 手信: HK$1,500
- ☑ 旅遊保險: HK$693
  (藍十字旅遊保險)

這個預算是根據法國、英國、荷蘭、德國、意大利跟瑞士這六國物價計算，其中，以瑞士的物價最貴，其次是英國，最便宜的是意大利。若打算去東歐或中歐這些國家的話，住宿費跟用餐費都較便宜。當然，這只是最基本的消費，假如你有充裕的金錢，可以選擇乘直航機往歐洲、坐頭等火車、住星級酒店，以及每餐都上餐館吃，擁有一個更舒適的歐洲之旅。

至於，旅程長或短要看你有多少假期和資金。如有較多的假期，當然可以在歐洲待得久一點。如資金充裕，卻假期不多，不妨可考慮一次只遊覽一至兩個國家。雖說旅程好像愈長愈划算，但若想待在歐洲超過兩個月，必須慎重考慮自己的健康、經濟、能力等，要清楚作長時間旅行的目的及方向，免得最後賠了金錢，又賠了青春。另一方面，若整個旅程時間又短又匆忙，大部分時間花在交通工具上，只能走馬看花，來匆匆，去匆匆。

基本預算　單一國家行程建議　多國行程建議

單一國家行程建議

荷蘭 5/6 天　精華遊

Day 1
乘飛機往荷蘭阿姆斯特丹

Day 2
上午　參觀安妮之家
下午　參觀西教堂、水壩廣場、聖尼可拉斯教堂和鑄幣塔
晚上　逛紅燈區德瓦倫及住宿於阿姆斯特丹

Day 3
上午　逛 Magna Plaza 及辛格爾花市
下午　參觀梵高博物館，逛 Miffy 專賣店
晚上　參觀性愛博物館及住宿於阿姆斯特丹

Day 4
上午　乘 1 小時火車到鹿特丹，轉乘地鐵，參觀小孩堤防風車群
下午　參觀立體方塊屋和鵝橋
晚上　住宿於阿姆斯特丹

+1 天 (視乎季節而定)
全日　參觀里斯鎮的鬱金香花園
晚上　住宿於阿姆斯特丹

Day 5
乘飛機回香港

▲西教堂。

▲立體方塊屋。

31

西班牙 7 天 自由行

Day 1
乘飛機往西班牙馬德里

Day 2
全日　乘約 2 小時的 AVE
　　　高鐵往哥多華，參觀
　　　哥多華清真寺
晚上　住宿於哥多華

▶ 哥多華清真寺。

Day 3
早上　乘 45 分鐘 AVE 高鐵到
　　　塞維亞，參觀黃金塔
下午　參觀塞維亞鬥牛場
晚上　住宿於哥多華

Day 4
上午　逛舊猶太人街，然後
　　　乘約 2.5 小時巴士到
　　　格拉納達
下午　參觀阿爾汗布拉宮
晚上　乘 11.5 小時夜間火
　　　車到巴塞隆拿

Day 5
上午　參觀聖家堂
下午　逛桂爾公園，參觀米
　　　拉之家、巴特由之家
　　　和阿馬特耶之家
晚上　住宿於巴塞隆拿

▲ 桂爾公園。

Day 6
上午　參觀奧林匹克運動場
下午　參觀加泰隆尼亞美術
　　　館
晚上　住宿於巴塞隆拿

Day 7
乘飛機回香港

匈牙利 6 天 精華遊

Day 1
乘飛機往匈牙利布達
佩斯

Day 2
上午　參觀布達皇宮
下午　參觀維加杜劇場
晚上　住宿於布達佩斯

Day 3
上午　參觀匈牙利國會大廈
　　　及鎖鏈橋
下午　參觀馬加什教堂、漁
　　　夫堡、三位一體廣場
　　　及蓋勒特丘陵
晚上　住宿於布達佩斯

Day 4
上午　參觀匈牙利國家博
　　　物館
下午　Spa 溫泉享受
晚上　住宿於布達佩斯

Day 5
全日　逛森田德勒 (多瑙河
　　　畔小鎮)，參觀布拉
　　　哥維修登修卡教堂
晚上　住宿於布達佩斯

Day 6
乘飛機回香港

希臘 7 天悠閒小鎮 海灣之旅

Day 1
乘飛機往希臘雅典

Day 2
上午　參觀帕那辛納克
　　　運動場
下午　參觀雅典衛城
晚上　住宿於雅典

Day 3
上午　參觀哈德良拱門、國
　　　立歷史博物館
下午　參觀奧林匹克宙斯神殿
晚上　住宿於雅典

Day 4
上午　乘飛機到愛琴海米克
　　　諾斯島
下午　到海灘逛逛，感受地
　　　中海風情

晚上　住宿於米克諾斯島

Day 5
上午　乘船到聖托里尼島
下午　遊覽聖托里尼島
晚上　乘船回米克諾斯島，
　　　住宿於米克諾斯島

Day 6
上午　參觀卡特米利的風
　　　車、帕帕拉波爾提亞
　　　尼教堂
下午　乘飛機回雅典
晚上　住宿於雅典

Day 7
乘飛機回香港

瑞士 7 天 醉人美景之旅

Day 1
乘飛機往瑞士日內瓦

Day 2
上午　乘火車往遮馬特
下午　逛班郝夫大道，參觀
　　　天主教堂和教會附屬
　　　墓地
晚上　住宿於遮馬特

Day 3
上午　參觀高納葛拉特觀景台
下午　乘火車往日內瓦
晚上　參觀列馬湖、大噴泉
　　　和英國公園及住宿於
　　　日內瓦

Day 4
上午　參觀法國小鎮夏慕
　　　尼的蒙唐維爾瞭望台
下午　逛帕爾瑪廣場，乘
　　　火車往瑞士因特拉根
晚上　逛因特拉根市中心
　　　及住宿於因特拉根

Day 5
全日　參觀少女峰
晚上　住宿於因特拉根

Day 6
上午　乘火車往日內瓦
晚上　逛日內瓦市中心

Day 7
乘飛機回香港

法國 10 天 浪漫之旅

Day 1
乘飛機往法國巴黎

Day 2
上午 參觀瑪德蓮教堂、協和廣場、圖勒里花園
下午 參觀羅浮宮博物館
晚上 住宿於巴黎

Day 3
上午 參觀聖日耳曼德佩修道院、榮軍院
下午 參觀塞納河、阿爾瑪橋及逛香樹麗舍大道
晚上 參觀凱旋門及住宿於巴黎

Day 4
上午 參觀巴黎聖母院
下午 參觀巴黎古監獄及聖禮拜堂
晚上 參觀艾菲爾鐵塔及住宿於巴黎

▲艾菲爾鐵塔。

Day 5
上午 參觀奧賽博物館
下午 參觀巴黎皇家宮殿
晚上 參觀薇薇安拱廊、喬夫羅瓦拱廊、全景拱廊，並住宿於巴黎

Day 6
上午 逛巴士底市集
下午 參觀龐比度中心
晚上 逛老佛爺百貨公司及住宿於巴黎

Day 7
上午 參觀聖心堂
下午 參觀特爾特廣場
晚上 逛紅磨坊及住宿於巴黎

Day 8
全日 參觀凡爾賽宮
晚上 住宿於巴黎

Day 9
全日 在巴黎迪士尼樂園遊玩
晚上 住宿於巴黎

Day 10
乘飛機回香港

意大利（＋梵蒂岡）10 天 深度遊

Day 1
乘飛機往意大利羅馬

Day 2
上午 參觀羅馬圓形競技場
下午 逛古羅馬市集、參觀真理之口和大競技場
晚上 住宿於羅馬

Day 3
上午 參觀艾曼紐二世紀念堂和萬神殿
下午 參觀特拉維噴泉、納沃納廣場及西班牙廣場
晚上 住宿於羅馬

▲特拉維噴泉。

Day 4
上午 參觀梵蒂岡博物館
下午 參觀聖伯多祿廣場、聖伯多祿大教堂和聖天使城堡
晚上 住宿於羅馬

▲梵蒂岡博物館。

Day 5
上午 乘火車往米蘭
下午 參觀大教堂和艾曼紐二世拱廊
晚上 住宿於米蘭

Day 6
上午 乘火車往佛羅倫斯
下午 參觀藝術學院美術館、新聖母瑪利亞教堂、聖馬可廣場、聖母百花大教堂、聖若望洗禮堂、喬托鐘樓、聖母領報廣場及亞諾河與老橋
晚上 住宿於佛羅倫斯

Day 7
上午 參觀比薩斜塔
下午 乘火車往西恩那，參觀西恩那主教座堂、康波廣場、快樂泉及共和國宮
晚上 住宿於佛羅倫斯

▲比薩斜塔。

Day 8
上午 乘火車往威尼斯
下午 參觀聖馬可廣場、聖馬可教堂、聖馬可鐘樓、威尼斯總督府、嘆息橋和安康聖母教堂
晚上 住宿於威尼斯

▲聖馬可廣場。

Day 9
上午 參觀雷雅托橋、穆拉諾島及玻璃工場
下午 乘火車往羅馬
晚上 住宿於羅馬

▲穆拉諾島。

Day 10
乘飛機回香港

德國8天 歷史文化之旅

Day 1
乘飛機往德國柏林

Day 2
上午 參觀布蘭登堡門、聯邦國會大廈和猶太人大屠殺紀念館
下午 參觀柏林圍場和柏林圍牆博物館
晚上 住宿於柏林

Day 3
上午 參觀聖母教堂、柏林電視塔和柏林大教堂
下午 參觀舊國家藝術畫廊和新、舊博物館
晚上 參觀新力中心及住宿於柏林

▲瑪利恩教堂。

Day 4
上午 參觀無憂宮
下午 乘火車往慕尼黑，參觀瑪麗恩廣場及新市政廳
晚上 住宿於慕尼黑

Day 5
全日 在 Legoland 遊玩
晚上 住宿於慕尼黑

Day 6
全日 乘 2 小時火車到福森，參觀新天鵝堡
晚上 住宿於慕尼黑

Day 7
上午 乘 ICE 火車往科隆，約 5.5 小時
下午 參觀科隆大教堂及羅馬－日耳曼博物館
晚上 逛 Lego Store 及住宿於科隆

Day 8
乘飛機回香港

英國9天 品味之旅

Day 1
乘飛機往英國倫敦

Day 2
上午 參觀泰特現代美術館
下午 參觀聖保羅大教堂
晚上 逛 Harrods 及住宿於倫敦

Day 3
上午 參觀白金漢宮
下午 參觀大英博物館
晚上 欣賞歌劇及住宿於倫敦

▲白金漢宮。

Day 4
全日 乘火車或巴士往牛津，參觀牛津大學
晚上 住宿於倫敦

Day 5
上午 參觀波特貝羅市集
下午 參觀倫敦塔和塔橋
晚上 住宿於倫敦

Day 6
上午 參觀阿仙奴足球會或車路士足球會
下午 參觀國家藝廊
晚上 參觀西敏寺、國會大廈及倫敦之眼，住宿於倫敦

Day 7
上午 參觀格林威治天文台及格林威治公園
下午 參觀柯芬園和倫敦交通博物館
晚上 住宿於倫敦

Day 8
全日 乘火車或巴士往劍橋，參觀劍橋大學
晚上 住宿於倫敦

Day 9
乘飛機回香港

奧地利5天 華麗之旅

Day 1
乘飛機往奧地利維也納

Day 2
全日 參觀霍夫堡皇宮
晚上 住宿於維也納

Day 3
上午 參觀史蒂芬大教堂
下午 參觀百水公寓和黑死病紀念柱
晚上 參觀國立歌劇院及住宿於維也納

Day 4
全日 參觀熊布倫宮
晚上 住宿於維也納

▲熊布倫宮。

Day 5
乘飛機回香港

捷克5天 精華遊

Day 1
乘飛機往捷克布拉格

Day 2
上午 參觀布拉格城堡
下午 參觀查理大橋
晚上 住宿於布拉格

Day 3
上午 參觀維吉特爾尼飲泉所
下午 逛舊城廣場，參觀舊市政廳和迪恩教堂
晚上 住宿於布拉格

Day 4
全日 逛傑斯基·克姆羅夫城
晚上 住宿於布拉格

Day 5
乘飛機回香港

英國、荷蘭、瑞士、法國、西班牙 5 國 9 天
精選之旅

Day 1
　　乘飛機往英國倫敦

Day 2
上午　參觀大英博物館
下午　參觀聖保羅大教堂
晚上　參觀西敏寺、國會大廈及倫敦之眼，住宿於倫敦

Day 3
全日　乘火車或巴士往劍橋，參觀劍橋大學
晚上　住宿於倫敦

Day 4
全日　乘飛機往荷蘭阿姆斯特丹
晚上　參觀安妮之家及紅燈區，住宿於阿姆斯特丹

Day 5
上午　乘 1 小時火車到鹿特丹，再轉乘地下鐵，參觀小孩堤防風車群
下午　乘火車往瑞士因特拉根
晚上　住宿於因特拉根

Day 6
上午　參觀少女峰
下午　乘火車往法國巴黎
晚上　住宿巴黎

Day 7
上午　參觀凱旋門、香榭麗舍大道及阿爾瑪橋
下午　參觀艾菲爾鐵塔
晚上　參觀羅浮宮博物館、協和廣場及圖勒里花園，住宿於巴黎

Day 8
上午　乘火車往西班牙巴塞隆拿
下午　展開高迪作品之旅
晚上　住宿於巴塞隆拿

Day 9
　　乘飛機回香港

英國、荷蘭、瑞士、法國、西班牙
5 國 16 天　輕鬆之旅

Day 1
　　乘飛機往英國倫敦

Day 2
上午　參觀泰特現代美術館
下午　參觀聖保羅大教堂
晚上　欣賞歌劇及住宿於倫敦

Day 3
上午　參觀白金漢宮
下午　參觀大英博物館
晚上　參觀西敏寺、國會大廈及倫敦之眼，住宿於倫敦

Day 4
全日　乘火車或巴士往牛津，參觀牛津大學
晚上　住宿於倫敦

Day 5
全日　乘火車或巴士往劍橋，參觀劍橋大學
晚上　住宿於倫敦

Day 6
上午　乘飛機往荷蘭阿姆斯特丹
晚上　參觀紅燈區及性愛博物館，住宿於阿姆斯特丹

Day 7
上午　參觀安妮之家及西教堂
下午　參觀水壩廣場、聖尼可拉斯教堂、鑄幣塔及辛格爾花市
晚上　住宿於阿姆斯特丹

Day 8
上午　乘 1 小時火車到鹿特丹，再轉乘地下鐵，參觀小孩堤防風車群
下午　乘火車往瑞士因特拉根
晚上　住宿於因特拉根

Day 9
全日　參觀少女峰
晚上　住宿於因特拉根

Day 10
上午　遊覽因特拉根
下午　乘火車往法國巴黎
晚上　住宿於巴黎

Day 11
上午　參觀巴黎古監獄及聖禮拜堂
下午　參觀瑪德蓮教堂、協和廣場及圖勒里花園
晚上　參觀羅浮宮博物館及住宿於巴黎

Day 12
上午　參觀聖心堂、特爾特廣場及紅磨坊
下午　參觀凱旋門、香榭麗舍大道及阿爾瑪橋
晚上　參觀艾菲爾鐵塔及住宿於巴黎

Day 13
全日　參觀凡爾賽宮
晚上　住宿於巴黎

▲凡爾賽宮。

Day 14
上午　乘火車往西班牙巴塞隆拿
下午　展開高迪作品之旅
晚上　乘夜間火車往格拉那達

Day 15
全日　參觀阿爾汗布拉宮
晚上　住宿於格拉納達

Day 16
　　乘飛機回香港

35

英國、法國、瑞士、捷克、德國、意大利（＋梵蒂岡）17天 悠閒之旅

旅程以欣賞建築物及自然風光為主，17天的行程玩盡歐洲六國著名的景點，適合有悠長假期的人士。

Day 1
乘飛機往英國倫敦

Day 2
上午 參觀大英博物館
下午 參觀聖保羅大教堂和塔橋
晚上 參觀西敏寺、倫敦之眼和國會大廈，住宿於倫敦

Day 3
全日 乘火車或巴士往牛津，參觀牛津大學
晚上 回倫敦欣賞歌劇，住宿於倫敦

Day 4
全日 乘飛機或火車往法國巴黎
晚上 參觀羅浮宮、圖勒里花園及協和廣場，住宿於巴黎

▲圖勒里花園。

Day 5
上午 參觀凱旋門、香榭麗舍大道及阿爾瑪橋
下午 參觀聖心堂和紅磨坊
晚上 參觀艾菲爾鐵塔，住宿於巴黎

Day 6
全日 參觀凡爾賽宮
晚上 住宿於巴黎

Day 7
全日 乘火車往瑞士日內瓦
晚上 住宿於日內瓦

Day 8
上午 參觀法國小鎮夏慕尼的蒙唐維爾瞭望台
下午 乘火車往瑞士遮馬特
晚上 參觀班郝夫大道、天主教堂及教會附屬墓地，住宿於遮馬特

Day 9
上午 參觀高納葛拉特觀景台
下午 乘火車往捷克布拉格
晚上 住宿於布拉格

Day 10
上午 參觀布拉格城堡
下午 參觀查理大橋
晚上 參觀舊城廣場、舊市政廳及迪恩教堂，住宿於布拉格

Day 11
上午 遊覽傑斯基·克姆羅夫城
下午 乘火車往德國柏林
晚上 住宿於柏林

Day 12
上午 參觀布蘭登堡門、聯邦國會大廈及猶太人大屠殺紀念館
下午 參觀柏林圍場及柏林圍牆博物館
晚上 住宿於柏林

Day 13
全日 乘長途火車往慕尼克，參觀瑪利恩廣場及新市政廳
晚上 住宿於慕尼黑

Day 14
全日 乘長途火車往意大利羅馬（約10小時）
晚上 住宿於羅馬

Day 15
上午 參觀羅馬圓形競技場及古羅馬市集
下午 參觀特拉維噴泉、納沃納廣場、西班牙廣場和萬神殿
晚上 住宿於羅馬

Day 16
上午 參觀梵蒂岡博物館
下午 參觀聖伯多祿廣場、聖伯多祿大教堂及聖天使城堡
晚上 住宿於羅馬

Day 17
乘飛機回香港

法國、意大利、德國7天 火車美食之旅

行程走遍歐洲「三大美食王國」法國、意大利及德國，品嚐地道美食、法國紅酒、意式咖啡及德國啤酒等。行程需要乘搭兩程長途火車，可沿途欣賞風光，思考人生的意義。旅程輕鬆自在，讓你抽離香港繁忙惱人的生活，體會歐洲人的悠閒享受、品味生活。

Day 1
乘飛機往法國巴黎

Day 2
上午 參觀凱旋門
下午 參觀香榭麗舍大道
晚上 逛老佛爺百貨公司，住宿於巴黎

Day 3
全日 參觀法國酒莊
晚上 住宿於巴黎

Day 4
上午 乘火車往意大利米蘭
下午 品嚐意大利大餐
晚上 住宿於米蘭

Day 5
上午 參觀米蘭大教堂
下午 逛米蘭名店區
晚上 住宿於米蘭

▲米蘭大教堂。

Day 6
上午 乘火車往德國慕尼黑
下午 品嚐德國大餐
晚上 住宿於慕尼黑

Day 7
乘飛機回香港

英國、荷蘭、瑞士、法國、西班牙、意大利（+梵蒂岡）、奧地利、匈牙利、捷克、德國 16 天

10 國精華遊

Day 1
乘飛機往英國倫敦

Day 2
上午 參觀大英博物館
下午 參觀聖保羅大教堂
晚上 參觀西敏寺、國會大廈及倫敦之眼，住宿於倫敦

Day 3
全日 乘火車或巴士往劍橋，參觀劍橋大學
晚上 住宿於倫敦

Day 4
上午 乘飛機往荷蘭阿姆斯特丹
晚上 參觀安妮之家及逛紅燈區，住宿於阿姆斯特丹

Day 5
上午 乘 1 小時火車到鹿特丹，再轉乘地下鐵，參觀小孩堤防風車群
下午 乘火車往瑞士因特拉根
晚上 住宿於因特拉根

Day 6
上午 參觀少女峰
下午 乘火車往法國巴黎
晚上 住宿於巴黎

Day 7
上午 參觀凱旋門、香榭麗舍大道及阿爾瑪橋
下午 參觀艾菲爾鐵塔
晚上 參觀羅浮宮博物館、協和廣場和圖勒里花園，住宿於巴黎

▲阿爾瑪橋。

Day 8
上午 乘火車往西班牙巴塞隆拿
下午 展開高迪作品之旅
晚上 住宿於巴塞隆拿

Day 9
上午 乘火車往意大利羅馬
下午 參觀羅馬圓形競技場、古羅馬市集及萬神殿
晚上 住宿於羅馬

▲古羅馬市集。

Day 10
上午 參觀梵蒂岡博物館
下午 參觀聖伯多祿大教堂及聖天使城堡
晚上 住宿於羅馬

▲聖伯多祿大教堂。

Day 11
上午 乘火車往奧地利維也納
下午 參觀史蒂芬大教堂
晚上 參觀國立歌劇院，住宿於維也納

▲國立歌劇院。

Day 12
上午 乘火車往匈牙利布達佩斯
下午 參觀布達皇宮、國會大廈及鎖鏈橋
晚上 參觀馬加什教堂、漁夫堡及三位一體廣場，住宿於布達佩斯

Day 13
上午 乘火車往捷克布拉格
下午 參觀布拉格城堡及查理大橋
晚上 參觀舊城廣場、舊市政廳及迪恩教堂，住宿於布拉格

▲舊城廣場。

Day 14
上午 乘火車往德國柏林
晚上 住宿於柏林

Day 15
上午 參觀布蘭登堡門、聯邦國會大廈及猶太人大屠殺紀念館
下午 參觀柏林圍牆及柏林圍牆博物館
晚上 參觀聖母教堂、電視塔及柏林大教堂，住宿於柏林

▲柏林圍牆上的塗鴉。

Day 16
乘飛機回香港

基本預算　單一國家行程建議　多國行程建議

意大利(十梵蒂岡)、奧地利、匈牙利、捷克、德國5國9天 古蹟之旅

Day 1
乘飛機往意大利羅馬

Day 2
上午 參觀羅馬圓形競技場、古羅馬市集及萬神殿
下午 參觀特拉維噴泉、納沃納廣場和西班牙廣場
晚上 住宿於羅馬

Day 3
上午 參觀梵蒂岡博物館
下午 參觀聖伯多祿廣場、聖伯多祿大教堂及聖天使城堡
晚上 住宿於羅馬

Day 4
上午 乘火車往奧地利維也納
下午 參觀史蒂芬大教堂
晚上 參觀國立歌劇院,住宿於維也納

Day 5
上午 乘火車往匈牙利布達佩斯
下午 參觀布達皇宮、國會大廈、鎖鏈橋
晚上 參觀馬加什教堂、漁夫堡、三位一體廣場,住宿於布達佩斯

Day 6
上午 乘火車往捷克布拉格
下午 參觀布拉格城堡及查理大橋
晚上 參觀舊城廣場、舊市政廳及迪恩教堂,住宿於布拉格

Day 7
上午 乘火車往德國柏林
晚上 住宿於柏林

Day 8
上午 參觀布蘭登堡門、聯邦國會大廈及猶太人大屠殺紀念館
下午 參觀柏林圍場及柏林圍牆博物館
晚上 參觀聖母教堂、電視塔及柏林大教堂,住宿於柏林

Day 9
乘飛機回香港

意大利(十梵蒂岡)、奧地利、匈牙利、捷克、德國5國16天 完美之旅

Day 1
乘飛機往意大利羅馬

Day 2
上午 參觀羅馬圓形競技場、古羅馬市集及萬神殿
下午 參觀特拉維噴泉、納沃納廣場和西班牙廣場
晚上 住宿於羅馬

Day 3
上午 參觀梵蒂岡博物館
下午 參觀聖伯多祿廣場、聖伯多祿大教堂及聖天使城堡
晚上 住宿於羅馬

Day 4
上午 乘火車往佛羅倫斯
下午 參觀藝術學院美術館、新聖母瑪利亞教堂、聖馬可廣場、聖母百花大教堂、聖若望洗禮堂、喬托鐘樓、聖母領報廣場及亞諾河與老橋
晚上 住宿於佛羅倫斯

Day 5
上午 參觀比薩斜塔
下午 乘火車往西恩那,參觀西恩那主教座堂、康波廣場
晚上 住宿於佛羅倫斯

Day 6
上午 乘火車往威尼斯
下午 參觀聖馬可廣場、聖馬可教堂、聖馬可鐘樓、威尼斯總督府、嘆息橋及安康聖母教堂
晚上 住宿於威尼斯

Day 7
上午 參觀雷雅托橋、穆拉諾島及玻璃工場
下午 乘火車往奧地利維也納
晚上 住宿於維也納

Day 8
上午 參觀熊布倫宮
下午 參觀國立歌劇院
晚上 住宿於維也納

Day 9
全日 乘火車往匈牙利布達佩斯
晚上 參觀維加杜劇場及住宿於布達佩斯

Day 10
上午 參觀布達皇宮、國會大廈及鎖鏈橋
下午 參觀馬加什教堂、漁夫堡、三位一體廣場及蓋勒特丘陵
晚上 乘火車往捷克布拉格,住宿於布拉格

Day 11
上午 參觀布拉格城堡及查理大橋
下午 參觀舊城廣場、舊市政廳及迪恩教堂
晚上 住宿於布拉格

Day 12
上午 遊覽傑斯基・克姆羅夫城
下午 乘火車往德國科隆
晚上 住宿於科隆

Day 13
上午 乘火車往波恩,參觀貝多芬故居
下午 返回科隆,參觀科隆大教堂及羅馬日耳曼博物館
晚上 逛 Lego Store 及住宿於科隆

Day 14
上午 乘火車往柏林,參觀布蘭登堡門、聯邦國會大廈、猶太人大屠殺紀念館
下午 參觀柏林圍牆
晚上 參觀聖母教堂、電視塔,住宿於柏林

Day 15
全日 乘火車往福森,參觀新天鵝堡
晚上 住宿於慕尼黑

Day 16
乘飛機回香港

英國、法國、德國9天 親子之旅

整個行程以擴闊小朋友眼界，提升其對語文、歷史、音樂、藝術和天文的興趣為主，還包括主題樂園的親子「家庭樂」時間。

Day 1
乘飛機往英國倫敦

Day 2
上午 參觀西敏寺、倫敦之眼及國會大廈
下午 參觀格林威治天文台
晚上 欣賞歌劇及住宿於倫敦

Day 3
全日 乘火車或巴士往牛津，參觀牛津大學
晚上 住宿於倫敦

Day 4
全日 乘飛機或火車往法國巴黎
晚上 參觀羅浮宮博物館及住宿於巴黎

Day 5
全日 往巴黎迪士尼樂園遊玩
晚上 住宿於巴黎

Day 6
上午 參觀艾菲爾鐵塔
下午 乘火車往德國柏林
晚上 住宿於柏林

Day 7
上午 參觀布蘭登堡門及猶太人大屠殺紀念館
下午 參觀柏林圍場及柏林圍牆博物館
晚上 住宿於柏林

Day 8
全日 乘火車往慕尼黑，在LEGOLAND遊玩
晚上 住宿於慕尼黑

Day 9
乘飛機回香港

法國、意大利（＋梵蒂岡）、奧地利、匈牙利、捷克12天 慳錢之旅

旅程以景點較集中的國家為主，減少交通費用及旅行的日數，主要遊玩物價較低的法國、意大利及中歐國家，避開高消費地區，如意大利威尼斯，以最少的時間看最多的景點，節省住宿及用膳開支。在法國巴黎盡用Museum Pass，於其他國家只參觀不用入場費的景點；購買五天五國的Rail Pass，將要乘火車的日子集中在旅程的其中五天。

Day 1
乘飛機往法國巴黎

Day 2
上午 參觀奧賽博物館
下午 參觀瑪德蓮教堂、協和廣場及圖勒里花園
晚上 參觀羅浮宮博物館及住宿於巴黎

Day 3
上午 參觀巴黎古監獄及聖禮拜堂
下午 參觀巴黎聖母院
晚上 參觀凱旋門、香榭麗舍大道及阿爾瑪橋，住宿於巴黎

Day 4
上午 參觀巴士底市集
下午 參觀聖心堂、特爾特廣場及紅磨坊
晚上 參觀艾菲爾鐵塔及住宿於巴黎

Day 5
上午 乘火車往意大利羅馬
下午 參觀羅馬圓形競技場、古羅馬市集及萬神殿
晚上 參觀特拉維噴泉、納沃納廣場及西班牙廣場及住宿於羅馬

Day 6
上午 參觀梵蒂岡博物館
下午 參觀聖伯多祿廣場、聖伯多祿大教堂及聖天使城堡
晚上 住宿於羅馬

Day 7
上午 乘火車往佛羅倫斯
下午 參觀藝術學院美術館、新聖母瑪利亞教堂、

聖馬可廣場、聖母百花大教堂、聖若望洗禮堂、喬托鐘樓、聖母領報廣場及亞諾河與老橋
晚上 住宿於佛羅倫斯

Day 8
上午 參觀比薩斜塔
下午 參觀乘火車往西恩那，抵達後參觀主教堂及大都會博物館、康波廣場、快樂泉及共和國宮
晚上 乘火車往奧地利維也納及住宿於維也納

Day 9
上午 參觀史蒂芬大教堂、百水公寓、黑死病紀念柱
下午 於國立歌劇院欣賞歌劇
晚上 乘火車往匈牙利，住宿於布達佩斯

Day 10
上午 參觀布達皇宮
下午 參觀蓋勒特丘陵、漁夫堡、三位一體廣場、國會大廈及鎖鏈橋
晚上 乘火車往捷克布拉格，住宿於布拉格

Day 11
上午 參觀布拉格城堡
下午 參觀查理大橋、舊城廣場、舊市政廳及迪恩教堂
晚上 乘火車回法國，住宿於巴黎／里昂

Day 12
由法國乘飛機回香港

39

法國、英國、荷蘭、德國、意大利（＋梵蒂岡）、瑞士 37 天 擴闊視野之旅

行程多元化且包羅萬有，盡覽新舊建築、古蹟、各類博物館、市區及郊區風光、雪景、教堂、宮殿歌劇及足球文化等，完成旅程後，保證對歐洲各國有初步認識，為日後的深度遊打下基礎，是畢業旅行其中一個選擇。

Day 1
乘飛機往法國巴黎

Day 2
上午 參觀瑪德蓮教堂、協和廣場及圖勒里花園

下午 參觀羅浮宮博物館

晚上 住宿於巴黎

Day 3
上午 參觀聖日耳曼德佩修道院、榮軍院

下午 參觀塞納河、阿爾瑪橋及逛香榭麗舍大道

晚上 參觀凱旋門及住宿於巴黎

▲榮軍院內的拿破崙之墓。

Day 4
上午 參觀巴黎聖母院

下午 參觀巴黎古監獄及聖禮拜堂

晚上 參觀艾菲爾鐵塔及住宿於巴黎

Day 5
上午 參觀奧賽博物館

下午 參觀巴黎皇家宮殿

晚上 參觀薇薇安拱廊、喬夫羅瓦拱廊、全景拱廊，並住宿於巴黎

Day 6
上午 參觀巴士底市集

下午 參觀龐比度中心

晚上 逛老佛爺百貨公司及住宿於巴黎

Day 7
上午 參觀聖心堂

下午 參觀特爾特廣場

晚上 逛紅磨坊及住宿於巴黎

Day 8
全日 參觀凡爾賽宮

晚上 住宿於巴黎

Day 9
上午 乘飛機往英國

晚上 住宿於倫敦

Day 10
上午 參觀泰特現代美術館

下午 參觀聖保羅大教堂

晚上 逛 Harrods，住宿於倫敦

Day 11
上午 參觀白金漢宮

下午 參觀大英博物館

晚上 欣賞歌劇及住宿於倫敦

Day 12
上午 參觀波特貝羅市集

下午 參觀倫敦塔及塔橋

晚上 住宿於倫敦

Day 13
上午 參觀阿仙奴足球會或車路士足球會

下午 參觀國家藝廊

晚上 參觀西敏寺、國會大廈及倫敦之眼，住宿於倫敦

Day 14
上午 參觀格林威治天文台及格林威治公園

下午 參觀柯芬園及倫敦交通博物館

晚上 住宿於倫敦

▲格林威治公園。

Day 15
全日 乘火車或巴士往劍橋，參觀劍橋大學

晚上 住宿於倫敦

Day 16
上午 乘飛機往荷蘭

晚上 住宿於阿姆斯特丹

Day 17
上午 參觀安妮之家

下午 參觀西教堂、水壩廣場、聖尼可拉斯教堂及鑄幣塔

晚上 逛紅燈區德瓦倫及住宿於阿姆斯特丹

Day 18
上午 參觀 Magna Plaza 及辛格爾花市

下午 參觀梵高博物館及逛 Miffy 專賣店

晚上 參觀性愛博物館及住宿於阿姆斯特丹

▲ Magna Plaza。

Day 19
上午 乘 1 小時火車到鹿特丹，再轉乘地下鐵，參觀小孩堤防風車群

下午 參觀立體方塊屋及天鵝橋

晚上 住宿於阿姆斯特丹

Day 20
上午 乘火車往德國

晚上 住宿於柏林

Day 21
上午 參觀布蘭登堡門、聯邦國會大廈及猶太人大屠殺紀念館
下午 參觀柏林圍場和柏林圍牆博物館
晚上 住宿於柏林

Day 22
上午 參觀聖母教堂、電視塔及柏林大教堂
下午 參觀舊國家藝術畫廊和新、舊博物館
晚上 參觀新力中心及住宿於柏林

Day 23
上午 乘地鐵往波茲坦，參觀無憂宮
下午 乘火車往慕尼黑，參觀瑪麗恩廣場及新市政廳
晚上 住宿於慕尼黑

Day 24
全日 乘 2 小時火車到福森，參觀新天鵝堡
晚上 住宿於慕尼黑

Day 25
上午 乘長途火車往波恩，參觀貝多芬故居
下午 乘 45 分鐘火車往科隆，參觀科隆大教堂及羅馬－日耳曼博物館
晚上 逛 Lego Store，並住宿於科隆

▲貝多芬故居。

Day 26
上午 乘火車往意大利羅馬
晚上 住宿於羅馬

Day 27
上午 參觀羅馬圓形競技場
下午 參觀古羅馬市集、真理之口及大競技場
晚上 住宿於羅馬

Day 28
上午 參觀艾曼紐二世紀念堂和萬神殿
下午 參觀特拉維噴泉、納沃納廣場及西班牙廣場
晚上 住宿於羅馬

Day 29
上午 參觀梵蒂岡博物館
下午 參觀聖伯多祿廣場、聖伯多祿大教堂及聖天使城堡
晚上 住宿於羅馬

Day 30
上午 參觀乘火車往米蘭
下午 參觀米蘭大教堂及艾曼紐二世拱廊
晚上 住宿於米蘭

Day 31
上午 乘火車往佛羅倫斯
下午 參觀藝術學院美術館、新聖母瑪利亞教堂、聖馬可廣場、聖母百花大教堂、聖若望洗禮堂、喬托鐘樓、聖母領報廣場及亞諾河與老橋

▲新聖母瑪利亞教堂。
晚上 住宿於佛羅倫斯

Day 32
上午 參觀比薩斜塔
下午 參觀乘火車往西恩那，抵達後參觀西恩那主教座堂、康波

廣場、快樂泉及共和國宮
晚上 住宿於佛羅倫斯

Day 33
上午 乘火車往威尼斯
下午 參觀聖馬可廣場、聖馬可教堂、聖馬可鐘樓、威尼斯總督府、嘆息橋及安康聖母教堂

▲威尼斯總督府。

Day 34
上午 參觀雷雅托橋、穆拉諾島及玻璃工場
下午 乘火車往瑞士遮馬特
晚上 住宿於遮馬特

Day 35
上午 參觀高納葛拉特觀景台
下午 參觀班郝夫大道、天主教堂及教會附屬墓地
晚上 乘火車往日內瓦及住宿於日內瓦

Day 36
上午 參觀列馬湖、大噴泉及英國公園
下午 參觀法國小鎮夏慕尼蒙唐維爾瞭望台、帕爾瑪廣場
晚上 乘火車往法國

▲英國公園。

Day 37
乘飛機回香港

法國、德國、捷克、匈牙利、意大利、瑞士 18 天 甜蜜之旅

跟最愛的另一半踏遍歐洲六國是不少人的夢想，巴黎的浪漫、瑞士的仙境、德國的童話、威尼斯嘆息橋相愛一生的傳說，是戀人們的天堂。在浪漫醉人的美景下，加深彼此的交流，計劃美滿的將來。旅程以觀景及主題樂園為主，行程以著名大景點及交通方便為主，減少奔波疲累而引致的磨擦。

Day 1
乘飛機往法國巴黎

Day 2
上午 參觀凱旋門、香榭麗舍大道及阿爾瑪橋
下午 參觀聖心堂及紅磨坊
晚上 參觀艾菲爾鐵塔及住宿於巴黎

Day 3
全日 參觀凡爾賽宮
晚上 住宿於巴黎

Day 4
全日 在巴黎迪士尼樂園遊玩
晚上 住宿於巴黎

Day 5
上午 乘火車往德國科隆
下午 參觀科隆大教堂
晚上 住宿於科隆

Day 6
全日 乘火車往福森，參觀新天鵝堡
晚上 住宿於慕尼黑

Day 7
全日 遊覽 LEGOLAND
晚上 住宿於慕尼黑

Day 8
上午 乘火車往捷克布拉格
下午 參觀舊城廣場、舊市政廳及迪恩教堂
晚上 住宿於布拉格

Day 9
上午 參觀布拉格城堡
下午 參觀傑尼斯·克姆羅夫城
晚上 住宿於布拉格

Day 10
上午 乘火車往匈牙利布達佩斯
下午 參觀布達皇宮

晚上 參觀蓋勒特丘陵、漁夫堡及鎖鏈橋，住宿於布達佩斯

Day 11
全日 參觀匈牙利溫泉
晚上 住宿於布達佩斯

Day 12
全日 乘火車往意大利威尼斯
晚上 住宿於威尼斯

Day 13
全日 參觀聖馬可廣場、聖馬可教堂、聖馬可鐘樓、威尼斯總督府、嘆息橋及安康聖母教堂
晚上 住宿於威尼斯

Day 14
上午 乘火車往瑞士因特拉根
下午 遊覽因特拉根市中心
晚上 住宿於因特拉根

Day 15
全日 參觀少女峰
晚上 住宿於因特拉根

Day 16
上午 乘火車往日內瓦
下午 參觀列馬湖、大噴泉及英國公園
晚上 住宿於日內瓦

Day 17
上午 參觀法國小鎮夏慕尼的蒙唐維爾朗瞭望台
下午 參觀帕爾瑪廣場
晚上 乘火車回法國及住宿於巴黎／里昂

Day 18
乘飛機回香港

Day 1
乘飛機往法國巴黎

Day 2
上午 參觀瑪德蓮教堂、協和廣場及圖勒里花園
下午 參觀羅浮宮博物館
晚上 住宿於巴黎

Day 3
上午 參觀聖日耳曼德佩修道院、榮軍院
下午 參觀塞納河、阿爾瑪橋及逛香榭麗舍大道
晚上 參觀凱旋門及住宿於巴黎

Day 4
上午 參觀巴黎聖母院
下午 參觀巴黎古監獄及聖禮拜堂
晚上 參觀艾菲爾鐵塔及住宿於巴黎

Day 5
上午 參觀奧賽博物館
下午 參觀巴黎皇家宮殿
晚上 參觀薇薇安拱廊、喬夫羅瓦拱廊、全景拱廊，並住宿於巴黎

Day 6
上午 參觀巴士底市集
下午 參觀龐比度中心
晚上 逛老佛爺百貨公司及住宿於巴黎

Day 7
上午 參觀聖心堂
下午 參觀特朗特廣場
晚上 逛紅磨坊及住宿於巴黎

Day 8
全日 參觀凡爾賽宮
晚上 住宿於巴黎

Day 9
全日 在巴黎迪士尼樂園遊玩
晚上 住宿於巴黎

Day 10
上午 乘飛機往英國倫敦
晚上 住宿於倫敦

歐洲十國 58 天終極之旅

如時間及金錢許可，可以選擇一次過玩盡歐洲主要城市的「終極之旅」，省卻多次來回歐洲的機票費用，也比工作假期的地獄打工旅程更具吸引力。由於旅行時間長，建議出發前好好鍛鍊身體，以應付兩個月的體力消耗。

Day 11
- 上午 參觀泰特現代美術館
- 下午 參觀聖保羅大教堂
- 晚上 逛 Harrods 及住宿於倫敦

Day 12
- 上午 參觀白金漢宮
- 下午 參觀大英博物館
- 晚上 欣賞歌劇及住宿於倫敦

Day 13
- 全日 乘火車或巴士往牛津，參觀牛津大學
- 晚上 住宿於倫敦

Day 14
- 上午 參觀波特貝羅市集
- 下午 參觀倫敦塔及塔橋
- 晚上 住宿於倫敦

Day 15
- 上午 參觀阿仙奴足球會或車路士足球會
- 下午 參觀國家藝廊
- 晚上 參觀西敏寺、國會大廈及倫敦之眼，住宿於倫敦

Day 16
- 上午 參觀格林威治天文台及格林威治公園
- 下午 參觀柯芬園及倫敦交通博物館
- 晚上 住宿於倫敦

Day 17
- 全日 乘火車或巴士往劍橋，參觀劍橋大學
- 晚上 住宿於倫敦

Day 18
- 上午 乘飛機往荷蘭
- 晚上 住宿於阿姆斯特丹

Day 19
- 上午 參觀安妮之家
- 下午 參觀西教堂、水壩廣場、聖尼可拉斯教堂及鑄幣塔
- 晚上 參觀紅燈區德瓦倫及住宿於阿姆斯特丹

Day 20
- 上午 參觀 Magna Plaza 及辛格爾花市
- 下午 參觀梵高博物館及 Miffy 專賣店
- 晚上 參觀性愛博物館及住宿於阿姆斯特丹

Day 21
- 上午 乘 1 小時火車到鹿特丹，再轉乘地下鐵，參觀小孩堤防風車群
- 下午 參觀立體方塊屋及天鵝橋
- 晚上 住宿於阿姆斯特丹

Day 22
- 全日 參觀里斯鎮的鬱金香花園
- 晚上 住宿於阿姆斯特丹

Day 23
- 上午 乘火車往德國
- 晚上 住宿於柏林

Day 24
- 上午 參觀布蘭登堡門、聯邦國會大廈及猶太人大屠殺紀念館
- 下午 參觀柏林圍場及柏林圍牆博物館
- 晚上 住宿於柏林

Day 25
- 上午 參觀聖母教堂、電視塔及柏林大教堂
- 下午 參觀舊藝術國家畫廊及新、舊博物館
- 晚上 參觀新力中心及住宿於柏林

Day 26
- 上午 參觀無憂宮
- 下午 乘火車往慕尼黑，參觀瑪麗恩廣場及新市政廳
- 晚上 住宿於慕尼黑

Day 27
- 全日 遊覽 LEGOLAND
- 晚上 住宿於慕尼黑

Day 28
- 全日 乘 2 小時火車到福森，參觀新天鵝堡
- 晚上 住宿於慕尼黑

Day 29
- 上午 乘長途火車往波恩，參觀貝多芬故居
- 下午 乘45分鐘火車往科隆，參觀大教堂及羅馬日耳曼博物館
- 晚上 逛 Lego Store 及住宿於科隆

Day 30
- 上午 乘火車往奧地利
- 晚上 參觀皇宮及住宿於維也納

Day 31
- 上午 參觀史蒂芬大教堂
- 下午 參觀百水公寓及黑死病紀念柱
- 晚上 參觀國立歌劇院及住宿於維也納

Day 32
- 全日 參觀熊布倫宮
- 晚上 住宿於維也納

Day 33
- 上午 乘火車往捷克布拉格
- 晚上 參觀查理大橋及住宿於布拉格

Day 34
- 上午 參觀布拉格城堡
- 下午 參觀舊城廣場、舊市政廳、迪恩教堂
- 晚上 住宿於布拉格

Day 35
- 上午 參觀維吉特爾尼飲泉所
- 下午 參觀傑斯基‧克姆羅夫城
- 晚上 住宿於布拉格

Day 36
- 上午 乘飛機往匈牙利
- 晚上 參觀維加杜特劇場及住宿於布達佩斯

歐洲十國 58 天終極之旅

Day 37
上午 參觀布達皇宮
下午 參觀馬加什教堂、漁夫堡、三位一體廣場及蓋勒特丘陵
晚上 住宿於布達佩斯

Day 38
上午 參觀匈牙利國家博物館、國會大廈及鎖鏈橋
下午 參觀溫泉
晚上 住宿於布達佩斯

Day 39
全日 逛森田德勒 (多瑙河畔小鎮)，參觀布拉哥維修登修卡教堂
晚上 住宿於布達佩斯

Day 40
上午 乘火車往意大利
晚上 住宿於羅馬

Day 41
上午 參觀羅馬圓形競技場
下午 參觀古羅馬市集、真理之口及大競技場
晚上 住宿於羅馬

Day 42
上午 參觀艾曼紐二世紀念堂及萬神殿
下午 參觀特拉維噴泉、納沃納廣場及西班牙廣場
晚上 住宿於羅馬

Day 43
上午 參觀梵蒂岡博物館
下午 參觀聖伯多祿廣場、聖伯多祿大教堂及聖天使城堡
晚上 住宿於羅馬

▲ 聖天使城堡。

Day 44
上午 乘火車往米蘭
下午 參觀大教堂及艾曼紐二世拱廊
晚上 住宿於米蘭

Day 45
上午 乘火車往佛羅倫斯
下午 參觀藝術學院美術館、新聖母瑪利亞教堂、聖馬可廣場、聖母百花大教堂、聖若望洗禮堂、喬托鐘樓、聖母領報廣場及亞諾河與老橋
晚上 住宿於佛羅倫斯

▲ 喬托鐘樓。

Day 46
上午 參觀比薩斜塔
下午 乘火車往西恩那，到達後參觀西恩那主教座堂、康波廣場、快樂泉及共和國宮
晚上 住宿於佛羅倫斯

Day 47
上午 乘火車往威尼斯
下午 參觀聖馬可廣場、聖馬可教堂、聖馬可鐘樓、威尼斯總督府、嘆息橋及安康聖母教堂
晚上 住宿於威尼斯

Day 48
上午 參觀雷雅托橋、穆拉諾島及玻璃工場
下午 乘火車往瑞士遮馬特
晚上 住宿於遮馬特

Day 49
上午 參觀高納葛拉特觀景台
下午 參觀班郝夫大道、天主教堂及教會附屬墓地
晚上 乘火車往日內瓦及住宿於日內瓦

Day 50
上午 參觀列馬湖、大噴泉及英國公園

下午 參觀法國小鎮夏慕尼的蒙唐維爾瞭望台、帕爾瑪廣場
晚上 乘火車往因特拉根及住宿於因特拉根

Day 51
全日 參觀少女峰
晚上 住宿於因特拉根

Day 52
上午 遊覽因特拉根市
下午 乘火車往西班牙
晚上 住宿於馬德里

Day 53
全日 乘 1.5-2 小時 AVE 高鐵到哥多華，參觀哥多華清真寺
晚上 住宿於哥多華

Day 54
上午 乘 2.5 小時巴士到塞維亞，參觀黃金塔
下午 參觀瑪埃斯多蘭薩鬥牛場
晚上 住宿於哥多華

Day 55
上午 逛百花巷，然後乘 2.5 小時巴士到格拉那達
下午 參觀阿爾汗布拉宮
晚上 乘 11.5 小時夜間火車到巴塞隆拿

Day 56
上午 參觀聖家堂
下午 逛桂爾公園，參觀米拉之家、巴特由之家和阿馬特耶之家
晚上 住宿於巴塞隆拿

Day 57
上午 參觀奧林匹克運動場
下午 參觀加泰隆尼亞美術館
晚上 住宿於巴塞隆拿

Day 58
乘飛機回香港

法國、荷蘭、德國、捷克、奧地利、意大利（+梵蒂岡）9天 精華遊

旅程以夜宿跨境火車為主，務求盡量減少交通時間，亦可同時節省住宿酒店的費用；用最少的時間，走訪歐洲多個精華景點。旅程雖短，但能完全體驗這些國家的特點。

Day 1
乘飛機往法國巴黎

Day 2
上午 參觀凡爾賽宮
下午 參觀羅浮宮博物館
晚上 參觀艾菲爾鐵塔，然後乘夜車往荷蘭

Day 3
全日 參觀鹿特丹風車群
晚上 參觀阿姆斯特丹紅燈區，然後乘夜車往德國

Day 4
全日 乘火車往福森，參觀新天鵝堡
晚上 乘火車往柏林

Day 5
上午 參觀布蘭登堡門
下午 參觀柏林圍牆、柏林圍牆博物館及東邊畫廊
晚上 乘夜車往捷克

Day 6
上午 參觀布拉格城堡和查理大橋
下午 乘火車往奧地利維也納
晚上 於維也納歌劇院欣賞歌劇及住宿於維也納

Day 7
上午 乘火車往意大利威尼斯觀光
下午 參觀穆拉諾島
晚上 參觀聖馬可廣場、聖馬可教堂、聖馬可鐘樓、威尼斯總督府、嘆息橋及安康聖母教堂，然後乘夜車往羅馬

Day 8
上午 參觀梵蒂岡博物館、聖伯多祿廣場及聖伯多祿大教堂

下午 參觀羅馬圓形競技場、古羅馬市集、萬神殿、特拉維噴泉、納佛那廣場及西班牙廣場
晚上 住宿於羅馬

▲羅馬圓形競技場。

Day 9
乘飛機回香港

英國、法國、意大利（+梵蒂岡）9天 精華遊

行程以景點較集中的地方為主，適合初次到歐洲旅遊的人。由語言溝通無難度的英國開始，可讓你輕鬆融入歐洲生活。行程中的景點都是大家「耳熟能詳」，常在電影出現的場景，增加樂趣。

Day 1
乘飛機往英國倫敦

Day 2
上午 參觀大英博物館
下午 參觀聖保羅大教堂和塔橋
晚上 參觀西敏寺、倫敦之眼和國會大廈，住宿於倫敦

Day 3
全日 乘火車或巴士往牛津，參觀牛津大學
晚上 欣賞歌劇及住宿於倫敦

Day 4
全日 由英國乘飛機或火車到法國巴黎

晚上 參觀羅浮宮博物館、圖勒里花園和協和廣場，住宿於巴黎

Day 5
上午 參觀凱旋門、香榭麗舍大道和阿爾瑪橋
下午 參觀聖心堂和紅磨坊
晚上 參觀艾菲爾鐵塔及住宿於巴黎

Day 6
全日 由巴黎乘火車往意大利威尼斯
晚上 住宿於威尼斯

Day 7
上午 參觀聖馬可廣場、聖馬可教堂、聖馬可鐘樓、威尼斯總督府、嘆息橋

及安康聖母教堂
下午 參觀穆拉諾島
晚上 由威尼斯乘火車往羅馬及住宿於羅馬

Day 8
上午 參觀梵蒂岡博物館、聖伯多祿廣場和聖伯多祿大教堂
下午 參觀圓形競技場、古羅馬市集、萬神殿、特拉維噴泉、納沃納廣場和西班牙廣場
晚上 住宿於羅馬

Day 9
乘飛機回香港

法國、英國 9 天

博物館之旅

法國是博物館大國，若要逛遍各個博物館，可能要花 1 個月左右，至於英國的博物館即使對展品認識不深的人來說，只要懂英語，是不難明白的，也因此提高了英國博物館的可觀性。由於展品有英語介紹，即使對展品認識不深，亦容易明白、理解。

Day 1
乘飛機往法國巴黎

Day 2
全日　參觀羅浮宮博物館
晚上　住宿於巴黎

Day 3
全日　參觀凡爾賽宮
晚上　到巴黎歌劇院欣賞歌劇及住宿於巴黎

Day 4
上午　參觀奧賽博物館
下午　參觀龐比度中心
晚上　參觀紅磨坊及住宿於巴黎

Day 5
上午　乘火車或飛機往英國
晚上　欣賞歌劇及住宿於倫敦

Day 6
上午　參觀大英博物館
下午　參觀聖保羅大教堂
晚上　住宿於倫敦

Day 7
上午　參觀泰特現代美術館
下午　參觀倫敦塔及塔橋
晚上　住宿於倫敦

Day 8
上午　參觀國家藝廊
下午　參觀格林威治天文台、倫敦交通博物館及柯芬園
晚上　住宿於倫敦

Day 9
乘飛機回香港

意大利（+梵蒂岡）、德國 7 天 歷史之旅

Day 1
乘飛機往意大利羅馬

Day 2
上午　參觀羅馬圓形競技場、古羅馬市集及萬神殿
下午　參觀特拉維噴泉、納沃納廣場及西班牙廣場
晚上　住宿於羅馬

Day 3
上午　參觀梵蒂岡博物館
下午　參觀聖伯多祿廣場、聖伯多祿大教堂及聖天使城堡
晚上　住宿於羅馬

Day 4
上午　乘火車往德國
晚上　住宿於柏林

Day 5
上午　參觀布蘭登堡門、聯邦國會大廈及猶太人大屠殺紀念館
下午　參觀柏林圍場及柏林圍牆博物館
晚上　住宿於柏林

▲ 布蘭登堡門。

Day 6
上午　參觀聖母教堂、電視塔及柏林大教堂
下午　參觀舊國家藝術畫廊、及新、舊博物館
晚上　參觀新力中心及住宿於柏林

Day 7
乘飛機回香港

西班牙、法國、荷蘭、奧地利 11 天

藝術文化之旅

Day 1
乘飛機往西班牙馬德里

Day 2
上午　乘 1.5-2 小時 AVE 高鐵到哥多華
全日　參觀清真寺
晚上　乘夜間火車到巴塞隆拿

Day 3
上午　展開高迪作品之旅
晚上　住宿於巴塞隆拿

Day 4
上午　乘火車往法國巴黎
晚上　參觀羅浮宮博物館及住宿於巴黎

Day 5
全日　參觀凡爾賽宮
晚上　到巴黎歌劇院欣賞歌劇，住宿於巴黎

Day 6
上午　參觀奧賽博物館
下午　參觀龐比度中心
晚上　參觀紅磨坊，住宿於巴黎

Day 7
上午　乘火車往荷蘭
晚上　逛紅燈區德瓦倫及住宿於阿姆斯特丹

Day 8
上午　參觀安尼之家
下午　參觀梵高博物館
晚上　參加阿姆斯特丹運河觀光及住宿於阿姆斯特丹

Day 9
上午　乘火車往奧地利維也納
晚上　到國立歌劇院欣賞演奏及住宿於維也納

Day 10
全日　參觀熊布倫宮
晚上　住宿於維也納

Day 11
乘飛機回香港

奧地利、德國 7 天
音樂之旅

行程以音樂之都維也納及貝多芬出生地德國為主。除了能到國際知名的維也納國立歌劇院感受音樂氣氛外，亦順道遊覽兩國風景，適合有興趣到奧地利或德國發展或進修人士。

Day 1
乘飛機往奧地利

Day 2
上午 參觀史蒂芬大教堂
下午 參觀國立歌劇院
晚上 住宿於維也納

Day 3
全日 參觀霍夫堡皇宮
晚上 住宿於維也納

▲霍夫堡皇宮。

Day 4
上午 乘火車往德國科隆
晚上 住宿於科隆

Day 5
上午 乘火車往波恩，參觀貝多芬故居
下午 參觀科隆大教堂
晚上 乘火車往慕尼黑及住宿於慕尼黑

▶科隆大教堂。

Day 6
全日 乘火車往福森，參觀新天鵝堡
晚上 住宿於慕尼黑

Day 7
乘飛機回香港

意大利（＋梵蒂岡）、荷蘭、西班牙、法國 10 天
建築觀景之旅

意大利、西班牙及法國的古建築，加上荷蘭新穎具創意的建築群，保證令喜歡建築的你為之驚嘆。

Day 1
乘飛機往意大利羅馬

Day 2
上午 參觀羅馬圓形競技場、古羅馬市集及萬神殿
下午 參觀特拉維噴泉、納佛那廣場及西班牙廣場
晚上 住宿於羅馬

Day 3
上午 參觀梵蒂岡博物館
下午 參觀聖伯多祿廣場、聖伯多祿大教堂及聖天使城堡
晚上 住宿於羅馬

Day 4
上午 乘火車往荷蘭
晚上 參觀紅燈區德瓦倫及住宿於阿姆斯特丹

Day 5
全日 遊覽阿姆斯特丹市中心及近郊
晚上 乘火車往法國及住宿於巴黎

Day 6
全日 參觀凡爾賽宮
晚上 住宿於巴黎

Day 7
上午 乘火車往西班牙
晚上 住宿於馬德里

Day 8
上午 乘 1.5-2 小時 AVE 高鐵到哥多華
全日 參觀哥多華清真寺
晚上 乘夜間火車到巴塞隆拿

Day 9
全日 展開高迪作品之旅
晚上 住宿於巴塞隆拿

Day 10
乘飛機回香港

法國、意大利 9 天
購物之旅

旅程走訪「時裝之都」法國及意大利，追蹤最新流行時尚款式；凡爾塞宮的奢華和巴黎市的風光，讓旅程充滿藝術氣質。適合曾到過歐洲的旅客，過一個舒適悠閒的假期。

Day 1
乘飛機往法國巴黎

Day 2
上午 參觀香榭麗舍大道
下午 參觀凱旋門
晚上 住宿於巴黎

Day 3
全日 展開法國酒莊之旅
晚上 住宿於巴黎

Day 4
上午 逛老佛爺百貨公司
下午 遊特爾特廣場
晚上 參觀紅磨坊及住宿於巴黎

Day 5
全日 參觀凡爾塞宮
晚上 住宿於巴黎

Day 6
上午 乘火車往意大利米蘭
晚上 住宿於米蘭

Day 7
上午 參觀米蘭大教堂
下午 參觀艾曼妞二世拱廊
晚上 住宿於米蘭

Day 8
全日 逛米蘭名店區
晚上 住宿於米蘭

▶米蘭名店。

Day 9
乘飛機回香港

基本預算　單一國家行程建議　多國行程建議

Part 3

法國 France

法國是世界文化中心，其藝術、設計、文學、戲劇、建築及時裝，在全世界都有着很高的評價，而法國人寫意悠閒的生活，更令人為之嚮往。除了擁有很高的文化水平外，法國也是美食天堂，對很多人而言，法國菜是「高級美食」的代名詞。法國也受到上天特別的眷顧，其果園出產的葡萄釀製而成的葡萄酒，質素之高是其他國家無法匹敵的。

48

首都：巴黎 (Paris)

時差：比香港慢 7 小時；3~10 月則比香港慢 6 小時

語言：法語

電壓：220V 50Hz

插頭：雙孔圓腳

流通貨幣：歐元 (€)

貨幣面值：紙幣分為€ 5、€ 10、€ 20、€ 50、€ 100、€ 200、€ 500，硬幣分為€ 1、€ 2、1 cent、2 cent、5 cent、10 cent、20 cent、50 cent；€ 1 等於 100 cent

緊急電話：警察 17；救護車 15(收費)；消防 18

特產：葡萄酒、乳酪

手信購買熱點：巴黎鐵塔下的路邊攤

商店營業時間：星期一至六 10:00-19:00，部分商店星期四營業至 22:00，星期日休息

電話區號：法國國際區號 33；巴黎城市區號 01；里昂城市區號 562

WiFi：在法國政府 WiFi 熱點，選 "Orange" 網絡，打開瀏覽器鍵入任何網址，會有法文頁面彈出，選 "pass Paris WiFi 2h" ，可免費上網 2 小時。2 小時過後，需重新登入

美食：牛角包、長法包、青蛙腿、法式田螺、燉雞

月份	平均氣溫（攝氏）	平均降雨量（毫米）
1	3	53
2	4	54
3	8	39
4	11	34
5	19	42
6	18	67
7	19	50
8	19	62
9	16	56
10	11	55
11	7	50
12	4	50

2024	2025	節慶
1 月 1 日	1 月 1 日	新年
3 月 29 日	4 月 18 日	耶穌受難節
4 月 1 日	4 月 21 日	復活節星期一
5 月 1 日	5 月 1 日	勞動節
5 月 8 日	5 月 8 日	二戰勝利日
5 月 9 日	5 月 29 日	耶穌升天節
5 月 19 日	6 月 8 日	聖靈降臨節
5 月 20 日	6 月 9 日	聖靈降臨節星期一
7 月 14 日	7 月 14 日	國慶日
8 月 15 日	8 月 15 日	聖母升天節
11 月 1 日	11 月 1 日	諸聖瞻禮節
11 月 11 日	11 月 11 日	停戰日
12 月 25 日	12 月 25 日	聖誕節
12 月 26 日	12 月 26 日	聖誕節翌日

月份	地點	節慶 / 活動 (舉辦日期)
2-3 月	芒通 (Menton)	檸檬節 (Fête du Citron) (2024 年 2 月 17 日 -3 月 3 日) www.fete-du-citron.com
	尼斯 (Nice)	法國尼斯嘉年華會 (Carnaval de Nice) (2024 年 2 月 17 日 -3 月 3 日) www.nicecarnaval.com/en/
5 月	康城 (Cannes)	康城電影節 (Festival de Cannes) (2024 年 5 月 14 日 -25 日) www.festival-cannes.com/en.html
5-6 月	波爾多 (Bordeaux)	波爾多紅酒節 (Bordeaux Fête le vin) (2024 年 6 月 27 日 -30 日) www.bordeaux-wine-festival.com
7 月	終點：巴黎 (Paris) 香榭麗舍大道 (P.56)	環法單車賽 (Tour de France) (2024 年 7 月 20 日 -21 日) www.letour.fr
	亞維儂 (Avignon)	亞維儂藝術節 (Festival d'Avignon) (2024 年 7 月) www.festival-avignon.com/en

如何前往法國？

從香港出發

多間航空公司都有直航航班飛往法國，由香港直飛法國巴黎，航程約 13-14 小時，機票由 HK$ 9,056 起，視乎航空公司及航班而定。除了乘搭直航飛機往法國，也可以選擇需要轉機的航班，價錢相對地會便宜一點，轉機的地點視乎航空公司及航班而定。

Info

香港國際機場航空公司名單：www.hongkongairport.com/chi/flight/airline-information/enquiry.html

從歐洲其他國家出發

如果讀者正身處歐洲某國家，欲前往歐洲其他國家，可以選擇的交通工具就更多，包括乘搭飛機、火車及巴士。

1. 飛機

在歐洲各國乘搭飛機往巴黎或里昂平均所需時間約 1-2 小時，各國所需時間分別如下：

出發地	所需時間
瑞士蘇黎世、日內瓦	約 1 小時
德國法蘭克福	約 1.5 小時
英國倫敦	約 1-2 小時
荷蘭阿姆斯特丹；意大利米蘭	約 1-1.5 小時
奧地利維也納；意大利羅馬；西班牙馬德里、巴塞隆拿	約 1.5-2 小時
葡萄牙里斯本	約 2.5 小時

2. 火車

如選擇乘搭火車，可因應目的地及預算，選擇所需的火車，包括歐洲之星 (Eurostar)、EC(Eurocity) 國際特快車、EN(Euro Night) 特快夜車、CNL(City Night Line) 豪華臥鋪夜車、ICE(Intercity Express) 德國高速新幹線、TGV(Train à Grande Vitesse) 法國特快車及 Thalys 西北高速列車。由瑞士蘇黎世乘 TGV Lyria 至巴黎約 4 小時；德國法蘭克福乘 TGV 至巴黎約 4.5 小時；德國慕尼黑乘 TGV 至巴黎約 6 小時；英國倫敦乘歐洲之星至巴黎約 2.5 小時；西班牙巴塞隆拿乘 France-Spain High Speed 至巴黎約 7 小時。

RAILEUROPE：www.raileurope.com

3. 巴士

如選擇乘除了火車外，乘巴士到歐洲各國是另一個選擇，遊客可在出發前在歐洲長途巴士公司 FlixBus 的網站或應用程式預約車票，越早預約越多優惠喔！由荷蘭阿姆斯特丹乘巴士到巴黎約 9 小時；由西班牙巴塞隆拿到巴黎約 14 小時；由英國倫敦到巴黎約 9.5 小時。

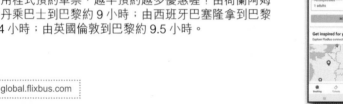

▲ FlixBus 手機應用程式。

global.flixbus.com

巴黎市內交通

巴黎交通網絡四通八達。遊客除了乘搭國內航班前往里昂等法國國內城市和歐洲各國外,也可選擇乘搭法國國鐵(火車)。

而在巴黎市內觀光時,最方便的交通工具當然是地下鐵 Métro 了,幾乎所有必到的景點都在地鐵站附近,也可選擇乘搭公車。

如想到巴黎近郊的地方觀光,可乘搭高速近郊地鐵 RER。

▲ 巴黎 Métro 車票

▲ Concord 站月台

國內航空

巴黎有兩個機場,包括以國際航班升降為主的戴高樂機場 (Aéroport de Paris-Charles de Gaulle),以及國內航班為主的巴黎奧利機場 (Aéroport de Paris-Orly)。

巴黎奧利機場是法國第二個最繁忙的機場,這兒的航班都是從巴黎往法國國內城市,以及歐洲、中東、非洲、加勒比地區、北美洲等。

由巴黎往里昂及波爾的航程約 1-1.5 小時。有關奧利機場的航班資訊,可瀏覽法國機場管理局網頁。

www.aeroportsdeparis.fr/en/homepage

法國國鐵

法國國鐵 Société National des Chemins de Fer Francais,簡稱 SNCF,主要有高速列車、城際列車、區間快速列車與近郊快車四種類型,其中法國高鐵 TGV 較為人熟悉。

SNCF 提供的火車服務之中,遊客常用的有 IC(INTERCITÉS) 城際特快車和 TGV(Train à Grande Vitesse) 法國特快車。前者連結法國各區域和大城市,後者除連結法國各城市,也連結法國周邊國家的鐵路網絡,包括瑞士、比利時、德國和荷蘭,另通過歐洲之星 Eurostar 鐵路網絡與英國連接,好方便啊!

Info
費用:有關持歐洲火車證遊客的交通費用,可參看 P.10-12。
網址:
SNCF:www.sncf.com
Eurail:www.eurail.com/en/
 eurail-passes

基本資料

住宿

巴黎

地鐵

巴黎地鐵 Métro de Paris 分為兩大系統，分別是 Métro 和 RER，前者是市區地鐵，後者則是郊區快車，二者的車票通用，非常方便。Métro 共有 14 條路線 (M1-M14)，路線包括了巴黎市中心的 Zone 1 及 2 範圍，大部分市中心的景點可達，非常方便。

車票分為單程 (Billet) 票、十張套票 (Carnet)、遊客票 (Paris Visite) 和周遊票 (Carte Orange)。有關巴黎地鐵路線圖，可瀏覽 RATP 網頁。

另外，遊客亦可購買 Paris Visite，持票者可任乘 Zone 1-3 或 1-5 地鐵、RER 鐵路、巴士等大部份公共交通工具。以下是 Paris Visite 費用：

▲ Métro 月台

日數	Paris Centre Zone 1-3		Paris Banlieue Zone 1-5	
	成人	4-11 歲小童	成人	4-11 歲小童
1	€ 13.55 (HK$116)	€ 6.75 (HK$58)	€ 28.50 (HK$245)	€ 14.25 (HK$123)
2	€ 22.05 (HK$190)	€ 11 (HK$95)	€ 43.30 (HK$372)	€ 21.65 (HK$186)
3	€ 30.10 (HK$259)	€ 15.05 (HK$129)	€ 60.70 (HK$522)	€ 30.35 (HK$261)
5	€ 43.30 (HK$372)	€ 21.65 (HK$186)	€ 74.30 (HK$639)	€ 37.15 (HK$319)

ℹ RATP：www.ratp.fr
Paris Visite：www.ratp.fr/en/titres-et-tarifs/paris-visite-travel-pass

高速近郊地鐵 RER

地鐵系統內 Zone1-2 以外的區域屬於高速近郊地鐵 RER 系統。RER 有 A、B、C、D、E 五條路線，可到達巴黎市中心和近郊地區的市鎮，一些較遠的景點，如凡爾賽宮、楓丹白露宮 (Château de Fontainebleau) 等，就需要乘搭 RER 系統的路線。

持歐洲火車證的旅客，可免費乘搭 RER 部分 B 線及 C 線。車票跟 Métro 通用，票價因應區域而不同。

ℹ 巴黎地鐵圖：www.parismetromap.org

巴士

巴黎的巴士網絡也十分完善。巴士的車票跟地鐵一樣，在地鐵買了巴黎 Zone 1 和 Zone 2 的票，即可隨意乘搭 Métro、RER 和巴士。

乘搭巴士毋需在繁忙時間內跟巴黎人擠在狹小的車廂裏，而且可以直達部分景點，如 24 號可到奧賽博物館、協和廣場和瑪德蓮教堂；27 號公車可到羅浮宮和歌劇院；63 號可到傷殘戰士之家；69 號可到巴士底廣場、艾菲爾鐵塔等。

ℹ 巴黎巴士路線及網絡：www.ratp.fr/en/plan-bus

巴黎

里昂

Paris Le Grand

星級	5 ★	
免費 WiFi	✓	
含早餐	X	
房間獨 立浴室	✓	地圖 P.54
入住 時間	14:00	
退房 時間	12:00	

Info

地址：**2 Rue Scribe, Paris, France**
交通：乘搭地鐵 M1、M8 或 M12
　　　線，在 **Opera** 站下車，步
　　　行約 6 分鐘
房價：€ 640 (HK$ 5,504) 起
電話：+33 800968111
網址：www.ihg.com/intercontinental/
　　　hotels/us/en/paris/parhb/
　　　hoteldetail

Lyon Part Dieu

星級	3 ★	
免費 WiFi	X	
含早餐	X	
房間獨 立浴室	✓	

Info

地址：**79 Boulevard Marius Vivier-Merle, Lyon, France**
交通：乘搭火車，在 **Lyon Part Dieu** 站下車，走
　　　Vivier Merle 出口，左轉步行約 5 分鐘
房價：€ 67 (HK$ 540) 起
電話：+33 472914252
網址：www.residhotel.com/residence/lyon-part-dieu/

Pavillon de la Reine

星級	4 ★	
免費 WiFi	X	
含早餐	X	
房間獨 立浴室	✓	地圖 P.55
入住 時間	14:00	
退房 時間	12:00	

Info

地址：**28 Place des Vosges, Paris, France**
交通：乘搭地鐵 M1、M5 或 M8
　　　線，在 **Bastille** 站下車，
　　　步行約 5 分鐘
房價：€ 450 (HK$ 3,870) 起
電話：+33 140291919
網址：www.pavillon-de-la-reine.com

Hôtel de Paris

星級	3 ★	
免費 WiFi	✓	
含早餐	X	
房間獨 立浴室	✓	

Info

地址：**16 rue de la Platière, Lyon, France**
交通：乘搭 TCL 地鐵 A 線，在 **Hôtel de Ville** 站
　　　下車，步行約 5 分鐘
房價：€ 74 (HK$ 636) 起
電話：+33 478280095
網址：www.hoteldeparis-lyon.com
備註：有關 TCL Subway 的時間表，參看
　　　www.tcl.fr/en

Charles V Hotel

星級	2 ★
免費 WiFi	✓
含早餐	X
房間獨 立浴室	✓
入住 時間	16:00- 19:00
退房 時間	10:00

地圖 P.55

Info

地址：**20 rue St. Paul, Paris, France**
交通：乘搭地鐵 M1 線，在
　　　Saint-Paul 站下車
房價：€ 196 (HK$ 1,686) 起
電話：+33 144548500
網址：www.hotel-charles-v.com/en/

巴黎景點地圖

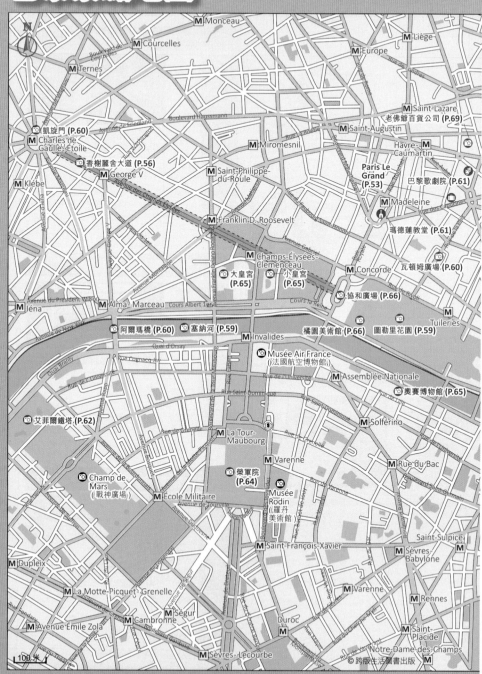

M Monceau

M Courcelles

M Liège

M Europe

M Ternes

M Saint-Lazare

老佛爺百貨公司 (P.69)

凱旋門 (P.60)
M Charles de Gaulle-Étoile

M Saint-Augustin

Havre-Caumartin

香榭麗舍大道 (P.56)

M Miromesnil

Paris Le Grand (P.53)

巴黎歌劇院 (P.61)

M George V

M Saint-Philippe-du-Roule

M Klébe

M Madeleine

瑪德蓮教堂 (P.61)

M Franklin D. Roosevelt

Champs-Élysées-Clemenceau

M Concorde

瓦頓姆廣場 (P.60)

大皇宮 (P.65)

小皇宮 (P.65)

協和廣場 (P.66)

M Iéna

M Alma-Marceau

Tuileries

阿爾瑪橋 (P.60)

塞納河 (P.59)

M Invalides

橘園美術館 (P.66)

圖勒里花園 (P.59)

Musée Air France
(法國航空博物館)

M Assemblée Nationale

奧賽博物館 (P.65)

艾菲爾鐵塔 (P.62)

M Solférino

M La Tour-Maubourg

M Varenne

M Rue du Bac

Champ de Mars
(戰神廣場)

榮軍院 (P.64)

Musée Rodin
(羅丹美術館)

M École Militaire

Saint-Sulpice

M Saint-François-Xavier

M Sèvres-Babylone

M Dupleix

M La Motte-Picquet - Grenelle

M Varenne

M Rennes

M Ségur

M Avenue Émile Zola

M Cambronne

Duroc

M Saint-Placide

Notre-Dame-des-Champs

100米

M Sèvres-Lecourbe

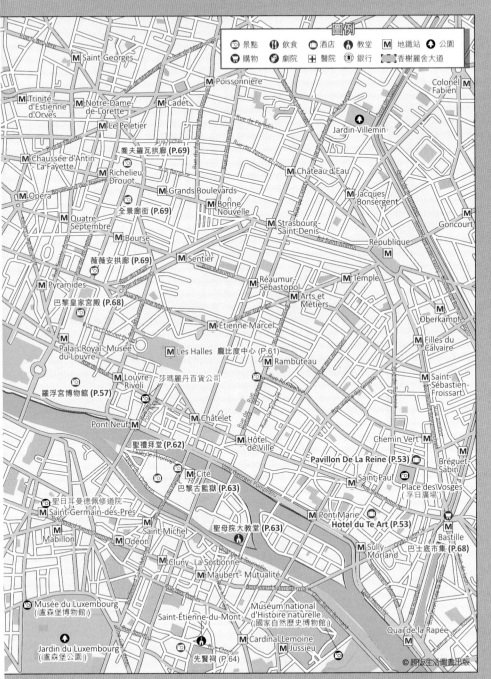

圖例

| 🅜 景點 | 🍴 飲食 | 🏨 酒店 | ⛪ 教堂 | Ⓜ 地鐵站 | ♠ 公園 |
| 🛍 購物 | 🎭 劇院 | ✚ 醫院 | 🏦 銀行 | ┅ 香榭麗舍大道 |

Ⓜ Saint-Georges

Ⓜ Poissonnière

Colonel Fabien Ⓜ

Ⓜ Trinité d'Estienne d'Orves

Ⓜ Notre-Dame-de-Lorette

Ⓜ Cadet

Ⓜ Le Peletier

喬夫羅瓦拱廊 (P.69)

Jardin Villemin ♠

Ⓜ Chaussée d'Antin La-Fayette

Ⓜ Richelieu-Drouot

Ⓜ Château d'Eau

Ⓜ Jacques Bonsergent

Ⓜ Opéra

Ⓜ Grands Boulevards

Ⓜ Goncourt

全景廊街 (P.69)

Ⓜ Bonne Nouvelle

Ⓜ Strasbourg-Saint-Denis

République Ⓜ

Ⓜ Quatre Septembre

Ⓜ Bourse

薇薇安拱廊 (P.69)

Ⓜ Sentier

Ⓜ Pyramides

Ⓜ Réaumur-Sébastopol

Ⓜ Temple

Oberkampf Ⓜ

巴黎皇家宮殿 (P.68)

Ⓜ Arts et Métiers

Ⓜ Étienne Marcel

Ⓜ Filles du Calvaire

Palais Royal - Musée du Louvre Ⓜ

Ⓜ Les Halles

龐比度中心 (P.61)

Ⓜ Rambuteau

Ⓜ Saint-Sébastien-Froissart

羅浮宮博物館 (P.57)

Ⓜ Louvre Rivoli

莎瑪麗丹百貨公司

Pont Neuf Ⓜ

Ⓜ Châtelet

Chemin Vert Ⓜ

聖禮拜堂 (P.62)

Ⓜ Hôtel de Ville

Pavillon De La Reine (P.53)

Bréguet-Sabin Ⓜ

Ⓜ Cité

巴黎古監獄 (P.63)

Saint-Paul Ⓜ

Place des Vosges (孚日廣場)

聖日耳曼德佩修道院

Ⓜ Saint-Germain-des-Prés

Ⓜ Saint-Michel

Ⓜ Pont Marie

Hotel du Te Art (P.53)

Bastille Ⓜ

Ⓜ Mabillon

Ⓜ Odéon

聖母院大教堂 (P.63)

Ⓜ Sully Morland

巴士底市集 (P.68)

Ⓜ Cluny - La Sorbonne

Ⓜ Maubert- Mutualité

Musée du Luxembourg (盧森堡博物館)

Saint-Étienne-du-Mont

Muséum national d'Histoire naturelle (國家自然歷史博物館)

Quai de la Rapée

♠ Jardin du Luxembourg (盧森堡公園)

先賢祠 (P.64)

Ⓜ Cardinal Lemoine

Ⓜ Jussieu

巴黎景點及美食

Paris

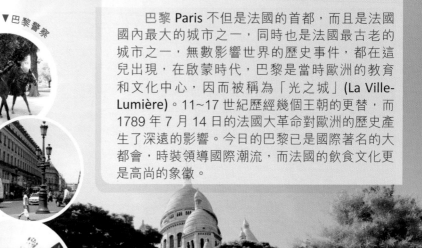

▼巴黎警察

▼巴黎街景

巴黎 Paris 不但是法國的首都，而且是法國國內最大的城市之一，同時也是法國最古老的城市之一，無數影響世界的歷史事件，都在這兒出現，在啟蒙時代，巴黎是當時歐洲的教育和文化中心，因而被稱為「光之城」(La Ville-Lumière)。11~17 世紀歷經幾個王朝的更替，而 1789 年 7 月 14 日的法國大革命對歐洲的歷史產生了深遠的影響。今日的巴黎已是國際著名的大都會，時裝領導國際潮流，而法國的飲食文化更是高尚的象徵。

📷 皇族散步道 香榭麗舍大道　地圖 P.54
Avenue des Champs Élysées

香榭麗舍大道中 Champs Élysées 的意思是「至福之野」，原是為亨利四世的王妃而興建的散步道，大道上的林木由凡爾賽宮的造園師設計。香榭麗舍大道與凱旋門及協和廣場連接，全長 2 公里，大道闊 100 米，是昔日的貴族和上流社會的社交場所。今日香榭麗舍大道已成為世界知名的購物熱點，大道兩旁有各式咖啡廳、舞廳、名店等，世界各地的遊客都慕名前來購物。

▲ 從凱旋門觀景台看到的香榭麗舍大道。

► 香榭麗舍大道旁的名店。

Info

地址：Avenue des Champs Élysées, Paris, France
交通：乘搭地鐵 M1、M8 或 M12 線，
　　　在 Concorde 站下車

世界三大博物館 羅浮宮博物館

地圖 P.55

Musée du Louvre

　　羅浮宮博物館是世界三大博物館之一 (其餘兩個為英國大英博物館及美國紐約大都會博物館)，始建於 1200 年，前後共 700 多年才完工，曾經是法國皇帝的居所，後改為博物館。博物館佔地 40 萬平方米，分為七部分，展出來自世界各地共三萬多件藝術品，即使不看任何作品，光是在羅浮宮內走一圈可能需要花上兩、三個小時。由於展品以法文作簡介，建議參觀之前，先細閱羅浮宮展品簡介。

▲博物館那透明的金字塔入口由華人建築師貝聿銘設計，華麗之中充滿時代感。

▲ 蒙羅麗莎的微笑 (Mona Lisa- Portrait of Lisa)。

若然時間不是很充足的話，可主力參觀目標作品，如《因丘比特的吻而復活的普塞克 (Psyche Revived by Cupid's Kiss)》。

► 北歐雕塑館。

57

遨遊11國省錢品味遊 Easy Go!．歐洲

▲ 薩莫特拉斯的勝利女神 (Winged Victory of Samothrace)。

▼米開朗基羅的作品《垂死的奴隸》。

▲法國繪畫廳。　　▲古羅馬藝術廳。

► 日落時分的羅浮宮好迷人啊！

► 意大利雕塑館。

Info

羅浮宮巴黎主館
地址：Musée du Louvre, 75058 Paris, France
交通：乘搭地鐵 M1 或 M7 線，在 Palais Royal-Musée du Louvre 站下車
時間：星期一、四、六、日 09:00-18:00，星期三、五 09:00-21:45
休息：1 月 1 日、5 月 1 日及 8 日、12 月 25 日
費用 $：€ 15 (HK$ 121)，18 歲以下免費，9 月至 6 月每月首個星期五 18:00 後免費
電話：+33 140205317
網址：www.louvre.fr/en

羅浮宮 Lens 分館
地址：6 Rue Charles Lecoq, 62301, Lens, France
交通：由巴黎乘火車前往 Lens 約需 5 小時
開放時間：10:00-18:00，星期二休息
費用 $：免費，期間展覽：€ 11 (HK$ 95)
電話：+0321186262
網址：www.louvrelens.fr/en/home

Tips

博物館及名勝卡 Paris Museum Pass

博物館及名勝卡適用於巴黎大部分著名的景點，如凱旋門、羅浮宮、聖母院、奧賽博物館、凡爾賽宮、龐比度中心等，持卡人士無需另外購票即可進入上述景點。除非你到法國只欣賞大自然風光，否則此卡可說是非買不可。

費用 $：(2 天) € 55、HK$473
　　　　(4 天) € 70、HK$602
　　　　(6 天) € 85、HK$731
網址：www.parismuseumpass.fr/t-en

乘船觀光 塞納河 *La Seine* 地圖 P.54

▼塞納河兩岸風光明媚。

塞納河是法國的第二大河流，全長 780 公里，流經首都巴黎的市中心。由於巴黎的著名景點艾菲爾鐵塔、羅浮宮等都位於塞納河兩岸，若然不打算逐一購票參觀每一間博物館或教堂，不妨乘船飽覽大部分的著名景點，由艾菲爾鐵塔乘船出發，經西堤島、聖路易島環繞一周，全程約 1 小時。既可免於四處奔走之苦，還可在船上品嚐法國料理，令旅程更為完滿。

Info
地址：Along Île de la Cité, Paris, France
交通：視登船地點而定，參看艾菲爾鐵塔 (P.62)、羅浮宮博物館 (P.57) 等景點的資訊
觀光船營業時間：約 10:30-22:45，每 30 分鐘至 1 小時一班
觀光船費用 $：成人€ 14 (HK$113) 起，4-12 歲兒童€ 7 (HK$56) 起，視所選的觀光船公司及套票而定
網址：www.vedettesdupontneuf.com

Tips
巴黎有數間提供塞納河觀光船的公司，各有不同的套票，停泊的景點數目約 8-9 個，視乎套票而定，遊客可在各站隨意上下船。

悠閒巴黎 圖勒里花園 *Jardin des Tuileries* 地圖 P.54

圖勒里花園連接協和廣場及羅浮宮，由凡爾賽宮的造園師設計。花園廣場的中央有個圓形的大噴泉，花園旁有雕像裝飾。行人道兩側的草地上，不時發現巴黎市民在草地上看書、睡覺、聊天、野餐或是享受日光浴。走進圖勒里花園，可以深深感受到巴黎人的悠閒與浪漫。

Info
地址：Place de la Concorde, Rue de Rivoli, Paris, France
交通：乘搭地鐵 M1、M8 或 M12 線，在 Concorde 站下車，步行約 1 分鐘
時間：(3 月最後一個星期日至 5 月 31 日，9 月 1 日至 9 月最後一個星期日)07:00-21:00，(6 月至 8 月)07:00-23:00，(9 月最後一個星期日至 3 月最後一個星期六)07:30-19:30；遊客必須在閉園前半小時離開
費用 $：免費
網址：parisjetaime.com/eng/culture/jardin-des-tuileries-p3545

▼優美的庭園。

一天坐在湖邊過閒適的

法國地標 凱旋門 （地圖 P.54）
Arc de Triomphe

跟巴黎艾菲爾鐵塔一樣，凱旋門早已跟法國劃上了等號。位於巴黎香榭麗舍大道的凱旋門，是紀念拿破崙擊退奧俄聯軍而建成的，高 49.5 米、闊 45 米、深 22 米。凱旋門上方的觀景台，是欣賞巴黎市中心景致的絕佳選擇。

▲ 從凱旋門觀景台可看到艾菲爾鐵塔。

▲◀ 凱旋門。

Info
地址：Place Charles de Gaulle, Paris, France
交通：乘搭地鐵 M1、M2 或 M6 線，在 Charles de Gaulle-Étoile 站下車
開放時間：(4 月至 9 月)10:00-23:00，(10 月至 3 月)10:00-22:30
休息：1 月 1 日、5 月 1 日及 8 日、7 月 14 日、11 月 11 日、12 月 25 日
費用 $：成人 € 13 (HK$112)；18歲以下免費
電話：+33 155377377
網址：www.paris-arc-de-triomphe.fr/en

巴黎最美的橋 阿爾瑪橋 Pont de l'Alma （地圖 P.54）

阿爾瑪橋位於塞納河上方，可說是巴黎市中心最美的橋，是為了紀念克里米亞戰爭勝利而建，當時這裏是英法聯軍獲勝之地。另外，英國戴安娜皇妃在此橋附近道路發生車禍並去世，從此為這道橋添上幾分淒美。

▲ 阿爾瑪橋。
◀ 橋的兩邊入口及橋身都鑲有金光閃閃的雕塑，十分漂亮。

Info
地址：Place de l'Alma, 7e Arrondissement, Paris, France
交通：乘搭地鐵 M9 線，在 Alma Marceau 站下車，步行約 1 分鐘

歷史與藝術痕跡 瓦頓姆廣場 （地圖 P.54）
Place Vendôme

沿巴黎歌劇院的和平路走約 10 分鐘，就來到瓦頓姆廣場。廣場建於 1702 年，是路易十四下令興建的，採八邊形的設計，廣場中央的圓柱 Colonne de Vendôme，是用 1805 年奧斯特立茲戰後遺下的青銅大炮製造的，由拿破崙下令立於廣場中央。Colonne de Vendôme 上有精緻的藝術雕塑，不妨細心觀賞。

▶ 廣場中央的圓柱 Colonne de Vendôme。

Info
地址：1e Arrondissement, Paris, France
交通：乘搭地鐵 M3、M7 或 M8 線，在 Opéra 站下車，步行約 5 分鐘

遊遊 11 國省錢昧遊 Easy Go!‧歐洲

仿希臘神殿 瑪德蓮教堂　地圖 P.54
Église de la Madeleine

瑪德蓮教堂是基督教教堂，建於 1764 年。外形仿照希臘神殿的設計，共有 52 根柯林斯式 (Corinthian) 列柱，大門上方有以最後的審判為主題的立面雕刻，銅門上有聖經十誡的浮雕；教堂圓頂上有三個透光孔，讓自然光射進教堂內，祭壇上有瑪利亞升天像，為教堂增添了幾分莊嚴。

Info

地址：**1 Place de la Madeleine 75008 Paris**
交通：乘搭地鐵 M8、M12 或 M14 線，在 **Madeleine** 站下車
時間：09:30-19:00
電話：+33 144516900
網址：**www.eglise-lamadeleine.com**

▶前瑪德蓮教堂。教堂市中心的石階，常見巴黎好地民坐下，是休憩的黎

富麗堂皇 巴黎歌劇院 *Opéra de Paris*　地圖 P.54

巴黎歌劇院由法王路易十四下令建造，建築師加尼葉於 1861 年設計，因此劇院又名加尼葉歌劇院 (Opéra Garnier)。歌劇院面積達一萬多平方米，共 2,000 多個座位。劇院內名畫家夏卡爾 (Marc Chagall) 繪畫的天蓬、重達六公噸的水晶燈及宏偉的大理石階梯等，都值得細看。古典的加尼葉歌劇院跟新穎的巴士底歌劇院，並列為巴黎兩大歌劇院。歌劇院位於地鐵站出口的當眼處，前往參觀羅浮宮及老佛爺百貨公司等景點時會途經此處。

Info

地址：**8 Rue Scribe, Paris, France**	費用 **$**：成人 € 11 (HK$89)，
交通：乘搭地鐵 M3、M7 或 M8 線，	12-25 歲青年 € 7
在 **Opéra** 站下車，步行約 3	(HK$ 56)，12 歲以
分鐘	下兒童免費
時間：10:00-17:00；劇院在部分	電話：+33 171252423
日子提早閉館，建議參觀前	網址：**www.operadeparis.fr**
瀏覽官方網頁	**/en**
休息：1 月 1 日、5 月 1 日	

法國當代藝術 龐比度中心　地圖 P.55
Centre Georges Pompidou

龐比度中心由鐵架及玻璃建成，是巴黎數一數二的當代藝術博物館，1977 年由法國總統龐比度下令創建。中心外牆透明管狀的扶手電梯，令人印象深刻。博物館共展出四萬多件展品，以超現實主義、野獸派、立體主義及普普藝術等為主；館內亦設有圖書館、咖啡廳，足以讓愛藝術的你在這兒消磨整個下午。

▲龐比度中心。

Info

地址：**Place Georges-Pompidou 75004 Paris**
交通：乘搭地鐵 M11 線，在 **Rambuteau** 站下車，步行約 2 分鐘
時間：11:00-21:00(星期四至 23:00)
休息：逢星期二、5 月 1 日
費用 **$**：按展覽內容而定，約 € 15 (HK$ 129)
電話：+33 144781233
網址：**www.centrepompidou.fr**

 Tips

每月第一個星期日可免費參觀龐比度藝術中心，如行程時間配合，不要錯過啊！

📷 革命百年紀念 **艾菲爾鐵塔** *Tour Eiffel* 地圖 P.54

艾菲爾鐵塔是為了紀念法國大革命 100 年而建，以建築師艾菲爾命名，高 324 米，分為三層，第一層高 57 米、第二層 115 米及第三層 276 米，其中第一及第二層設有咖啡廳、餐廳及紀念品售賣店等。由於是旅遊熱點，旺季時遊客很多，若想避開人群，建議早點前往參觀。另外，鐵塔每晚 20:00 有亮燈儀式，可在鐵塔的公園廣場及查爾諾宮 (Palais de Chaillot) 對開的廣場觀賞鐵塔亮燈時的風采。

◄ 艾菲爾鐵塔。

▼ 從艾菲爾鐵塔看到的巴黎市全貌。

▲ 黃昏時更能感受到「日落巴黎」的浪漫醉人。

Info

地址：**Champ de Mars 5 Avenue AnatoleFrance, Paris, France**
交通：乘搭地鐵 M6 或 M9 線，在 **Bir-Hakemim** 站下車
時間：**(7 月至 8 月部分日子)** 09:00-00:00；
　　　(其餘時間) 電梯 09:30-23:45，樓梯 09:30-18:30
$ 費用 (4 歲以下兒童免費)：

	成人	12-24 歲	4-11 歲
使用電梯往頂層	€ 28.30(HK$243)	€ 14.10(HK$121)	€ 7.10(HK$61)
使用電梯第一、二層	€ 18.10(HK$156)	€ 9.00(HK$77)	€ 4.50(HK$39)
使用樓梯往第一、二層	€ 11.30(HK$97)	€ 5.60(HK$48)	€ 2.80(HK$24)

電話：+33 892701239
網址：**www.toureiffel.paris/fr**

📷 迷人玻璃彩繪 **聖禮拜堂** *Sainte Chapelle* 地圖 P.55

聖禮拜堂是一座哥德式建築物，由路易九世下令興建，用來收藏及保存從君士坦丁堡購得的「聖物」，包括十字架碎片和基督戴過的荊冠。聖禮拜堂由著名建築師 Pierre de Montrouil 設計，於 1246 年起花了 33 個月就完成。這兒最吸引的是位於二樓的彩繪玻璃，這是巴黎歷史最悠久的彩繪玻璃，上有千多個聖經故事情節。

◄ 禮拜堂二樓的華麗彩繪玻璃。

◄ 教堂內部非常莊嚴。

Info

地址：**2 Boulevard du Palais, Paris, France**
交通：乘搭地鐵 M4 線，在 Cité 站下車，步行約 4 分鐘
時間：**(4 月至 9 月)** 09:00-19:00，
　　　(10 月至 12 月) 09:00-17:00
休息：1 月 1 日、5 月 1 日、12 月 25 日
費用 **$**：一般票 € 11.50 (HK$99)，優惠票 € 9 (HK$ 77)
電話：+33 153406080
網址：**sainte-chapelle.fr/en**

▲ 不少遊客在排隊等候進場。

自由無價 巴黎古監獄 *La Conciergerie* 地圖 P.55

巴黎古監獄是一座哥德式建築物，中世紀時期是皇室管理府，設有步兵室、守衛室及廚房等，法國大革命時期，改作監獄，路易十六的皇后瑪麗安托瓦奈特 (Marie-Antoinette) 曾成為這兒的階下囚，不少犯人在這裏被裁決，每天有數十人在斷頭台遭處死，這兒可説是當時巴黎環境最惡劣的監獄。

▲ 巴黎古監獄。

地址：**2 Boulevard du Palais, Paris, France**
交通：乘搭地鐵 M4 線，在 **Cité** 站下車，步行
　　　約 4 分鐘
時間：09:30-18:00
休息：1 月 1 日、5 月 1 日、12 月 25 日
費用 **$**：一般票€ 11.50 (HK$ 99)，
　　　　優惠券€ 9 (HK$ 77)
電話：**+33 153406080**
網址：**www.paris-conciergerie.fr**

哥德式建築 巴黎聖母院 地圖 P.55
Notre Dame de Paris

幾代法國皇帝都是在巴黎聖母院舉行加冕大典，教堂採哥德式建築，以「聖母」為主題，三座大門分別為「聖母之門」、「最後的審判之門」及「聖安娜之門」，浮雕分別講述三段主題不同的故事。教堂內的玻璃彩繪也以聖母為主題，祭壇後方有抱着基督遺體的「聖殤像」。每個星期日這裏有風琴演奏，同時可登上教堂的塔樓，欣賞塞納河兩岸華麗的風光。(**因 2019 年火災暫時關閉**)

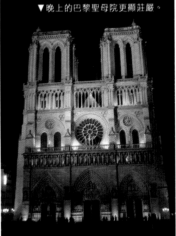

▼ 晚上的巴黎聖母院更顯莊嚴。

▲ 門上的立體浮雕最為特別。

▶ 巴黎聖母院的背面。

地址：**6 Parvis Notre-Dame-Place Jean-Paul-II, Paris, France**
交通：乘搭地鐵 M4 線，在 **Cité** 站下車，步行約 4 分鐘
費用 **$**：免費
電話：**+33 142345610**
網址：**notredamedeparis.fr**

法國歷史一隅 榮軍院 〔地圖 P.54〕

Les Invalides

路易十四為了安置受傷或無家可歸的退休軍人,下令建設傷兵療養院,於 1676 年完工,後改名為榮軍院,後面有一間教堂,於 1679 興建。這間療養院不但收容退役傷兵,後來還充滿政治色彩。法國大革命時,這兒被民眾搶去無數槍械,民眾衝向巴士底廣場,成功推翻了法國皇室的政權。1840 年,拿破崙葬於榮軍院的教堂,有興趣的遊客可來憑弔。現時,榮軍院同時也是法國軍事博物館 (Musée de l'Armée),軍事愛好者,不要錯過啊!持 Paris Museum Pass 可免費入場。

▲ 榮軍院

◀ 教堂內部。

▲ 拿破崙之墓。

▲ 法國元帥 Ferdinand Foch 之墓。

Info

地址:Place Vauban, Paris, France
交通:乘搭地鐵 M8 或 M13 線,在 Invalides 站下車,步行約 6 分鐘
時間:(4 月至 10 月)10:00-18:00,(11 月至 3 月)10:00-17:00
費用 $:€ 15 (HK$ 129),18 歲以下 € 12 (HK$ 103)
休息:1月1日、5月1日、12月25日
電話:+33 810113399
網址:www.musee-armee.fr/en

守護巴黎 先賢祠 *Le Panthéon* 〔地圖 P.55〕

路易十五於 1744 年 Metz 圍城戰役期間曾得重病,病癒後,為感謝巴黎的主保聖人 Sainte Genevieve,命建築師 Jacques-Germain Soufflot 設計這座教堂,自 1764 年起,歷經 26 年才完成;法國大革命後改名為先賢祠,有法國思想家盧梭 (Jean Jacques Rousseau)、大文豪伏爾泰 (Voltaire),以及雨果 (Victor-Marie Hugo) 的墳塚。

▼先賢祠。

Info

地址:Place du Panthéon, Paris, France
交通:乘搭地鐵 M10 線,在 Cardinal Lemoine 站下車,步行約 4 分鐘
時間:(4 月至 9 月)10:00-18:30,(10 月至 3 月) 10:00-18:00
休息:1月1日、5月1日、12月25日
費用 $:一般票11.50 (HK$ 99),優惠票€9 (HK$ 77)
電話:+33 144321800
網址:www.paris-pantheon.fr

遊遊 11 國省錢品味遊 Easy Go!·歐洲

宮殿裏的美術館和科學館 大皇宮 （地圖 P.54）

Grand Palais

　　大皇宮是為了 1900 年舉辦的世博會興建，與亞歷山大三世橋同時開幕，其新藝術風格玻璃幕頂最有特色。除了有一所美術館及科學館，皇宮亦是舉行各主題節慶活動的重要場地。每年 12 月至 1 月會開放 3 星期予公眾溜冰，喜愛溜冰的你不容錯過這個 2,700 平方米大的溜冰場地！

▲ 大皇宮。

Info

地址：**3 Avenue du Général Eisenhower, 75008 Paris**
交通：乘搭地鐵 M1、M9 線，在 **Franklin-D.-Roosevelt** 站下車
時間：10:00-19:00(視展覽不同，個別日子至 21:00)
休息：星期二、5 月 1 日、12 月 25 日
費用 $

項目	成人	16-25 歲	16 歲以下
不同展覽費用不同	€ 16 (HK$138)	€ 12 (HK$103)	免費

電話：+33 0144131717　｜　網址：**www.grandpalais.fr/en**

(圖文：Chloe Chui)

💡 Tips
　　每年 11 月，在大皇宮會舉行一個名為「巴黎影像」(Paris Photo) 的展覽，用最新拍攝角度去詮釋世界，喜歡攝影的人士不要錯過！
網站：www.parisphoto.com/paris

 ## 免費藝術天堂 小皇宮 *Petit Palais* （地圖 P.54）

　　小皇宮美術館坐落在大皇宮對面，同樣是為了世博會興建，由 1976 年開放至今。館內展出大量不同時期的藝術品，包括文藝復興時期的作品，亦有 17 至 19 世紀印象派、浪漫主義等作品。難得的是入場費全免，不妨內進看看藝術，或是坐在咖啡廳享受一下美好時光！

Info

地址：Avenue Winston Churchill, 75008 Paris
交通：乘搭地鐵 M1、M13 線，在 **Champs-Élysées-Clemenceau** 站下車
時間：美術館 10:00-18:00(星期五短期展覽期間至 21:00)；咖啡廳 10:00-18:00
休息：星期一及公眾假期
費用 $ ：免費 (短期展覽需另收費)
電話：+ 33 0153434000　｜　網址：**www.petitpalais.paris.fr/en**

▶ 小皇宮。

(圖文：Chloe Chui)

印象派畫蹤 奧賽博物館 *Musée d'Orsay* （地圖 P.54）

　　奧賽博物館由火車站改建而成，位於塞納河左岸。除了展品吸引外，其博物館建築亦甚具特色，是羅浮宮以外必看的博物館。博物館的設計引進了大量自然光，使大廳光線充足。館內收藏了很多印象派的油畫及雕塑，包括梵高、雷諾瓦、希斯里、塞尚等畫家的作品，其中以梵高作品展館最受歡迎。

Info

地址：**62, Rue de Lille, Paris, France**
交通：乘搭地鐵 M12 線，在 **Solférino** 站下車
時間：星期二、三、五至日 09:30-18:00，星期四 09:30-21:45
休息：星期一、5 月 1 日、12 月 25 日
費用 $ ：成人€ 16 (HK$ 138)，18 歲以下€ 13 (HK$ 112)
電話：+33 140494814　｜　網址：**www.musee-orsay.fr/en**
備註：星期二、三、五、六、日 16:30 後及星期四 18:00 後，所有入場人士可享€ 12(HK$ 103) 優惠門票

 💡 Tips
　　每月第一個星期日可免費參觀奧賽博物館，如行程時間配合，不要錯過啊！

印象派畫作典藏之地 橘園美術館 地圖 P.54
Musée national de l'Orangerie

在圖勒里花園中，可找到這座曾經是橘子溫室的美術館。美術館在 20 世紀初由溫室改建，現收藏許多印象派畫作，其中以著名畫家莫內所捐贈的系列作品《睡蓮》(Les Nymphéas) 為一大代表。而在每月第一個星期日，所有遊客都可免費進場！

▲ 因美術館曾是溫室，所以側面有大幅玻璃。

▲ 橘園美術館。

Info

地址：**Jardin der Tuileries, 75001 Paris**
交通：1. 地鐵 M1、M8、M12 線 **Concorde** 站
　　　2. 巴士 24、42、52、72、73、84、94 號於 **Concorde** 站下車
　　　3. **Vélib'** 單車站 **rue de Lille** 站或 **rue Cambon** 站
時間：09:00-18:00
休息：星期二、5 月 1 日、7 月 14 日上午、12 月 25 日
費用 $：成人 € 12.5(HK$108)，18-25 歲 € 10(HK$86)，18 歲以下免費 (每月第一個星期日免費入場)
電話：+33 0144778007

(圖文：Chloe Chui)

和平的期望 協和廣場 地圖 P.54
Place de la Concorde

協和廣場在法國大革命前稱為路易十五廣場，路易十六於 1770 年與瑪麗皇后結婚時，廣場上曾大放煙花慶賀。法國大革命成功後，1793 年 1 月 21 日廣場上設置斷頭台，處決了路易十六國王及其皇后，前後共處決了 1,343 人。1795 年後廣場改名為 Concorde，以示和平的新里程。現時廣場的中央有一座方尖紀念碑，方尖碑高 23 米，重 220 公頓，上有埃及的象形文字。據說是前埃及總督 Mehemet Ali 送給查理十世的，1833 年才送到法國。

▼ 在廣場上漫步也不錯。

▲ 地鐵 Concorde 站出口。

Tips

方尖紀念碑是眺望林蔭大道、凱旋門、羅浮宮和艾菲爾鐵塔的最佳位置，千萬別錯過啊！

Info

地址：**Place de la Concorde, Paris, France**
交通：乘搭地鐵 M1、M8 或 M12 線，在 **Concorde** 站下車

📷 歐洲最大的行宮 凡爾賽宮
Château de Versailles

到歐洲，若只打算參觀一個宮殿，凡爾賽宮是必然之選。凡爾賽宮是整個歐洲最大的宮殿，佔地 800 多萬平方米，1682-1789 年期間是法國的王宮，也是路易十四的狩獵行宮，宮中的鏡廊 (Galerie des glaces) 是第一次世界大戰簽訂停火協議的所在地，1979 年凡爾賽宮被列入《世界文化遺產名錄》。宮殿建成後，歐洲的國王都各自爭相仿效凡爾賽宮，建造各自的華麗皇宮。凡爾賽宮建成多年後，仍未有另一座歐洲宮殿能夠超越凡爾賽宮的奢華與氣勢。

▼ 極盡奢華的凡爾賽宮。

▼ 凡爾賽宮內外每一個角落都氣派不凡。

◄ 凡爾賽宮內的鏡廊。

Info

地址：**Place d'Armes, Versailles, Paris, France**
交通：乘搭 RER C5 線，在 **Versailles Rive Gauche** 站下車
時間：**11 月至 3 月** (皇宮) 09:00-17:30，(花園) 08:00-18:00；
4 月至 10 月 (皇宮) 09:00-18:30，(花園) 08:00-20:30
休息：星期一、1 月 1 日、5 月 1 日、12 月 25 日
費用 **$**：(1 日票) € 28.50、HK$ 245
(2 日票) € 53.50、HK$ 460
(皇宮) € 19.50、HK$ 168
18 歲以下免費
電話：+33 130837800
網址：en.chateauversailles.fr

▲ 御花園 (Les Jardeins) 在夏季每天的指定時間有噴水表演。

路易十四的居所 巴黎皇家宮殿

Domaine National Du Palais Royal

地圖 P.55

　　巴黎皇家宮殿建於 17 世紀，原為黎希留紅衣主教的宅邸，主教死後獻給路易十三，而路易十三死後，成為當時年僅五歲的路易十四的居所，皇宮的廣場上有很多高矮不一的條紋圓柱，充滿藝術味道，遊客喜歡爬上最高的圓柱上拍照留念。皇宮的中庭有個大花園，種滿了百年古樹，環境幽靜，巴黎人常來這兒散步、看書或曬太陽，中庭周圍的拱廊有畫廊、高級時裝店、古董店等等。

▶ 廣場上高矮不一的條紋圓柱。

Info

地址：8, rue Montpensier, 75001 Paris
交通：乘搭地鐵 M1 或 M7 線，在 Palais Royal-Musee du Louvre 站下車
時間：(10 月至 3 月) 07:30-20:30；(4 月至 9 月) 08:30-22:30
費用 **$**：免費
電話：+33 147039216
網址：www.domaine-palais-royal.fr/en/

巴黎人生活面貌 巴士底市集

Marché Bastille

地圖 P.55

　　巴士底市集是巴黎市中心規模最大的市場，深受遊客歡迎。除了有新鮮蔬果、生蠔等的攤檔外，還有不少售賣特色古董的攤檔。想試試地道法式烤雞或法式麵包，可在市場內的攤檔購買。

▲ 售賣兒童玩具的攤檔。

▶ 市集內的海鮮攤檔。

▼ 市集經常都擠滿了來尋寶的市民。

▲ 各式各樣的椅子。

Info

地址：Boulevard Richard Lenoir, Paris, France
交通：乘搭地鐵 M1、M5 或 M8 線，在 Bastille 站下車，步行約 5 分鐘
時間：星期四 07:00-14:30，星期日 07:00-15:00
網址：en.parisinfo.com/shopping-paris/73869/Marche-Bastille

現代與古典結合 老佛爺百貨公司

地圖 P.54

Galeries Lafayette

老佛爺百貨公司於 1896 年開業，仍保留了昔日的古典風味，尤其是商場內的圓拱頂，氣勢不凡，值得一看。商場頂樓可免費飽覽巴黎市中心景色，以及遠眺艾菲爾鐵塔。如不打算花錢登上凱旋門或艾菲爾鐵塔，這裏是觀賞巴黎市中心繁華景致的絕佳選擇。逢星期二有時裝表演，如時間合適，別錯過感受「時裝都市」的魅力。

▲ 老佛爺百貨公司內的圓拱頂。

Info

地址：**40, Boulevard Haussman, Paris, France**
交通：乘搭地鐵 M1、M5 或 M8 線，在 **Chaussée d'Antin La Fayette** 站下車，步行約 1 分鐘
時間：商店約 10:00-20:00，餐廳約 09:30-21:30，星期日 11:00-20:00
電話：+33 142823456
網址：www.galerieslafayette.com

▼ 從老佛爺百貨公司頂樓可飽覽巴黎市中心景色。

回到 19 世紀 購物拱廊

地圖 P.55

巴黎有多個購物拱廊，19 世紀時是流行的購物街，是現今百貨公司的前身。以下是巴黎三大最有名的購物拱廊：

薇薇安拱廊　Galerie Vivienne

規模最大，於 1823 年建造，在 1974 年被列為古蹟，拱廊內有書店、精品店、咖啡店及葡萄酒專賣店等，當中不乏特色店鋪，如巴黎著名酒窖 **Legrand Filles et Fils**、茶沙龍兼餐館 **A Priori thé** 等。穿梭於購物拱廊，有如回到過去的巴黎，可感受到古典優雅的氣息。

Info

地址：**4 Rue des Petits-Champs, Paris, France**
交通：乘搭地鐵 M3 線，在 **Bourse** 站下車，步行約 8 分鐘
時間：08:30-20:00
網址：**www.galerie-vivienne.com**

喬夫羅瓦拱廊　Passage Jouffroy

建於 1846 年，運用了大量的鐵架和玻璃，使拱廊四周都通透無比。有各式各樣的商店，售賣不同的物品，包括明信片、海報、玩具、餐具、相機、雜貨、畫作等。

Info

地址：**10-12, Boulevard Montmartre, Paris, France**
交通：乘搭地鐵 M8 或 M9 線，在 **Richelieu Drouot** 站下車，步行約 5 分鐘
時間：07:00-21:30
網址：**en.parisinfo.com/paris-museum-monument/100263/Passage-Jouffroy**

全景廊街　Passage des Panoramas

Info

地址：**11 Boulevard Montmartre, 158 rue Montmartre, Paris, France**
交通：乘搭地鐵 M3 線，在 **Bourse** 站下車，步行約 5 分鐘
時間：06:00-24:00
網址：**parisjetaime.com/culture/passage-des-panoramas-p1582**

建於 1799-1800 年，當時拱廊入口處上方有一幅巴黎代表性景觀的全景圖，此圖不幸地毀於 1831 年。現在與喬夫羅瓦拱廊一樣，有不同商店售賣多種商品。

巴黎半山區及紅燈區景點地圖

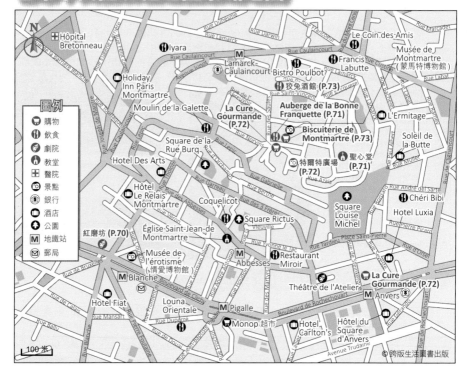

📷 著名歌劇院 紅磨坊 *Moulin Rouge* 地圖 P.70

▶紅磨坊。

　　紅磨坊位於巴黎的紅燈區，是歷史悠久的著名歌劇院，不少國際知名的影視紅星曾在紅磨坊演出。紅磨坊附近有不少性商店，入黑後，這一帶變得十分熱鬧。不過，紅磨坊的歌劇門票相對其他歌劇院來説較昂貴，若想在這裏欣賞表演，得準備足夠的預算。

Info

地址：82 Boulevard de Clichy, Paris, France
交通：乘搭地鐵 M2 線，在 Blanche 站下車
表演時間：每晚 19:00(連晚餐)
費用 $：(19:00 連晚餐) € 225 (HK$ 1,935)
電話：+33 153098282
網址：www.moulinrouge.fr

巴黎最高景點 聖心堂 地圖 P.70
Basilique du Sacré Coeur de Montmartre

　　位於半山的聖心堂，為紀念普法戰爭及巴黎公社騷動犧牲的士兵及人民，花了40 年興建，於 1914 年建成。教堂的圓頂有華麗的鑲嵌畫，地下室也開放予遊客參觀。不論是登上教堂的一段白色階梯，或是教堂前美麗的巴黎風光，都為聖心堂增添了無限的魅力。從地鐵站步行上山的一段路上，有不少紀念品專賣店及甜品店，絕不能錯過。

地圖 P.70

▼聖心堂擠滿了遊客。

▶聖心堂外面的藝術家在扮雕像。

▼ 遊客可登上教堂的圓頂，在這巴黎最高的景點上眺望市區的風光。

Info
地址：**35, Rue du Chevalier-de-la-Barre, PARIS, France**
交通：乘搭地鐵 M2 線，在 **Anvers** 站下車，步行約 7 分鐘
時間：06:00-22:30
費用 **$**：免費
電話：+33 153418900
網址：**www.sacre-coeur-montmartre.com/francais/**

4 個世紀的味道
Auberge de la Bonne Franquette 地圖 P.70

地圖 P.70

　　餐廳 Auberge de la Bonne Franquette 位於聖心堂附近，自 17 世紀起已營業，可謂具有悠久歷史，是名人喜愛流連的地方。餐廳售賣沙律、甜品及酒精飲料為主，於午餐及晚餐時段供應雞、羊、牛、鵝等的主菜，套餐由€ 32 (HK$ 258) 起，晚上時段還有樂手演出，氣氛極佳。如天氣不錯，不妨到露天座位坐下來，感覺良好！

▶ Auberge de la Bonne Franquette 在聖心堂附近。

Info
地址：**2 rue des Saules et, 18 rue Saint Rustique, Paris, France**
交通：乘搭地鐵 M12 線，在 **Abbesses** 站下車，步行約 5 分鐘
時間：12:00-14:30，19:00-22:00
電話：+33 142520242
網址：**www.labonnefranquette.com**

糖果誘惑
La Cure Gourmande

地圖 P.70

La Cure Gourmande 是法國著名的餅店,在歐洲各國都有分店。此店專賣手工餅乾、糖果及朱古力。特別推介這裏的餅乾,餅乾內有不同的餡料,十分美味,杏仁甜餅禮盒由 € 19.90 (HK$ 171) 起。店內亦提供試吃,吃過覺得合適才購買。此外,各式糖果味道較甜,朱古力禮盒由 € 24.90 (HK$214) 起,嗜甜者不要錯過。

► 法國著名的餅店 La Cure Gourmande。

Info

地址:**8 rue Steinkerque, Paris, France**
交通:乘搭地鐵 M12 線,在 **Abbesses** 站下車,步行約 4 分鐘
時間:10:00-13:00/14:00-18:30
電話:+33 142234202
網址:**curegourmande.fr**
備註:此店在 **Passage Jouffroy** 及 **Opéra** 都有分店

現代藝術的搖籃 特爾特廣場
Place du Tertre

地圖 P.70

在參觀聖心堂(P.71)的路上,途經這熱鬧非常的特爾特廣場。這廣場位於蒙馬特的小山丘上,19 世紀末一群藝術家聚集在這兒,漸漸成為印象派畫家的聖地;20 世紀初,畢卡索曾住在特爾特廣場附近。除了咖啡廳、餐廳、紀念品專賣店及特色甜品店外,還坐滿了替遊客即場畫畫的藝術家。

▲ 特爾特廣場的觀光小列車。

► 路邊賣藝的畫家,即場繪畫人像 € 80(HK$ 645) 起。

Info

地址:**18e Arrondissement, Paris, France**
交通:乘搭地鐵 M12 線,在 **Abbesses** 站下車,步行約 4 分鐘

▲ 廣場內有各式商店。

Macaroon 專家
Biscuiterie de Montmartre

地圖 P.70

Biscuiterie de Montmartre 是巴黎著名的餅店,以售賣精緻曲奇及 Macaroon 為主。其 Macaroon 由經驗豐富的師傅用心製作,有着獨特的口味,每一口亦充滿感情,深受顧客歡迎,時常被搶購一空。另外,這裏售賣的糖果餅乾,也以味道及口感見稱,是作為手信的好選擇。

 Info

地址:16 Rue Norvins-Montmartre, Paris, France
交通:乘搭地鐵 M12 線,在 Abbesses 站下車,步行約 4 分鐘
時間:約 10:00-19:30
網址:www.biscuiterie-montmartre-paris.com

▲ 精緻的 Macaroon。

酒吧裏賞鄉村話劇 狡兔酒館
Au Lapin Agile

地圖 P.70

狡兔酒館是一家古老的酒館,位於蒙馬特鋪滿鵝卵石的斜坡上,名字取自一幅油畫,畫中一隻拿着酒瓶的兔子從鍋中跳出。這裏是 20 世紀初期藝術家和作家舉辦聚會、一起交流的熱門地點。從酒館內不時會傳出悦耳的傳統音樂,而這裏更有不定期話劇和詩歌表演!要注意,酒館只提供飲料,不供應餐點,建議遊客先到附近的餐廳用餐,再到酒館欣賞表演。

Info

地址:22 Rue des Saules, 75018 Paris
交通:地鐵 M12 線 Lamarck Caulaincourt 站
時間:21:00-01:00 | 休息:星期一
費用 $:觀看表演連一杯飲料成人 € 35(HK$301),
　　　26 歲以下 € 25(HK$215)(星期六及公眾
　　　假期除外)
網址:au-lapin-agile.com

(圖文:Chloe Chui)

▲ 走上斜坡時可看見招牌。

▲ 有一點童話氣氛的酒館。

歐洲只此一家 巴黎迪士尼樂園
Disneyland Paris

Disneyland Paris 是歐洲唯一的迪士尼樂園,共有兩個主題樂園區及七間酒店。主題樂園分別是 Disneyland Park 及 Walt Disney Studios Park,其中樂園內的西部樂園 (Frontierland) 是香港的 Magic Kingdom 所沒有的,迪士尼粉絲不能錯過啊!

▲ Disneyland Paris。

▲ 花車巡遊。

Info

地址:Marne la Vallée, Paris, France
交通:乘搭 RER A4 線,
　　　在 Marne-la-Vallée-Chessy 站下車
時間:Disneyland Park 09:30-22:00,
　　　Walt Disney Studios Park 09:30-21:00
網址:www.disneylandparis.com

費用 $:

	Dated for 1 - 4 days		1-Day undated	
	成人	小童	成人	小童
1 日 1 園票 (迪士尼樂園 / 迪士尼影城)	€ 62 (HK$533)	€ 57 (HK$490)	€ 105 (HK$903)	€ 97 (HK$834)
1 日 2 園票 (迪士尼樂園 + 迪士尼影城)	€ 87 (HK$748)	€ 82 (HK$705)	€ 130 (HK$1,118)	€ 122 (HK$1,049)

基本資料　住宿　巴黎

我遊故我在

提起歐洲，不少人腦海裏第一時間閃過的一定是法國。對於亞洲人來說，法國應該是較熟悉的歐洲國家，報章雜誌的旅遊專欄、電影、小說、歌劇等，無不以法國為背景。踏足法國之前，自以為對法國的「著名景點」有所認識，到法國後，不停將真實的法國，跟「想像中的法國」比較。

法國作為歐洲旅遊的第一站，其高質素的名店、博物館、宮殿、教堂、果園等，是開啟歐洲文化之門的鎖匙。法國人慵懶輕鬆的生活節奏，以及具創意與高質素的商品，對勤奮上進、分秒必爭的香港人來說，是何等的着迷。

法國足跡

Day 1

匆忙地出發了。來不及睡一覺、來不及捨不得、來不及準備……向來我都挺享受機場巴士的旅程，這時耳機正播放着林一峰的「CL411」及「離開是為了回來」。從港島東區往機場的一段路上，大清早仍未睡醒的港島商業區，總是令我着迷。一向對乘坐長途飛機有點抗拒，小個子如我要擠在狹小的座位上十多個小時，想起都覺得不安。旅程開始所帶來的興奮和疲累，使得人在飛機上的時間又漫長又難受。這次，閉上眼聽音樂，機艙微微晃動，總算順利睡着了，居然可以睡上 6 小時！剛好要下機了，半睡半醒的我不感到難受。

Day 2

在巴黎的第一天，主要參觀巴黎市中心一系列「必看」景點，包括凱旋門、聖心堂、香榭麗舍大道、紅磨坊等。最令人印象難忘的，是跟不同國籍的人擠在香榭麗舍大道那狹小的安全島上，兩旁汽車熙來攘往，為的是拍下凱旋門最美的一面。晚上參觀「久仰大名」的羅浮宮，這博物館比想像中還要大，藝術品數量之多，讓人眼花撩亂。由於參觀時間只有短短的數小時，根本無法細心欣賞每件作品，覺得有點浪費。

在圖勒里花園第一次在貌似「救火喉」的東西盛水來喝，感覺又新奇又有趣，原來歐洲的洗手間既是解決大小號，也是喝水的地方，好奇怪啊！巴黎的天空到晚上 23:00 才完全入黑，似乎太嚇人了吧。

除此之外，置身於法語的環境，不諳法語的我們，只好用最原始的溝通方式，圖像和身體語言頓時成了溝通的重要媒介。雖然法國人懂英語，但人被陌生的法語包圍，難免有點不安。在巴黎地下鐵穿梭了一整天，終於記住「SORTIE」(意思是出口)這個「重要」的法語了。奔波了一天，出發前對法國的種種「幻想」，當人真實地踏着這個國家的土地時，卻發現跟先前的想像差別不大，說實話，對於自己「現在身處歐洲」這個事實，暫時沒太深刻的感覺。

Day 3

今天是博物館之旅，打算密集式地參觀各家博物館，大概一天結束時，自己的文化修養有所提高吧。說來有點不好意思，我竟然沒參觀過香港藝術館。第二天身處法國街頭，覺得法國是一個「不用上班的城市」，人人都忙着消費和娛樂。

Day 4

今天去凡爾賽宮。好大的太陽！曬得皮膚有刺痛的感覺，連相機的熒屏也看不清，天曉得照片拍成什麼樣子。當地法國人時常搭霸王車，我們竟「不小心」地搭了一趟霸王車，Adrenaline Rush 帶來的快感，原來是如此的使人興奮，怪不得有些人透過偷東西換取快感。參觀主宮殿後，我們一行人坐在凡爾賽宮後花園的草地上吃東西，身處如此優雅的庭園，真舒服！數日行程之中，能坐下來欣賞風景的時刻，還是頭一回。

Day 5

這天是 Shopping Day，也順道看了一些景點。看過了許多的教堂、藝術館，也完成了這趟巴黎之旅。巴黎也算是個充滿藝術的地方吧！即將離開此地，第一次發現了超級市場，看來我們「跑景點」跑得太匆忙了。在法國每天吃得最多的，就是麵包。我個人的口味十分「西化」，天天吃麵包、漢堡等，我是挺享受的，難為了吃慣香港「粥粉麵飯」的友人。不過，法國的麵包真的太「硬」了，一連吃了好幾天，連牙齒都發軟，頭還有點痛。後來，我們買麵包之前，都會小心地確認麵包是「軟」的才購買。不過，偶爾還是因為言語不通而「失手」買錯了硬麵包。

路上有感

香港人，生活是為了工作。歐洲人，工作是為了生活。

在歐洲，人們有較多空閒時間去看書，去欣賞美的事物。華人社會較着重物質與虛榮，付錢買一部最新的智能手機等同提高生活質素；花錢買票看最新的電影才不落伍；聖誕節花錢吃一頓豐富的大餐等於善待自己。反而欣賞藝術、歌劇等於財富增長沒益處，不值得花時間去做。譬如去紅館看演唱會，觀眾有很多期望，於是歌藝、歌詞、舞蹈、燈光、樂隊、雜技、氣氛等一鼓作氣的轟炸着觀眾，這叫滿足嗎？「最多」等於「最好」嗎？漸漸地我們忘了要不停的「追求」緣由。

也許，不是法國人「有氣質」，只是我們「太忙」了。

Part 4 英國 United Kingdom

英國是「大不列顛及北愛爾蘭聯合王國」的統稱，國土包括英格蘭、蘇格蘭、威爾斯、愛爾蘭及北愛爾蘭，是少數仍然奉行君主世襲制的發達國家。歷史上，英國的國家版圖曾佔全球四分之一的土地，當時被譽為「日不落帝國」。雖然現在不復當年勇，但相信至今仍然無一種語言能取代英語在國際上的地位。英國，這個繁華的國家，即使位處北半球上方，由於屬溫帶海洋性氣候，夏季不太熱，冬季不會極度寒冷。

首都：倫敦 (London)

時差：比香港慢 8 小時
（3 月至 10 月期間，比香港慢 7 小時）

流通貨幣：英磅 (£)

貨幣面值：紙幣分為 £5、£10、£20、
£50；硬幣分為 1 pence(便士)、
2 pence、5 pence、10 pence、20
pence、50 pence、£1、£2；
£1 等於 100 pence

電話區號：英國國際區號 44；倫敦城市區號 20

緊急電話：警察 999；救護車 999；消防 999

WiFi：The Cloud 的網絡覆蓋點廣泛且不斷增加，
包括戲院、政府大廈、公園、餐廳等，
只需用 Email 到官網 (www.thecloud.net/
free-wifi) 登記，登入後可無限上網

語言：英語

電壓：240V 50Hz

插頭：三孔扁插 (跟香港一樣)

特產：布織品、蘇格蘭威士忌

美食：英式早餐、英式下午茶、鱈魚

商店營業時間：10:00-18:00
(星期三或星期四延長營業)

月份	平均氣溫（攝氏）	平均降雨量（毫米）
1	7	63
2	5	2
3	8	12
4	11	75
5	13	32
6	17	44
7	18	62
8	18	85
9	15	77
10	9	59
11	8	87
12	5	36

2024	2025	節慶
1 月 1 日	1 月 1 日	新年
3 月 29 日	4 月 18 日	耶穌受難節
4 月 1 日	4 月 21 日	復活節星期一
5 月 6 日	5 月 5 日	五月銀行公休日
5 月 27 日	5 月 26 日	春季銀行公休日
8 月 26 日	8 月 25 日	夏季銀行公休日
12 月 25 日	12 月 25 日	聖誕節
12 月 26 日	12 月 26 日	聖誕節翌日

月份	節慶 / 活動 (舉辦日期)
1 月 1 日	倫敦新年大遊行 (London New Year's Day Parade) lnydp.com
2/3 月	六國錦標賽 (Six Nations Championship) www.rbs6nations.com
5 月	切爾西花卉展 (Chelsea Flower Show) (2024年5月21日-25日) www.rhs.org.uk/Shows-Events/RHS-Chelsea-Flower-Show/
6 月	皇家軍隊閱兵儀式 (Trooping the Colour) (2023 年 6 月 3 日、10 日、17 日) www.householddivision.org.uk/trooping-the-colour
6 月	英國皇家賽馬會 (The Royal Ascot) (2023年6月21日-25日) www.ascot.co.uk
7 月	溫布頓網球公開賽 (The Championships, Wimbledon) (2024年7月1日-14日) www.wimbledon.com
7 月	英國高爾夫球公開賽 (The Open Championship) (2024年7月14日-21日) www.theopen.com
8 月	蘇格蘭高地運動會 (Highland games) (2024 年 8 月 2 日 -3 日) www.highlandgames.com
8 月	愛丁堡藝術節 (Edinburgh International Festival) (2023年8月4日-28日) www.eif.co.uk

如何前往英國？

從香港出發

多間航空公司都有直航航班飛往英國，包括國泰航空、英國航空，由香港飛至英國倫敦，航程約 13 小時，機票由 HK$7,200 起，價錢視乎航空公司及航班而定。

除了乘搭直航飛機往英國，也可以選擇需要轉機的航班，價錢較便宜，轉機的地點視乎航空公司及航班而定。

從歐洲其他國家出發

如果讀者正身處歐洲某國家，欲前往歐洲其他國家，可以選擇乘搭飛機或高速火車：

1. 飛機

在歐洲各國乘搭飛機往英國倫敦所需時間約 1-3 小時，各國所需時間分別如下：

出發地	所需時間
法國巴黎；荷蘭阿姆斯特丹	約 1 小時
德國法蘭克福及柏林	約 1.5-2 小時
意大利米蘭及羅馬	約 2-3 小時
西班牙馬德里及巴塞隆拿	約 2.5 小時

Tips

英國與歐洲各國之間時差約 1 小時，如果需要轉機或轉火車，記得加 1 小時啊！

2. 高速鐵道：歐洲之星

在歐洲各國可乘搭高速鐵道歐洲之星 Eurostar 到英國倫敦。歐洲之星主要連接英國倫敦聖潘古拉斯車站 (St Pancras Railway Station) 和法國巴黎、比利時布魯塞爾，以高速穿越英吉利海峽海底隧道，約 2 小時多即可由英國倫敦抵達法國、比利時等地方，方便又快捷。

由英國倫敦出發	所需時間
往比利時布魯塞爾	約 2 小時
往法國巴黎	約 2.5 小時
往德國科隆 (經布魯塞爾，轉乘 DB 或 Thalys)	約 5.5 小時

Eurostar : www.eurostar.com

倫敦市內交通

航空

倫敦主要的機場有希斯洛機場 (London Heathrow Airport)、格域機場 (London Gatwick Airport)、史丹史德機場 (London Stansted Airport)、魯登機場 (London Luton Airport) 和倫敦城市機場 (London City Airport)。

其中以希斯洛機場規模最大,有洲際線、洲內線、國內線的航班;格域機場和史丹史德機場的航班主要是洲內線和國內線,及部分洲際線;魯登機場以洲內線和國內線為主,很多往歐洲的廉價航空都從這個機場出發;倫敦城市機場的規模較小,航班也是以洲內線和國內線為主。

> 希斯洛機場:www.heathrowairport.com
> 格域機場:www.gatwickairport.com
> 史丹史德機場:www.stanstedairport.com
> 魯登機場:www.london-luton.co.uk
> 倫敦城市機場:www.londoncityairport.com

火車

1. BritRail

英國鐵路 BritRail 有十幾個火車站,遍佈在倫敦不同的區域,所有火車站都與地鐵相連,如查令可羅斯車站 (Charing Cross)、滑鐵盧車站 (Waterloo)、尤斯頓車站 (Euston)、聖潘可拉斯車站 (St. Pancras)、國王十字路車站 (King's Cross)、帕丁頓車站 (Paddington)、利物浦街車站 (Liverpool Street) 等。由倫敦往牛津單程票價由 £11.3 (HK$108) 起,倫敦往劍橋單程票價由 £10 (HK$95) 起。

▼維多利亞車站 (London Victoria Station),地圖 P.82。

> www.britrail.com

2. InterCity(IC)

如想到倫敦附近的城市觀光,可乘搭城際列車 InterCity(IC),由倫敦往肯特貝里 (Canterbury) 和巴斯 (Bath) 約 1.5 小時;往約克 (York) 和卡地夫 (Cardiff) 分別約 2 小時和 2.5 小時;往史特拉福 (Stratford) 和溫達米亞 (Windermere) 約 3-4 小時;往愛丁堡 (Edinburgh) 約 4.5 小時。

▲英國火車站。

3. BritRail Pass

　　購買 BritRail Pass 任乘火車票 (連續使用或 1 個月內自由選擇日子)，可無限次乘搭英國境內 (不包括北愛爾蘭) 的火車，但不包括歐洲之星，注意 Britrail Pass 只供非英國公民購買，如打算選擇臥鋪或豪華列車，記得要提前預約。以下是 BritRail Pass 的收費：

www.britrail.net/passes/britrail-pass

BritRail Consecutive Pass(連續使用)

使用日數	成人 (頭等)	成人 (普通等)	青年 (19-25 歲) (頭等)	青年 (19-25 歲) (普通等)
3 日	HK$2384	HK$1577	HK$1431	HK$946
4 日	HK$2964	HK$1955	HK$1779	HK$1173
8 日	HK$4225	HK$2838	HK$2535	HK$1533
15 日	HK$6243	HK$4225	HK$3746	HK$2535
22 日	HK$7933	HK$5284	HK$4760	HK$3171
1 個月	HK$9396	HK$6243	HK$5638	HK$3746

BritRail FlexiPass(1 個月內自由選擇日子)

一個月內 使用日數	成人 (頭等)	成人 (普通等)	青年 (19-25 歲) (頭等)	青年 (19-25 歲) (普通等)
2 日	HK$1987	HK$1340	HK$1190	HK$809
3 日	HK$2964	HK$2006	HK$1779	HK$1204
4 日	HK$3645	HK$2510	HK$2187	HK$1506
8 日	HK$5360	HK$3595	HK$3216	HK$2157

巴士

　　倫敦市內有 700 多條巴士線，巴士站幾乎遍布倫敦每一個角落。「N」字巴士是夜班車，只在晚上通宵運行，約 30 分鐘至 1 小時一班。

　　留意每天 08:00-09:30 及 17:00-18:30 是巴士的繁忙時段。除了乘巴士遊覽各景點外，也可乘巴士往倫敦附近的城市。

Info
班次：星期一至五平均約 5-10 分鐘一班，星期六、日及假日班次較疏落
倫敦主要巴士路線圖：
tfl.gov.uk/maps/bus?intcmp=40401

地鐵

　　倫敦的地鐵叫 Underground，英國人稱為 Tube，於 1863 年通車，是世界上第一條地鐵。倫敦地鐵四通八達，是倫敦自由行最方便的交通工具，地鐵的路線以不同的顏色表示，包括 Bakerloo Line、Central Line、Circle Line、District Line、Northern Line、Victoria Line、Piccadilly Line、Jubilee Line、Hammersmith & City Line 及 Metropolitan Line。倫敦的地鐵又可按行駛方向來區分 Westbound(西)、Eastbound(東)、Southbound (南)、Northbound(北)，乘搭地鐵時，記得留意目的地所屬的方向。

▲英國地下鐵。

Info
倫敦地鐵路線圖：
tfl.gov.uk/maps/track?intcmp=40400

　　地鐵票價因應不同的 Zone 而不同，目前有 9 個 Zone，倫敦市中心屬 Zone 1，機場屬 Zone 6。車票可在自動售票機或售票處購買。

London Travelcards

在倫敦市內及附近城市觀光，可以乘搭地鐵和巴士。遊客只需購買 London Travelcards，即可在指定日數內隨意乘搭地鐵、輕鐵、巴士、部分國鐵路線及部分區域的電車。London Travelcards 在倫敦各地鐵站、巴士站等有售，價格如下：

	1 日		3 日	
	成人	小童	成人	小童
Zones 1-4	£15.20(HK$150)	£7.60(HK$75)	£45.60(HK$451)	£22.80(HK$226)
Zones 1-6	£21.50(HK$213)	£10.70(HK$106)	£64.50(HK$639)	£32.10(HK$318)

* 此為繁忙時段價錢

ℹ️ www.visitbritainshop.com/world/london-travelcard

York Pass

使用 York Pass 於約克郡遊覽可自由進出多於 30 多個景點，包括約克郡博物館、約克大教堂、約維克維京中心、菲爾法克斯館、克利佛斯塔、約克城博物館等主要景點。通行證售價已包括免費彩色 guidebook 及多過 40 張折扣券，價格如下：

	1 日證	2 日證	3 日證
成人	£59(HK$584)	£75(HK$743)	£80(HK$891)
小童	£35(HK$347)	£45(HK$446)	£55(HK$545)

ℹ️ yorkpass.com

英國住宿

倫敦

The Ritz London

地圖 P.82

星級	5★
免費 WiFi	✓
含早餐	✗
房間獨立浴室	✓
入住時間	14:00
退房時間	12:00

Info

地址：150 Piccadilly London, W1J 9BR, United Kingdom
交通：乘搭地鐵，在 Green Park 站下車，步行約 1 分鐘
房價：£825 (HK$ 8,168) 起
電話：+44 20 7493 8181
網址：www.theritzlondon.com

Radisson Blu Edwardian Berkshire Hotel

地圖 P.82

星級	4★
免費 WiFi	✓
含早餐	✗
房間獨立浴室	✓
入住時間	15:00
退房時間	11:00

Info

地址：350 Oxford Street,London, W1C1BY, United Kingdom
交通：乘搭地鐵，在 Bond Street 站下車，步行約 1 分鐘
房價：£448 (HK$ 4,435) 起
電話：+44 2076297474
網址：www.radissonblu-edwardian.com
註：最少需往 2 晚

倫敦景點地圖

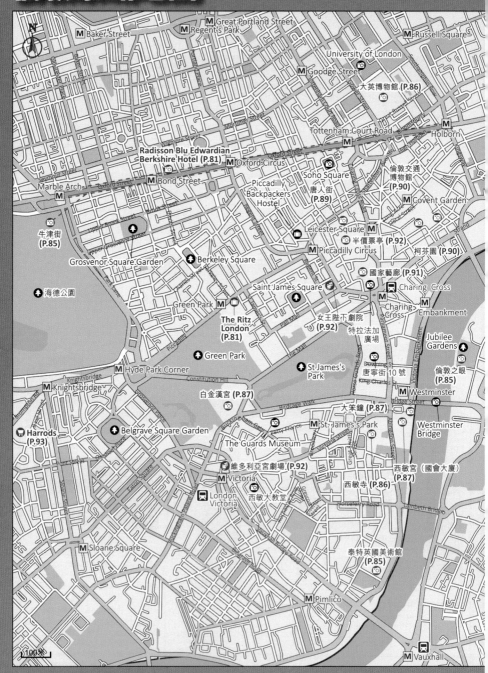

M Baker Street
M Great Portland Street
M Regent's Park
M Russell Square

University of London
M Goodge Street
大英博物館 (P.86)

Tottenham Court Road
M Holborn

Radisson Blu Edwardian
Berkshire Hotel (P.81)
M Oxford Circus
Soho Square
倫敦交通
博物館
(P.90)

Marble Arch
M Bond Street
Piccadilly
Backpackers
Hostel
唐人街
(P.89)
M Covent Garden

牛津街
(P.85)
Leicester Square
半價票亭 (P.92)
柯芬園 (P.90)

Grosvenor Square Garden
Berkeley Square
Piccadilly Circus
國家藝廊 (P.91)

海德公園
Saint James Square
Charing Cross

Green Park
Charing
Cross
Embankment

The Ritz
London
(P.81)
女王陛下劇院
(P.92)
特拉法加
廣場
Jubilee
Gardens

Green Park
St James's
Park
唐寧街 10 號
倫敦之眼
(P.85)

M Hyde Park Corner
白金漢宮 (P.87)
M Westminster

M Knightsbridge
大笨鐘 (P.87)
M St James's Park
Westminster
Bridge

Harrods
(P.93)
Belgrave Square Garden
The Guards Museum
西敏宮 (國會大廈)
(P.87)

維多利亞宮劇場 (P.92)
西敏寺 (P.86)

M Victoria
London
Victoria
西敏大教堂

M Sloane Square
泰特英國美術館
(P.85)

M Pimlico

100米

M Vauxhall

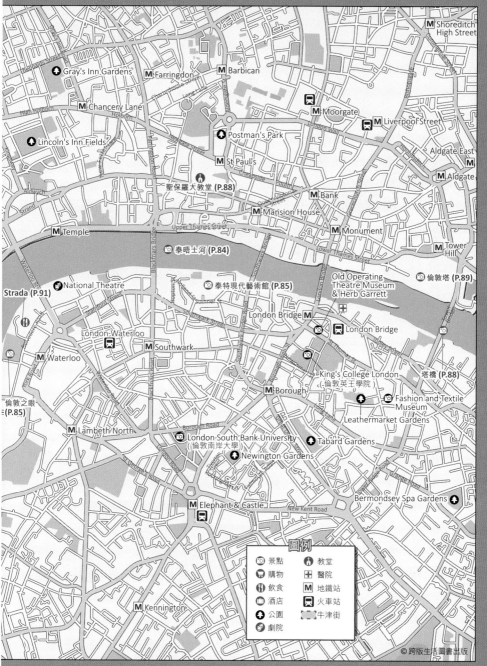

Gray's Inn Gardens
M Farringdon
M Barbican
M Shoreditch High Street
M Chancery Lane
M Moorgate
M Liverpool Street
Lincoln's Inn Fields
Postman's Park
M St Paul's
Aldgate East
聖保羅大教堂 (P.88)
M Aldgate
M Bank
M Mansion House
M Temple
M Monument
M Tower Hill
泰晤士河 (P.84)
倫敦塔 (P.89)
National Theatre
泰特現代藝術館 (P.85)
Old Operating Theatre Museum & Herb Garrett
Strada (P.91)
London Bridge M
London Bridge
London-Waterloo
M Waterloo
M Southwark
King's College London (倫敦英王學院)
塔橋 (P.88)
倫敦之眼 (P.85)
M Borough
Fashion and Textile Museum
Leathermarket Gardens
M Lambeth North
London South Bank University (倫敦南岸大學)
Tabard Gardens
Newington Gardens
Bermondsey Spa Gardens
M Elephant & Castle
New Kent Road
M Kennington

圖例

🅾 景點		教堂	
購物		醫院	
飲食		M 地鐵站	
酒店		火車站	
公園		牛津街	
劇院			

© 跨版生活圖書出版

83

倫敦景點及美食

London

倫敦成為英國首都已 900 年，而作為一個交通樞紐的重要城市，倫敦已有 2,000 多年歷史，難怪在英國具有舉足輕重的地位。倫敦至今有 123 座歷史古蹟建築、200 間博物館、33 處歷史花園和 108 所劇院音樂廳。除了是政治、經濟、歷史和文化中心外，現時也是皇家、政府機關、議會的集中地。

◀倫敦街頭。

📷 倫敦地標 泰晤士河 *River Thames* 地圖 P.83

泰晤士河源自科茨科爾德山，流經英國首都倫敦，最後流入北海。泰晤士河是全英國最長的河流，長達 338 公里，是倫敦的地標。著名學府牛津大學跟劍橋大學的划船比賽亦是在泰晤士河舉行。遊客可購買觀光船公司提供的套票，乘坐泰晤士河觀光船，欣賞倫敦各處的景點。

▼泰晤士河流經英國首都倫敦。

💡 Tips

The London Pass

持 The London Pass 可免費參觀倫敦 60 個以上景點，如倫敦塔、西敏寺、聖保祿大教堂、泰晤士河遊覽船等，還附有倫敦旅遊指南，成人票分為 1 Day Pass（£84、HK$832）、2 Day Pass（£119、HK$1,198）、3 Day Pass（£132、HK$1,307）、6 Day Pass（£169、HK$1,673）和 10 Day Pass（£199、HK$1,970）。

網址：www.londonpass.com

Info

地址：The London Eye Millennium Pier, Westminster Bridge Road, Southbank London, SE1 7PB, United Kingdom
交通：乘搭地鐵，在 Waterloo 站下車，步行約 5 分鐘
電話：+44 2079288933

遊遊 11 國省錢品味遊 Easy Go!: 歐洲

觀景摩天輪 倫敦之眼 *The London Eye*

地圖 P.82

倫敦之眼是位於泰晤士河畔的摩天輪,於 2000 年為迎接千禧年而建,因而又稱為千禧之輪 (Millennium Wheel)。摩天輪高 137 米,共有 32 個玻璃包廂,旋轉一周需時約 30-40 分鐘,摩天輪逢 45 分啟動。在摩天輪上可一次過欣賞泰晤士河兩岸美景、大笨鐘、國會大樓等倫敦著名景點。

▼倫敦之眼。

Info

地址：Riverside Bldg, County Hall Westminster Bridge Rd, London, SE1 7PB, United Kingdom
交通：乘搭地鐵,在 Waterloo 站下車,步行約 5 分鐘
費用 $：成人 £35 (HK$ 347)、3-15 歲兒童 £31(HK$ 307),3 歲以下兒童免費
時間：每月不同,詳細日子請參考官網
網址：www.londoneye.com

 ## 品味意象 泰特現代藝術館 *Tate Modern*

地圖 P.83

泰特現代藝術館座落於倫敦泰晤士河畔,由發電廠改建而成,於 2000 年成立,是泰特美術館 (Tate Gallery) 家族其中一個成員,主要展覽 1900 年以來的現代藝術創作,如著名畫家包括畢卡索、達利、安迪華荷等的作品,同時不定時更新展覽主題。藝術館內有咖啡廳、紀念品商店。

▲泰特現代藝術館。

Info

地址：Bankside London SE1 9TG, United Kingdom
交通：乘搭地鐵,在 Southwark 站下車,步行約 10 分鐘
時間：10:00-18:00
休息：12 月 24 日至 26 日
費用 $：免費
電話：+44 2078878888
網址：www.tate.org.uk

Tips

泰特美術館的家族成員

泰特美術館 (Tate Gallery) 在 1897 年成立,現有四個家族成員,包括倫敦的泰特英國美術館 (Tate Britain)、泰特現代藝術館 (Tate Modern)、利物浦的泰特利物浦美術館 (Tate Liverpool) 及 St Ives 的泰特聖艾富思美術館 (Tate St Ives)。

年輕及平價品牌匯聚地 牛津街 *Oxford Street*

地圖 P.83

牛津街是年輕人的購物天堂。大街上約有 300 家店,聚集了許多年輕及平價潮流品牌,每天吸引大批遊客前往觀光、購物及朝聖。牛津街絕對是感受倫敦大城市熱鬧氣氛的必去之地!

Info

交通：乘搭地鐵,在 Oxford Circus 站 / Bond Street 站 / Tottenham Court Road 站下車

►牛津街上的店鋪。

(圖文：沙發衝浪客)

包羅萬有 大英博物館
The British Museum
地圖 P.82

　　大英博物館於 1753 年成立,是世界首家國立博物館。博物館迎賓大廳 (The Great Court) 上有設計獨特的玻璃頂罩,初時館內的藏品由醫生及博物學家漢斯龍捐贈,共有 7 萬多件,此後藏品愈來愈多,現時跟法國羅浮宮、美國紐約大都會博物館並列為「世界三大博物館」。大英博物館以展出古代美術品為主,包括 400 萬種郵票、800 萬本書籍。19 世紀時,英國在世界各地建立了殖民地,搜羅了不少外國文物,如埃及木乃伊、中國壁畫及佛像、希臘神殿的文物等,也在這兒展出。

▲ 博物館有很多珍貴的藏品。

▼大英博物館。

Info

地址：Great RussellStreet, WC1B 3DG, London, United Kingdom

交通：乘搭地鐵,在 Tottenham Court Road 站或 Holborn 站下車,步行約 5 分鐘

時間：10:00-17:00
　　　星期五 10:00-20:30

休息：12 月 24 日至 26 日,1 月 1 日

費用 $：免費

電話：+44 2073238299

網址：www.britishmuseum.org

見證歷史時刻 西敏寺
Westminster Abbey
地圖 P.82

注意!
西敏寺博物館已於 2018 年重新開幕成 Queen's Diamond Jubilee Galleries。

Tips
留意西敏寺在一些基督教重要節日前後,開放時間或有變動,建議參觀前到官網查看當日的開放時間。

　　西敏寺位於國會大廈對面,始建於 960 年,原是本篤會修道院。這兒除了是基督徒敬拜上帝的地方外,也是英國歷代皇帝加冕之處,不少英國君主均埋葬於此;威廉王子和凱蒂的大婚儀式也在此舉行。參觀西敏寺時,留意教堂內的皇椅 (Coronation Chair),這是皇帝加冕時用的。教堂內定時提供英語導覽服務,包括參觀聖愛德華堂,可到教堂北大門旁的服務台查詢。另外,教堂內設有咖啡店,供應咖啡、茶、飲料、三文治和多種輕食。

▲西敏寺。(攝影：Yiki Chan)。

Info

地址：20 Deans Yard, London SW1P 3PA, United Kingdom

交通：乘搭地鐵,在 Westminster 站下車,步行約 4 分鐘

時間：約 09:00-15:30

休息：不定休

費用 $：成人 £ 27 (HK$ 267),6-17 歲小童 £ 12 (HK$ 119),60 歲以上長者 £ 24 (HK$ 238),票價已包括語音導賞服務

電話：+44 2072225152

網址：www.westminster-abbey.org

大笨鐘 西敏宮（國會大廈） 地圖 P.82
Palace of Westminster (Houses of Parliament)

　　位於泰晤士河岸的西敏宮 (國會大廈)，是全世界最大的哥德式建築物，11 世紀時由愛德華創建，其「大笨鐘」更是英國的標記。這兒以前是英國宮殿，共有 1,000 個房間，後來發生大火，遂改為國家議會大廈，是召開英國國會的場所。國會大廈大廳的天花板上有美麗的威尼斯馬賽克壁畫，於星期六及夏季開放予遊客參觀，如適逢有會議進行，還可以旁聽及參與辯論環節。

Info
- 地址：**Westminster, London SW1A OAA, United Kingdom**
- 交通：乘搭地鐵，在 Westminister 站下車，步行約 3 分鐘
- 時間：每月不同，詳細日子請參考官網
- 費用 **$**：成人 £ 25 (HK$277)
　　　　5-15 歲 £ 8 (HK$79)
　　　　16-24 歲 £ 18 (HK$178)
- 電話：+44 2072194114
- 網址：**bit.ly/46z4uDs**

▼西敏宮 (國會大廈)。

► 西敏宮前奧利弗克倫威爾紀念像。

► 大笨鐘 (Big Ben)。

皇家風采 白金漢宮 地圖 P.82
Buckingham Palace

▼白金漢宮。

　　白金漢宮原是白金漢公爵的宅邸，1837 年維多利亞女王入主後就成了女王的居所。當白金漢宮升起英國皇室的旗幟，即代表英女皇在宮中；皇宮花園也值得一遊，花園佔地約 18 公頃，由英王喬治四世所設計。白金漢宮最受遊客歡迎的節目，要算是衛兵交接儀式。由於參觀者眾多，如想找個好位置，建議提早 1-2 小時前來。此外，白金漢宮為籌集維修費，主宮殿自 1993 年起每年暑假都對外開放數星期。另外，皇后畫廊 (Queen's Gallery) 及王室馬房 (Royal Mews) 也開放予遊客參觀。

Info
- 地址：**London SW1A 1AA, United Kingdom**
- 交通：乘搭地鐵，在 Victoria 站下車，步行約 7 分鐘
- 時間：(衛兵交接儀式) 星期一、三、五、日 11:00，夏季則每天舉行
- 網址：**www.royal.gov.uk**

▲皇后畫廊
(The Queen's Gallery)。

► 宮殿前的廣場有維多利亞女王像，上方有金光閃閃的天使。

▲衛兵交接儀式
(Changing the Guard)。

巴洛克風格 聖保羅大教堂
St Paul's Cathedral

地圖 P.83

聖保羅大教堂建於 1675-1710 年，是世界第三大教堂，1981 年查理斯王子及戴安娜王妃的結婚典禮就在這兒舉行，許多將軍及將士亦曾在這兒舉行國葬，包括威爾遜將軍、首相邱吉爾等。教堂分為三部分，即華麗的教堂大廳 (Cathedral Floor)、名人埋葬處的教堂地下室 (Crypt) 和教堂圓頂 (Dome)。爬到第 259 級台階時，就到達 The Whispering Gallery，這是一道沿教堂圓頂而建的迴廊，要向牆邊低聲說話，音可傳到迴廊的對面，分神奇。在這兒還可近距離觀看圓頂華麗鑲嵌畫。

◀聖保羅教堂。

▲ 爬到第 528 級台階，即登上教堂頂部，可欣賞倫敦市中心的風景，以及俯瞰泰晤士河兩岸的景色。

▲教堂的影片播放室。

Info

地址	St Paul's Churchyard, London EC4M 8AD, United Kingdom
交通	乘搭地鐵，在 St Paul's 站下車，步行約 2 分鐘
時間	星期一至六約 07:30-17:00 星期日約 08:00-17:30
費用 $	成人 £20.50 (HK$203)，6-17 歲兒童 £7 (HK$69) 學生／長者 £18.40 (HK$182)
電話	+44 2072468357
網址	www.stpauls.co.uk
備註	留意透過官網購票有優惠

橫跨泰晤士河 塔橋 *Tower Bridge*

地圖 P.83

塔橋是一道具哥德式風格、橫跨泰晤士河的鐵橋，常被誤認為「倫敦橋 (London Bridge)」。鐵橋始建於 1886 年，於 1894 年完成，全長 80.5 米，橋的兩塊橋板每年升降約 500 次，每天升起的時間並不固定，在某些特定的時間，可以觀賞到塔橋被拉高的時刻。不過，塔橋不是經常都會被拉高的，可預先在網上查看確實的日期和時間。另設展覽可供遊客參觀。

◀ 塔橋。

Info

地址	Tower Bridge Road, London, SE1 2UP, United Kingdom
交通	乘搭地鐵，在 Tower Hill 站下車，步行約 7 分鐘
電話	+44 2074033761
網址	www.towerbridge.org.uk

📷 900 多年歷史 倫敦塔 *Tower of London* 〜地圖 P.83〜

倫敦塔於 1078 年由英王威廉一世下令興建，總共有十多座堡壘，其面積絕對不小，在 1988 年已列入世界文化遺產。倫敦塔曾先後成為皇室居所、軍庫、刑場、監獄等，現成為博物館。倫敦塔眾多塔群之中，諾曼第風格的「白塔」是最古老的建築物，塔內有一個亨利八世的武器庫，展出亨利八世時的甲胄和中世紀的各種武器，而白塔內的聖約翰教堂，是目前最古老的教堂。來到倫敦塔，當然要欣賞價值連城的大英帝國皇冠 (Imperial State Crown)，以及鑲有世界最大、530 克拉鑽石「非洲之星」的十字權杖。

▼倫敦塔。

◀倫敦塔內景色不錯。

⏩︎皇家衛兵 (Jewel House)。

▶白塔旁邊的珠寶塔 (Jewel House)。

▶歷史故事表演。

Info
- 地址：Tower Hill, London EC3N 4AB, United Kingdom
- 交通：乘搭地鐵，在 Tower Hill 站下車，步行約 5 分鐘
- 時間：因應時節變動，請參閱網站
- 休息：12 月 24 日至 26 日，1 月 1 日
- 費用 $：成人 £ 33.6 (HK$333)
  　　　　5 至 15 歲兒童 £ 16.8 (HK$166)
  　　　　學生 / 長者 £ 26.8 (HK$265)
- 電話：+44 2031666000
- 網址：www.hrp.org.uk/tower-of-london
- 備註：留意透過官網購票有優惠

📷 歐洲最大中國城 唐人街 *China Town* 〜地圖 P.82〜

倫敦唐人街已有100多年歷史，走進唐人街讓人感受到中西共融的獨特文化氣氛。這裏的中餐館多以粵菜為主，包括點心、燒味、飯麵等，某些餐館更能以廣東話點菜，讓人感到非常親切。當中，文興酒家(Four Seasons)的港式叉燒和烤鴨猶其有名。近年，有愈來愈多台灣、日本、泰國、韓國等亞洲菜餐廳逐漸進駐唐人街，為旅客提供更多選擇。

◀走進唐人街感受中西文化融合的氛圍。

Info
- 交通：乘搭地鐵 Piccadilly 或 Northern 線，在 Leicester Square 站下車，出 1 號出口，沿 Charing Cross Road 走，左轉入 Little Newport Street，步行約 2 分鐘
- 網址：www.chinatownlondon.org

💡 **Tips**

倫敦的唐人街

當初有不少華人移居英國，進行貿易或經商，慢慢形成一個小社區。而英國人比較喜歡吃三文治和沙律，華人有時吃不習慣，便索性自己開店，滿足味蕾和一解鄉愁，唐人街便逐漸成為留學生和其他華人的美食天堂！

(圖文：沙發衝浪客)

遇見窈窕淑女 柯芬園 *Covent Garden*　地圖 P.82

柯芬園在 200 多年前已發展，其拱形玻璃頂最令人印象深刻，是音樂電影「窈窕淑女」的場景。柯芬園 17 世紀時是果菜市場及美食中心，後來成為購物商場，這兒有露天的攤販、劇院和特殊專賣店、街頭藝術表演，各式商店、咖啡廳林立；廣場上的攤子星期一以售賣古董為主，星期二至五售賣日常用品，星期六和日則以藝術品和手工藝品為主。

▼ 柯芬園。

Info

地址：41, The Market Covent Garden, London WC2E 8RF, United Kingdom
交通：乘搭地鐵，在 Covent Garden 站下車，步行約 5 分鐘
時間：各店不一，詳細時間請參考官網
電話：+44 2074205856
網址：**www.coventgarden.london**

鐵路及巴士迷必逛 倫敦交通博物館　地圖 P.82
London Transport Museum

倫敦交通博物館在柯芬園的旁邊，由舊花市改建而成。博物館收藏了大量不同時期的倫敦公共運輸工具，如巴士、計程車、無軌電車、有軌電車、火車車廂、職員制服等，還有這些交通工具的真實部件及模型，可了解倫敦交通工具的演變，是鐵路及巴士迷絕對不能錯過的博物館。參觀博物館後，可順道前往購物市集柯芬園，感受一下倫敦市民的日常生活。

▼ 倫敦交通博物館。

Info

地址：Covent Garden Piazza, Westminister London WC2E 7BB, United Kingdom
交通：乘搭地鐵，在 Covent Garden 站下車，步行約 5 分鐘
時間：10:00-18:00
費用 $：成人 £ 24 (HK$ 238)，學生及長者 £ 23 (HK$ 238)，17 歲以下免費
電話：+44 2073796344　|網址：**www.ltmuseum.co.uk**
備註：留意透過官網購票有優惠

名畫薈萃 國家藝廊 _The National Gallery_ 地圖 P.82

▼國家藝廊。

Info

地址：Trafalgar Square, London WC2N 5DN, United Kingdom
交通：乘搭地鐵，在 Charing Cross 站下車，步行約 3 分鐘
時間：星期日至四 10:00-18:00，星期五 10:00-21:00
休息：1 月 1 日、12 月 24 日至 26 日
費用 **$**：免費
電話：+44 2077472885
網址：www.nationalgallery.org.uk

國家藝廊主要展出由 13-19 世紀的歐洲著名畫作，部分展品原為大英博物館收藏。藝廊共分為 4 個展館，以時序分類。其中不能錯過的名畫包括達文西的岩窟聖母、梵高的向日葵、霍爾班的使節、林布蘭的 34 歲的自畫像跟 63 歲的自畫像等。

精緻意菜 Strada 地圖 P.83

Strada 是一間意大利餐館，在英國有多家連鎖店，主要提供意大利菜及各式甜品。餐廳環境優雅，食物質素頗高，意大利手製麵包 £5.5(HK$54)、意大利番茄意粉 £12(HK$119)、來自 Bologna 的紅酒香草意粉 £15(HK$149)、Tiramisu £7.5(HK$74)、雪糕 £6.50 (HK$64)，每道菜都色香味俱全，值得一試。

▲海鮮意大利飯。

◀帕爾馬火腿闊條麵。

▲鮮茄魚柳。

◀意大利芝士餅配雲呢拿雪糕球。

Info

地址：A, Royal Festival Hall, 337-338 Belvedere Rd, London SE1 8XX United Kingdom
交通：乘搭地鐵，在 Watertoo 站下車，步行約 5 分鐘
時間：11:30 開店，星期一至 21:00，星期二、三至 22:00，星期四、五至 23:00，星期日至 21:00
電話：+44 2030771127　　| 網址：www.strada.co.uk
備註：餐廳接受網上預約

基本資料　住宿　倫敦　格林威治　劍橋　牛津　約克　惠特比　利物浦

歌劇優惠票 半價票亭 *TKTS*　地圖 P.82

半價票亭以前稱為 Half-Price Ticket Booth，現由倫敦劇院協會經營，讓本地人和遊客可以低至半價的價錢購買當日上演的歌劇門票，吸引對歌劇有興趣，對座位位置要求不高，以及不想花太多錢看歌劇的觀眾。這種安排，一方面可滿足不同觀眾的要求，一方面可填滿劇院的空位。有興趣到倫敦欣賞歌劇的遊客，別忘了到半價票亭走一趟。

▶ 半價票亭。

Info

地址：Leicester Square, Clocktower Building, London WC2H 7DE, United Kingdom
交通：乘搭地鐵，在 Leicester Square 站下車，步行約 5 分鐘
時間：星期一至六 10:30-18:00，星期日 12:00-16:30
電話：+44 2075576700(一般查詢)
網址：officiallondontheatre.com/tkts

歌聲魅影 女王陛下劇院　地圖 P.82

Her Majesty's Theatre

女王陛下劇院的歷史可追溯至 1705 年，當時名叫皇后劇院 (Queen's Theatre)，現時的劇院建於 1897 年，是倫敦其中一間古老的劇院。女王陛下劇院公演的劇目是《歌聲魅影》，《歌聲魅影》於 1986 年首次公演後大受好評，至今已成為全球最熱門的長壽歌劇之一。故事以巴黎歌劇院為背景，講述劇院怪人魅影、歌姬與貴族之間譜出的三角戀情，歌劇的歌曲旋律優美，舞台場景華麗，莫不令人留下深刻的印象。

遊客可在官網購票，部分日期可享優惠，票價由 £ 35 (HK$ 347) 起。

Info

地址：57 Haymarket, London, SW1Y 4QL, United Kingdom
交通：乘搭地鐵，在 Piccadilly Circus 站下車，步行約 3 分鐘
表演時間：星期一至六 19:30(星期四及六加開 14:30)
費用 $：由 £ 35 (HK$ 347) 起
電話：+44 2070877762
網址：hmt.com.au

▲女王陛下劇院內的表演台。

追夢劇場 維多利亞宮劇場　地圖 P.82

Victoria Palace Theatre

1832 年，維多利亞宮劇場前身是 Moy's Music Hall，後來多次更名，最後因興建地鐵而覓地重建，並成為今日的維多利亞宮劇場。

Info

地址：Victoria Street, London SW1E 5EA, United Kingdom
交通：乘搭地鐵，在 Victoria 站下車，步行約 1 分鐘
電話：+44 8444825138
網址：www.victoriapalacetheatre.co.uk

手信熱點 Harrods

地圖 P.82

Harrods 購物中心無論是外觀還是商場的裝潢都貴氣十足，甚有古典韻味。購物中心樓高七層，主要售賣珠寶、香水、食品、服裝、寵物用品等，還有 Harrods 自家品牌的精品。另外，一樓的食品和禮品賣場，以及四樓的泰迪熊與 Harrods 熊的專賣區，也是購買手信的不二之選。

Info

地址：87-135 Brompton Road, Knightsbridge London, SW1X 7XL, United Kingdom
交通：乘搭地鐵，在 Knightsbridge 站下車，步行約 1 分鐘
時間：星期一至六 10:00-21:00，星期日 11:30-18:00
電話：+44 2036267020
網址：www.harrods.com

紅色誘惑 阿仙奴足球會

地圖：封面內頁

Arsenal Football Club

阿仙奴足球會於 1886 年創立，由售票處到主場館都是紅色一片，只要踏出 Arsenal 地鐵站，阿仙奴球迷的情緒已經開始高漲。球會的球場設施新穎，可容納 6 萬名觀眾，遊客可參加球會的 Arsenal Stadium Tours，分為 Self-guided Audio Tour、Legends Tour 及 Arsenal Museum，紀念品店出售的球衣及球會產品設計精美，光是紀念品店已足以令球迷流連忘返。

▲ 阿仙奴足球會。

▶ 購票處。

Info

地址：Highbury House, 75 Drayton Park, London N5 1BU, United Kingdom
交通：乘搭地鐵，在 Arsenal 站下車，步行約 3 分鐘
時間：Arsenal Museum 星期一至六 10:00-17:00，星期日 10:30-16:00；Self-guided Audio Tour 及 Legends Tour 時間請參閱官網
費用 $：Arsenal Museum 成人￡10 (HK$95)，學生￡8 (HK$76)，16 歲以下￡7 (HK$67)，5 歲以下兒童免費；
　　　　Legends Tour 成人￡50 (HK$495)，學生￡40 (HK$396)，16 歲以下￡30 (HK$297)，5 歲以下兒童免費；
　　　　Stadium Tour 成人￡30 (HK$297)，學生￡25 (HK$248)，16 歲以下￡20 (HK$198)，5 歲以下兒童免費
電話：+44 2076195000　|　網址：www.arsenal.com

▼ Arsenal Stadium。

基本資料　住宿　倫敦　格林威治　劍橋　牛津　約克　惠特比　利物浦

球迷朝聖地 車路士足球會
Chelsea Football Club-Stamford Bridge

地圖：封面內頁

　　車路士足球會的球場於 1877 年開幕，起初並不是用作足球比賽，而是作為各種田徑賽事的場地。後來經過加建後，現成為能容納 5,000 名觀眾的足球場。球場提供導賞團，讓球迷進入本來只供球員及工作人員活動的區域。球場內亦設有博物館，介紹球會的歷史，車路士球迷絕對不能錯過。

▲車路士足球會。

Info

地址：Stamford Bridge, Fulham Road, London, SW6 1HS, United Kingdom
交通：乘搭地鐵，在 **Fulham Broadway** 站下車，步行約 5 分鐘
時間：博物館 09:30-17:00
費用 $：博物館 成人 £ 13 (HK$129)，5-15 歲 £ 11 (HK$109)，學生及長者 £ 12 (HK$119)，5 歲以下免費
電話：+44 8719841955
網址：www.chelseafc.com

歐洲最大跳蚤市場 波特貝羅市集
Portobello Road Market

地圖：封面內頁

　　波特貝羅市集是全歐洲最大的露天跳蚤市場，是倫敦市民消閒的好去處。市場由古董市場、食品市場和二手貨跳蚤市場組成。古董市場較近地鐵站，有世界各地的古董，據說從羅馬時代到 20 世紀 60 年代的都有。食品市場較多本地人光顧，售賣蔬果、芝士等，不妨買零食一邊走，一邊吃。在 **Westway** 橋下的二手貨跳蚤市場逢星期五和星期六開放，售賣各式物品，如裝飾品、小玩意、流行服飾等。市集一直沿着波特貝羅街一直伸延，一邊看，一邊吃，足夠消磨一個上午。

▲波特貝羅市集。

▲英國地道美食。

Info

地址：Portobello Road, London W10 5TA, United Kingdom
交通：乘搭地鐵，在 **Notting Hill Gate** 站下車，步行約 5 分鐘
時間：星期一至三 09:00-18:00，星期四 09:00-13:00，星期五及六 09:00-19:00，星期日休息 (各店不一，詳細時間請參考官網)
電話：+44 2077277684
網址：www.portobelloroad.co.uk

Greenwich

格林威治位於倫敦東南面,是泰晤士河以南的城區和歷史古鎮,已列入世界文化遺產,同時榮獲皇家領地 (Royal Borough) 等封號,是遊覽倫敦近郊地方的不二之選。由倫敦 Waterloo 火車站往格林威治 Greenwich 火車站,只需約 15 分鐘。

▸格林威治。

格林威治景點地圖

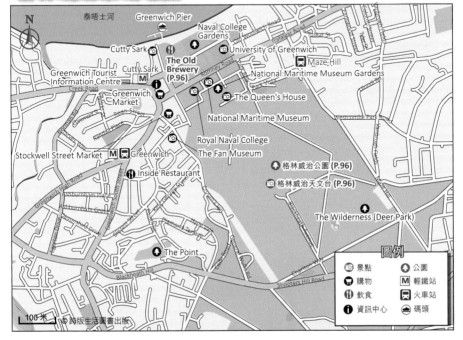

泰晤士河
N
Greenwich Pier
Naval College Gardens
Cutty Sark
University of Greenwich
Cutty Sark
The Old Brewery (P.96)
Maze Hill
Greenwich Tourist Information Centre
National Maritime Museum Gardens
Creek Road
Greenwich Market
The Queen's House
National Maritime Museum
Stockwell Street Market
Greenwich
Royal Naval College
The Fan Museum
格林威治公園 (P.96)
Inside Restaurant
格林威治天文台 (P.96)
The Wilderness (Deer Park)
The Point
Blackheath Hill
Shooters Hill Road

100 米 ⓒ 跨版生活圖書出版

圖例
- 🄘 景點
- 🅟 公園
- 🛒 購物
- Ⓜ 輕鐵站
- 🍴 飲食
- 🚊 火車站
- ⓘ 資訊中心
- ⚓ 碼頭

95

全球時間的起點 格林威治天文台
The Royal Observatory Greenwich

地圖 P.95

格林威治是英國的海軍中心，格林威治天文台又稱為皇家天文台，建於 1675 年，當年設立天文台是為了通過觀測天文，確保航海安全。1884 年，格林威治被國際天文學會訂為子午線，成為世界標準時間，並將地球劃分為東半球及西半球，各國的時差也以相對英國格林威治時間為準。今天，英國國內天文觀測的基地已遷至索塞克斯，格林威治天文台則成為博物館。

▲ 格林威治天文台。

Info

地址：	Blackheath Ave, Greenwich, Greater London SE108XJ, United Kingdom
交通：	乘搭輕鐵 (DLR)，在 Greenwich 站下車，步行約 20 分鐘
時間：	10:00-17:00
休息：	12 月 24 日至 26 日
費用 $ ：	成人 £ 16 (HK$158)，小童 £ 8(HK$79)
電話：	+44 2088584422
網址：	www.rmg.co.uk/royal-observatory

傳統與摩登 The Old Brewery

地圖 P.95

The Old Brewery 餐廳位於舊皇家海軍學校，是一間提供傳統及摩登菜式的餐廳，主要提供簡單，但口味豐富的食物，炸魚加自家製薯片配特製他他醬 £ 12.95(HK$124)、蘋果醬烤豬排 £ 14.5(HK$138)，令人食指大動。

▲ The Old Brewery。

Info

地址：	The Pepys Building, The Old Royal Naval College, SE10 9LW London, United Kingdom
交通：	乘搭 DLR 輕鐵，在 Cutty Sark 站下車
時間：	星期一至六 11:00-23:00，星期日 10:00-22:00
電話：	+44 2034372222
網址：	www.oldbrewerygreenwich.com

世界文化遺產 格林威治公園
Greenwich Park

地圖 P.95

格林威治公園始建於 1433 年，是倫敦最古老的皇家公園，於 1997 年被列為世界文化遺產，格林威治天文台也在這個公園裏。這兒曾是 2012 倫敦奧運會馬術比賽的主場地，場地障礙賽、盛裝舞步賽、綜合全能馬術賽等都在這兒舉行。公園內有羅馬神殿的遺址，園內那片大草地，常見倫敦市民悠閒的身影。

▶ 格林威治公園。

Info

地址：	London SE10 8QY, United Kingdom
交通：	乘搭輕鐵 (DLR)，在 Greenwich 站下車，步行約 20 分鐘
時間：	06:00-18:00(11 月至 2 月) 06:00-19:00(3 月及 10 月) 06:00-20:00(4 月及 9 月) 06:00-21:00(5 月及 8 月) 06:00-21:30(6 月至 7 月)
電話：	+44 3000612380
網址：	www.royalparks.org.uk/parks/greenwich-park

Cambridge

劍橋是一個充滿學術氣息的城鎮。走在一列啡紅色建築物和青綠草地之間,隨時會跟世界知名的學者擦肩而過。劍橋共有 31 所學院,學院與學院之間有各自獨立的文化。

▶ Christ's College。Trinity College

充滿學術氣息的劍橋。

由倫敦 Liverpool 或 King's Cross 站乘火車往劍橋,或在 Victoria 站乘 London Express 巴士往劍橋。

劍橋景點地圖

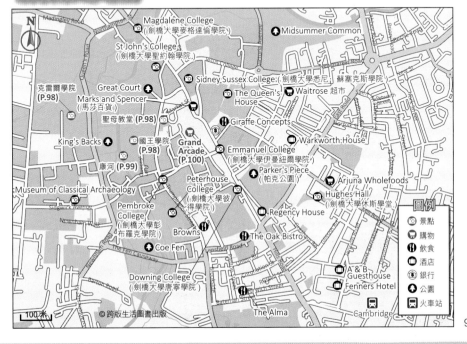

Madingley Road

Magdalene College
(劍橋大學麥格達倫學院)

Midsummer Common

St John's College
(劍橋大學聖約翰學院)

Sidney Sussex College (劍橋大學悉尼‧蘇塞克斯學院)

克雷爾學院 (P.98)

Great Court

The Queen's House

Waitrose 超市

Marks and Spencer (馬莎百貨)

聖母教堂 (P.98)

Giraffe Concepts

King's Backs

國王學院 (P.98)

Grand Arcade (P.100)

Emmanuel College
(劍橋大學伊曼紐爾學院)

Warkworth House

康河 (P.99)

Parker's Piece
(帕克公園)

Museum of Classical Archaeology

Peterhouse College
(劍橋大學彼得學院)

Arjuna Wholefoods

Hughes Hall
(劍橋大學休斯學堂)

Pembroke College
(劍橋大學彭布羅克學院)

Regency House

Browns

The Oak Bistro

Coe Fen

Downing College
(劍橋大學唐寧學院)

A & B Guesthouse

Fenners Hotel

The Alma

Cambridge

100米

© 跨版生活圖書出版

圖例

- 🅟 景點
- 🛍 購物
- 🍴 飲食
- 🏨 酒店
- 🏦 銀行
- 🌳 公園
- 🚉 火車站

華麗學府 國王學院 *King's College* 地圖 P.97

國王學院是倫敦大學的創校學院之一，由英王亨利六世在 1441 年所創，許多諾貝爾獎得主都是這所學院的畢業生。這間學院在劍橋中較受遊客和學生歡迎，他們都被書院華麗的建築所吸引，其中禮拜堂共花了 70 年建成，堂內有都鐸王朝時代石工最高傑作的扇型浮雕石造頂棚，還有 25 扇彩繪玻璃。此外，堂內還收藏了很多由王室捐贈的珍貴藝術品；學院的後花園有中國著名現代文學家徐志摩《再別康橋》詩句的刻字。

▼ 國王學院。

Info

地址：King's Parade, City Centre, Cambridge CB2 1ST, United Kingdom
時間：(學期期間)
　　　星期一至五 09:30-15:30
　　　星期六 09:30-15:15
　　　星期日 13:15-14:30
　　　(學期完結)
　　　09:30-17:15
　　　12 月至 1 月 09:30-15:30
費用 $：成人 £ 13-14 (HK$ 129-139)，學生 £ 10-11 (HK$ 99-109)
電話：+44 1223331212
網址：www.kings.cam.ac.uk

優雅古典庭園 克雷爾學院 *Clare College* 地圖 P.97

克雷爾學院建於 1326 年，以優美的庭園聞名，學院的後方一直延伸至康河。非假日可免費參觀，學院內有一道古老的克雷爾橋 (Clare Bridge)，此橋建於 1638 年，橋上有很多石球，其中一顆掉進了河中，徐志摩在《再別康橋》裏提及的就是這座橋。（**目前維修中，不對外開放。**）

◄ 克雷爾學院。

Info

地址：Trinity Lane, Cambridge CB2 1TL, United Kingdom
費用 $ ：免費
電話：+44 1223333200
網址：www.clare.cam.ac.uk

高塔上的劍橋美景 聖母教堂 地圖 P.97
Great St. Mary Church

聖母教堂是一座哥德式建築的教堂，也是劍橋的主教堂，劍橋的學生常在這兒舉辦聚會或典禮。步行 123 級樓梯後，可登上聖母教堂的高塔，欣賞整個劍橋的美景。

Info

地址：Senate House Hill, Cambridge, CB2 3PQ, United Kingdom
時間：(高塔) 星期一至六 10:00-18:00，星期日 12:00-17:00；
　　　(教堂) 星期一至六 09:30 開始，星期日 12:30 開始
費用 $ ：(教堂) 免費；(高塔) 成人 £ 6(HK$59)，
　　　　兒童 £ 4(HK$ 40)
電話：+44 1223747273　　| 網址：www.gsm.cam.ac.uk

📷 做水草也甘心 康河 *River Cam* 地圖 P.97

　　徐志摩在《再別康橋》裏曾說：「在康河的柔波裏，我甘心做一條水草」，可見康河是令人留戀的地方。康河又稱為劍河，共流經七座橋樑、六間學院，今日的康河依然有野鴨嬉水，還不時看到水草在水裏飄搖，當年大詩人看到的情景，今日仍然歷歷在目。若時間充足，建議乘搭平底船 (Chauffeured Punt) 遊覽康河，可到劍橋遊客資訊中心購票 (The Cambridge Tourist Information Centre)。坐在平底船上，沿康河欣賞劍橋優美的景色，包括數學橋 (Mathematical Bridge)、克雷爾橋 (Clare Bridge)、嘆息橋 (Bridge of Sighs)、三一學院 (Trinity College) 等。

▼「在康河的柔波裏，我甘心做一條水草」。

Info

地址：**Peas Hill, Cambridge CB2 3AD, United Kingdom**
時間：劍橋遊客資訊中心：(4 月至 10 月)
　　　星期一至六 10:00-17:00，星期日
　　　及公眾假期 11:00-15:00；(11 月至
　　　3 月) 星期一至六 10:00-17:00，星
　　　期日及公眾假期休息
費用 $：劍橋內舉辦多個官方導賞團，價
　　　錢各別，詳情請參閱官網
電話：+44 1223791500
網址：**www.visitcambridge.org**

💡 Tips

　　除了劍橋官方提供平底船遊覽服務外，在銀街橋 (Silver Street Bridge) 的磨坊池 (Mill Pool) 也有許多等待出租的平底船 (Chauffeured Punt)，有興趣不妨查詢。

劍橋大型購物中心 Grand Arcade

地圖 P.97

Grand Arcade 商場是劍橋市內最大型的購物中心,店鋪種類繁多,包括流行服裝品牌、美容產品、珠寶首飾等,英國著名的百貨公司 John Lewis 已進駐這兒,逛得累了,可到一樓的 The Little Cupcake 買一件蛋糕享用,或到商場二樓的 Sanctuary Spa 做按摩,解除一天的疲勞。

> **Tips**
>
> 遊客在 Grand Arcade 購物後可退稅,詳情留意英國政府 HM Revenue & Customs 網頁 customs.hmrc.gov.uk。

Info

地址:**St Andrew's Street, Cambridge, CB2 3BJ, United Kingdom**
交通:乘搭火車,在劍橋火車站 (**Cambridge**) 下車,步行約 15 分鐘
時間:星期一至六 09:00-18:00,星期日及假期 11:00-17:00
電話:**+44 1223302601**
網址:**www.grandarcade.co.uk**

▲ Grand Arcade。

牛津景點

Oxford

牛津被稱為尖塔之城,在牛津街頭漫步,處處都是典雅的哥德式尖塔建築,還有盎格魯 - 撒克遜 (Anglo-Saxon) 風格的塔樓、諾曼第 (Normandy) 風格的碉堡和城牆等等。牛津的面積其實不算大,卻有 900 多座古典建築,可謂英國古典建築中的精品。

由倫敦 Paddington 乘火車往牛津,或到 Victoria 站乘 London Express 巴士前往。

千年學府 牛津大學 *Oxford University*

地圖：封面內頁

基本資料 | 住宿 | 倫敦 | 格林威治 | 劍橋 | 牛津 | 約克 | 惠特比 | 利物浦

Info

地址：**Wellington Square, Oxford OX1 2JD, United Kingdom**

時間：**自然史博物館** 10:00-17:00
比特河博物館 星期一 12:00-17:00，星期二至日 10:00-17:00

費用 **$**：免費

網址：**牛津大學** www.ox.ac.uk
自然史博物館 www.oum.ox.ac.uk
比特河博物館 www.prm.ox.ac.uk

　　牛津大學與劍橋大學並列為英國兩大著名學府，但建校時間比劍橋早 100 年。牛津大學是歐洲其中一所古老的大學，英國很多天才和首相都畢業於此，難怪大學被稱為「天才與首相的搖籃」。牛津大學有文獻記錄的授課歷史可追溯至大約 1096 年，可見大學歷史非常悠久。而長期受大小朋友歡迎的電影《哈利波特》也是在牛津取景拍攝的。參觀牛津大學時，千萬別錯過自然史博物館 (Oxford University Museum of Natural History) 和比特河博物館 (Pitt Rivers Museum)，分別展示了大學收藏的動物標本、化石，以及各種與人類學有關的藏品，兩間博物館是開放免費參觀的。

101

最早的圓形圖書館 布萊茵圖書館 *Bodleian Libraries*

布萊茵圖書館是牛津大學城其中一間圖書館,建於 1602 年,藏書 1,100 多萬本,是英國第二大圖書館,僅次於倫敦大英圖書館,同時也是世界上最早的圓形圖書館。圖書館也是電影「哈利波特」的場景之一,霍格華茲醫療室及圖書館都是在這兒取景的;館內那哥德式的扇形天花建築,雕刻精細,令人歎為觀止。圖書館內的書都是用皮革釘裝的,充滿學術氣息,遊客可隨導賞團參觀圖書館。

Info
地址: Broad Street, Oxford OX1 3BG, United Kingdom
時間: 圖書館每個分館的開放時間有異,詳細時間請參閱官網,(**標準導覽團**) 需預約,分別有 30、60、90 分鐘
費用 $: (**標準導覽團**) 每位 £10-20(HK$ 99-198)
電話: +44 1865287400
網址: www.bodleian.ox.ac.uk
備註: 可在圖書館官網預約參觀

霍格華茲宴會廳 基督堂學院 *Christ Church College*

基督堂學院成立於 1546 年,是牛津大學內規模最大的學院,英國其中 16 位首相都是基督堂學院的畢業生,學院同時也是世界上唯一一間同時也是主教座堂的學院。學院也是哈利波特的場景之一,其中霍格華茲宴會廳就在這兒取景,學院內的 Tom Quad 是牛津裏最大的庭院,而 Christ Church Cathedral 內精雕細琢的窗花和紋理豐富的屋頂都值得細看。遊客參觀學院前,記得到學院的 Meadow Building 購票。

Info
地址: St. Aldates, Oxford OX1 1DP, United Kingdom
時間: 星期一至六 10:00-17:00,星期日 14:00-17:00(因應學校活動而有所不同,建議出發前瀏覽官網最新的資訊)

費用 $:

	9-6 月	7-8 月
成人	£18 (HK$178)	£19 (HK$188)
長者 / 學生 / 5-17 歲人士	£17 (HK$168)	£18 (HK$178)

電話: +44 1865276150
網址: www.chch.ox.ac.uk

York

約克是英國歷史古都,是公元 1 世紀時由羅馬人所興建的城市。市內寧靜舒服,在這裏可以感受到約克人閒適的生活。約克的主要景點都在火車站附近,很適合徒步觀光。由倫敦 King's Cross 火車站前往約克,約需 2 小時,或由倫敦 Victoria 站乘長途巴士前往,約需 4 小時 30 分鐘。

基本資料
住宿
倫敦
格林威治
劍橋
牛津
約克
惠特比
利物浦

約克景點地圖

約克郡博物館 (P.104)
約克大教堂 (P.103)
Museum Gardens
大英鐵路博物館
River Ouse
York
River Foss
約維克維京中心 (P.104)
菲爾法克斯館 (P.104)
克利福德塔 (P.105)
約克城堡博物館 (P.105)
©跨版生活圖書出版

圖例
景點
教堂
公園
火車站

200 米

約克之心 約克大教堂 *York Minster* 地圖 P.103

約克大教堂始建於 13 世紀初,總共花了 250 年完工。教堂的塔高 71 米,需要走 275 級樓梯才能登上塔頂,觀賞約克市的美景。這座哥德式的教堂內,有色彩繽紛的彩繪玻璃,西面的心型窗更擁有「約克之心」的美稱。

▼約克大教堂。

Info
地址:York Minster, Deangate, YO1 7HH, York, United Kingdom
交通:由約克火車站 (York) 步行約 15 分鐘
時間:星期一至六 09:30-16:00,星期日 12:45-15:15
費用 $:(教堂)成人 £16(HK$ 158)、學生 £14(HK$ 139),17 歲以下免費;(教堂及高塔)成人 £22(HK$ 218)、學生 £20(HK$ 198),8-17 歲 £6(HK$ 59),8 歲以下小童不能登上塔頂
電話:+44 1904557200   網址:www.yorkminster.org

考古珍藏 約克郡博物館 *Yorkshire Museum* 地圖 P.103

這個佔地 4 萬平方米的大型博物館，位於 **Museum Gardens** 內，分有 4 個展館，分別展示有關考古學、天文學、地質學及生物學的展品。館內收藏很多重要考古珍藏，其中包括中世紀金飾、羅馬時期文物、維京人的遺物等。

◀約克郡博物館。

Info
- 地址：Yorkshire Museum, Museum Gardens, York, YO1 7FR, United Kingdom
- 交通：由約克火車站 (**York**) 步行約 7 分鐘
- 時間：10:00-17:00(12 月 24 日及 31 日提早 14:30 閉館)
- 休息：12 月 25 日至 26 日、1 月 1 日
- 費用 **$**：成人 £ 9.5(HK$ 94)，17 至 24 歲青年 £ 8.55 (HK$85)，16 歲或以下 £ 4.75(HK$ 47)
- 電話：+44 1904687687
- 網址：**www.yorkshiremuseum.org.uk**

華麗故居 菲爾法克斯館 *Fairfax House* 地圖 P.103

這裏由菲爾法克斯爵士於 18 世紀購入，用以舉辦冬季社交季活動，並打算作為女兒的嫁妝。館內展出了 18 世紀的家具、繪畫、瓷器等。其屋頂、樓梯、扶手等盡顯洛可可 (Rococo) 風格。

◀洛可可風格的菲爾法克斯館。

Info
- 地址：Fairfax House, Castlegate, York, North Yorkshire, YO1 9RN, United Kingdom
- 交通：由約克火車站 (**York**) 步行約 15 分鐘
- 時間：11:00-16:00，星期五為導賞時段 11:00-14:00
- 費用 **$**：成人 £ 7.5(HK$ 74)，6 至 16 歲免費
- 電話：+44 1904655543
- 網址：**www.fairfaxhouse.co.uk**

維京人在約克 約維克維京中心 地圖 P.103
Jorvik Viking Centre

在這中心，可確切體驗 1,000 年前維京人在約克的生活、娛樂，可以看到當時維京人的家居、庭園等。館內有解說，邊走邊聽，就好像走進時光隧道，回到昨日。

Info
- 地址：JORVIK Viking Centre, Coppergate, York, YO1 9WT, United Kingdom
- 交通：由約克火車站 (**York**) 步行 20 分鐘
- 時間：因應時段有不同開放時間，可參考官網。
- 休息：12 月 24 日至 26 日
- 費用 **$**：成人 £ 15(HK$149)，學生及長者 £ 12.5 (HK$119)，5-16 歲 £ 10.5(HK$ 104)
- 電話：+44 1904615505　｜　網址：**www.jorvikvikingcentre.co.uk**

18 世紀監獄 約克城堡博物館 *York Castle Museum* 地圖 P.103

　　這家博物館是由古老監獄改建而成，以曾經監禁成為羅賓漢傳說藍本之一的大盜「迪克德平 (Dick Turpin)」而聞名。這裏介紹 1580 年至 1980 年約克人的生活景象，包括 19 世紀的城區、商店、居所等，亦有古董玩偶、服飾展示。

▲ 約克城堡博物館。

Info

地址：York Castle Museum, Eye of York, York, YO1 9RY, United Kingdom
交通：由約克火車站 (York) 步行 25 分鐘
時間：星期一 11:00-17:00，星期二至五 10:00-17:00(12 月 24 日及 31 日提早 14:30 閉館)
休息：12 月 25 日及 26 日、1 月 1 日
費用 $：成人 £ 16(HK$ 158)，17-24 歲青年 £ 14.4(HK$ 142)，16 歲或以下 £9.75(HK$ 97)
電話：+44 1904687687　　｜網址：www.yorkcastlemuseum.org.uk

小山坡地標 克利福德塔 *Clifford's Tower* 地圖 P.103

　　這座位於小山丘的高塔，以前曾作監獄之用，是約克的地標之一。從螺旋梯登塔，可由高處眺望市區，是觀光客必到之地，亦是約克最受歡迎的景點之一。

▶ 克利福德塔。

Info

地址：Cliffords's Tower, Tower Street, York, YO1 9SA, United Kingdom
交通：由約克火車站 (York) 步行 25 分鐘
時間：10:00-18:00
費用 $：成人 £ 9.5(HK$ 94)，學生及 65 歲以上長者 £ 8.5(HK$ 84)，
　　　　5 至 17 歲 £ 5.5(HK$ 54)
電話：+44 1904646940
網址：www.english-heritage.org.uk/visit/places/cliffords-tower-york

古老堡壘 霍華德城堡 *Castle Howard*

　　霍華德城堡佔地 515 平方米，高 20 米。城堡內展出於 18、19 世紀時，三代的卡萊爾伯爵收藏的古董，反映出當時人們對古典文明及神秘文化的濃厚興趣。在這裏，不僅可以欣賞到城堡華麗的建築設計，更可看到國際級的珍貴收藏品。牆上放滿精美絕倫的雕飾、繪畫，館內大部分的房間都設有簡介。

Info

地址：Castle Howard, York Y060 7DA, United Kingdom
交通：乘搭火車到約克站 (York) 或莫爾頓站 (Malton)，
　　　轉乘 Stephensons 巴士，在 Castle Howard 站下車直達
時間：(城堡) 自由參觀 10:00-15:00，(其他地方)
　　　約 10:00-15:00
費用 $：(城堡及花園) 成人 £ 19-27(HK$ 188-267)，兒童 £ 9.5-13.5 (HK$ 94-134)，4 歲以下免費；(花園 - 夏季)9:00-10:00，免費 (需成為會員)
電話：+44 1653648333
網址：www.castlehoward.co.uk

▲ 城堡正面。

▲ 堡內收藏了不少由第三代至第五代卡萊爾伯爵收集回來的古董。

惠特比景點

Whitby

▲惠特比火車站。

惠特比是個細小的城鎮，遠離市區，擁有所向無敵的自然風光，亦是名小說《德古拉》的故事場景之一，因而成為英國人和外國旅客的熱門旅遊勝地。從倫敦 Victoria 站乘巴士約 8 小時或倫敦 King's Cross 站乘火車約 5 小時。

📷 吸血鬼之家 山中修道院 *Whitby Abbey*　地圖：封面內頁

　　這修道院是惠特比最著名的景點，是著名吸血鬼小說《德古拉》的場景之一。修道院建於 657 年，昔日建築規模很大，如今經過時間的洗禮，已變成廢墟。在修道院，可以看到惠特比的海岸。旁邊的聖瑪利教堂及墓園，前往墓園需走經 199 級梯級。每隔一段路，會有一級特別大的梯級，相傳是方便當時抬棺木的人可以稍作休息。

▼依稀看見昔日的規模。

▲雖已成廢墟，但主體建築仍然完整。

Info

地址：Abbey Lane, Whitby, North Yorkshire - YO22 4JT, United Kingdom
交通：由惠特比火車站 (Whitby) 步行 30 分鐘或乘 97 號或 97A 號巴士直達
時間：10:00-18:00
費用 $：成人 £ 12.5(HK$ 123)，學生及長者 £ 11(HK$ 109)，5-17 歲小童 £ 7.5(HK$ 74)
電話：+44 1947603568
網址：www.english-heritage.org.uk/visit/places/whitby-abbey

利物浦景點

Liverpool

利物浦是披頭四 (The Beatles) 故鄉，不少樂迷都是為了披頭四慕名前來。利物浦以前是英國連接美國、西印度群島航線的港都，現在仍是英國第 2 大貿易港。由倫敦尤斯頓站 (London Euston) 乘火車到 Liverpool Lime Street 站約 2 小時 45 分，亦可在倫敦 Victoria 站乘巴士前往，約 4 小時 30 分。

追星必到 披頭四紀念館

地圖：封面內頁

The Beatles Story

這個紀念館介紹了披頭四的誕生、他們的音樂以及展出他們用過的結他。館內不同部分是個別收費的，例如 4D 體驗等活動，遊客也可購買全通票，費用已包括所有場館的所有設施。附近的遊覽區 Albert Dock 有購物、酒吧等，佔地不小，足夠消磨大半天時間。

▲ 披頭四紀念館。

◀◀ 館內有不少披頭四的精品售賣。

▲ 附近的遊覽區 Albert Dock。

Info

地址：**Albert Dock, Britannia Vaults, Albert Dock, Liverpool, L3 4AD, United Kingdom**

交通：乘搭火車到 Liverpool James Street 站步行 20 分鐘

時間：(夏季)09:00-17:00，(冬季)10:00-18:00

費用 **$**：一般 £ 19(HK$188)，學生及長者 £ 15(HK$ 149)，5-15 歲小童 £ 10.5(HK$104)

電話：+44 1517091963　｜網址：www.beatlesstory.com

基本資料
住宿
倫敦
格林威治
劍橋
牛津
約克
惠特比
利物浦

107

相遇與創作之地 披頭四舊居
The Beatles' Childhood Homes

地圖：封面內頁

　　這個建築物是 50 年代的代表性建築，房子及花園至今仍被好好保存，活像真正的家。這裏是披頭四他們相遇的地方，部分作品更是在這裏創作的，成團初期曾在這裏練習他們創作的歌曲。想要參觀，必須在網上預約參加導賞團。導賞團時間每天不同，宜先到網站確認最新的時間表。

◀ The Beatles' Childhood Homes。

Info

地址：Woolton and Allerton, Liverpool, United Kingdom
時間：3 月至 11 月參加導賞團方可進入建築，導賞團時間每天不同，建議出發前先致電查詢
休息：12 月至 2 月，3 月至 11 月逢星期一或二不定休
費用 $：成人 £ 32(HK$ 317)、小童 £ 16(HK$ 158)
電話：+44 8448004791
網址：bit.ly/3EcNyXp

英格蘭最大湖泊 溫德米爾湖
Windermere

地圖：封面內頁

　　溫德米爾湖是英格蘭最大的湖泊，長 17 公里、闊度達 2 公里。這裏景色極美，年中吸引無數觀光客前來遊覽。這一帶有不少餐廳、商店，大可在這裏悠閒地度過一天，感受大自然的美好。

▲ 寧靜的溫德米爾湖。

Info

地址：Windermere, Cumbria, LA23 1LJ, United Kingdom
交通：由倫敦尤斯頓站 (London Euston) 乘火車到 Windermere 站，約 3 小時 30 分，或於 Victoria 站乘巴士前往，約 7 小時 40 分

遨遊 11 國省錢品味遊 Easy Go!‧歐洲

我遊故我在

香港曾經是英國的殖民地，走在英國街頭，郵筒、雙層巴士、斑馬線等一切都是那麼的熟悉與親切。深入了解英國文化後，原來香港的生活文化，如賽馬、雙層巴士、足球賽事，甚至是緊急電話999等，都有英國的影子。在英國，想得最多的卻是「回看香港的特色」。身處一個地方久了，難免視一切為理所當然，難以察覺別人眼中香港的獨特性，例如香港的鈔票原來頗複雜的，同一面值的鈔票，同時由數家銀行發行，我們習以為常的事，在別人眼中可能是新奇有趣的。偶爾抽離生活所在地，帶來的反思與文化衝擊，也許就是旅行的意義。

英國足跡

Day 6

飛機約23:00抵達倫敦，我們打算在機場睡一晚，第二天大清早即開始英國的行程，以省掉一晚旅費用。魯登機場地方不大，座位不多，不少旅客跟我們一樣在機場過夜，我們差點兒連座位也佔不到。為免睡着時被人偷去行李，我們只好輪流睡覺。雖然在機場的座椅上睡不好的感覺挺難受，時睡時醒，不過也算是一種體驗。

Day 7

在機場渡過了一晚，人都虛脫了。乘機場巴士往市區途中，人在睡夢中也偶爾睜開眼，看看倫敦的景況。濃濃的英國味道，我好喜歡。下巴士後，走了好一段路才到酒店，還好我的行李較輕，要不然真的會累壞。

準備出發了！第一站是St. Peter Cathedral，是目前為止最美的教堂，旋轉樓梯不停地轉啊轉，一共走了500多級台階，台階有一部分是透明的，幸好不是穿裙子。來到歐洲後，似乎走了很多台階。在歐洲教堂或塔頂俯瞰城市風光，是我最愛的方式。不論是高樓大廈或鄉村小鎮房子，頓時變成模型玩具，看多少遍都不會覺得悶。

中午逛當代藝術博物館，我逛得很興奮、睡意全消，但團友們卻覺得悶。對歷史沒有考究的我，最愛的就是Modern Art Museum。即使我無法看懂所有展品背後的意義，我還是喜歡這些藝術作品，只是一個簡單的標題，已可引發無限聯想，這就當代藝術館的非凡魅力。晚上，當地朋友帶我們吃了一頓不錯的晚餐，地頭蟲然好介紹。

倫敦這間Hostel，有點像籠屋，人坐在床上，連個子小的我也不能坐直身子。不過，房內有獨立洗手間已經不錯了。可惜沒有免費WiFi，八人共用一個洗手間也很麻煩，還好大家都很忍耐，幾個人同時使用，一人在浴缸洗澡，其他人洗衣服、洗臉、刷牙。大伙兒鬧着玩，梳洗也成為樂趣。

Day 8

　　早上乘地下鐵看 Arsenal 的足球場，友人是 Arsenal 的粉絲，感到好興奮。雖然自己對足球沒興趣，但也感受到別人對足球的熱情，感覺不錯啊。下午去看 Tower of London，還有 Tower Bridge。

　　晚上去看《歌聲魅影》歌劇表演，那些場景和道具實在太美了！置身歌劇院的感覺真是太棒了。或許連日來的行程實在太累了，在美妙的音樂和幽暗的環境下，睡魔不時引誘我。看完歌劇後，在回旅館的路途上，「Oh Christine…… Oh Christine」對白一直在腦內迴響，良久不散。

Day 9

　　斷斷續續睡了 7-8 小時，起床時感覺良好，但團友們都病了，大家都想休息，我靜靜地躺在床上寫日記，好舒服，難怪有人說休息是為了走更遠的路。也許今天休息後，明天會更有精神感受異國的風景文化。晚上大伙兒在 Hostel 一起做飯，好開心，好溫馨呢。就這樣，我們在英倫悠閒舒服地過了這天。

　　有人說乘坐公共交通工具是了解一個城市的最好方法。事實上，公共交通工具是遊客走進當地人日常生活最好的途徑。短短的一段地下鐵之旅，可以看到當地人的衣着、談吐、興趣、習慣、文化與禮儀等。

　　第一次乘搭倫敦地下鐵時，進入連接地面與月台的升降機時，找了很久也找不到「關門」按鈕。友人提點後，才發現倫敦地下鐵的升降機在一定時間之內會自動關門。我不停反問自己：「到底我在急什麼？」。

Day 10

　　今天去 Chelsea 的球場，似乎 Arsenal 的比較漂亮。我們今天去了兩個市集，體驗一下當地人的生活。

　　中午去了大英博物館，原來沒有空調的。直到現在，我仍不能接受歐洲的博物館沒有空調，真不敢想像夏天要流着汗逛博物館的境況。

　　晚上，大伙兒一起做飯，還做了香港人最愛吃的「喳咋」糖水，由於做多了，吃不完，打算跟廚房裏的外國人分享，順道聯誼，可是當他們看到這顏色「奇怪」的糊狀物，沒人敢嘗試，最後只有一位「勇敢」的外國女生勉強試了一口。也許，就像我們入住日本溫泉旅館時，對自助早餐的「漬物部」避之則吉一樣。

Day 11

今天到白金漢宮看 Changing of Guard，我們隨便找個位置站着，很快就見到一群士兵步進 Headquarter，由於儀式是在總部內進行，我們根本看不到。後來，我們到 Greenwich Market 逛逛，這兒的食物都很吸引，我吃了美味的芝士牛肉。

逛完市集後，繼續到處觀光，包括格林威治天文台、英航倫敦之眼、西敏寺及國會大廈等。在參觀格林威治天文台的途中，經過大片草原，我是多麼渴望可以坐在草原上，在太陽下翻着書。

晚上回旅舍，水土不服的友人跟我說她在醫院的經歷。做了一連串的檢查後，最後醫生只給她止痛藥，肚瀉不適的她仍需要留在房間休息。這經歷教訓我們，出門旅遊帶備平安藥是多麼的重要啊！

Day 12

今天的目的地是劍橋，我們無需趕時間，天空沒有猛烈的太陽，舒服得很！劍橋的建築物的確是很漂亮，但可能暑假的關係，這裏幾乎清一色是遊客，像個旅遊景點，把劍橋的學術氣息都蓋過了。

大部分香港人無時無刻都忙着使自己與網絡接上，不斷查看電郵、即時新聞和社交網站等，彷彿只要慢了一點，就會跟世界脫軌。現時一群朋友相約聚會，只會透過 Facebook 或 Whatsapp 約人。大家都忘了十多年前手提電話仍未普及的年代，人們是怎麼生活的。有了網絡，每個人都可以產生影響力，我們也漸漸地無法分辨真相或惡作劇。

明明沒有什麼特別的嗜好，卻總覺得時間不夠用。城市人羨慕住在郊外的人過簡樸與寧靜的生活，慨嘆急速的生活是為世所迫的，沒空做運動、沒空跟家人好好吃頓飯、沒空打電話問候很久沒見的朋友……。原來我們只是把時間花在更新電腦或手機的軟體、處理永無止境的電郵或短訊、忙着在社交網站查看別人的私生活。難得去旅行，我渴望得到「活在當下」的感覺，只想回到人的最基本狀況，欣賞漂亮的風景、吃美味的食物，每天尋找快樂。旅行，給我一個暫時脫離網絡的藉口。

荷蘭 Netherland

Part 5

荷蘭是個自由、包容性很高的國家，約 10% 的荷蘭居民是外籍人士。大部分國土是填海而來，其中阿姆斯特丹位於沿海地區，河岸景致、風車群及鬱金香，構成了一幅荷蘭美麗的圖畫。

荷蘭也是一個多姿多彩國家，有梵高色彩鮮艷的畫作、五顏六色的鬱金香，以及市內五彩繽紛的建築群。晚上霓虹光管亮起，紅燈區等盡顯荷蘭人自由與奔放。在自行車比汽車還要多的一個國家，如時間許可，不妨租一輛自行車，體驗荷蘭人的生活。

在荷蘭，會碰到一些稱爲「Coffee Shop」的店，卻跟「Café」不同，荷蘭的「Coffee Shop」是合法販賣軟性毒品的店鋪，如想在普通咖啡店吃下午茶，可別走錯店啊。

基本資料

首都：阿姆斯特丹 (Amsterdam)

流通貨幣：歐元 (€)

語言：荷蘭語

貨幣面值：紙幣分爲€ 5、€ 10、€ 20、€ 50、€ 100、€ 200、€ 500，硬幣分爲€ 1、€ 2、1 cent、2 cent、5 cent、10 cent、20 cent、50 cent；€ 1 等於 100 cent

電話區號：荷蘭國際區號 31；阿姆斯特丹城市區號 20

緊急電話：警察 112；救護車 112；消防 112

電壓：220V 50Hz

插頭：二孔和三孔圓孔

時差：比香港慢 7 小時（3 月至 10 月比香港慢 6 小時）

特產：木靴、鬱金香花球

美食：鯡魚、可樂餅、芝士

手信購買熱點：水壩廣場附近的商店街

商店營業時間：星期一至五 09:00-18:00，星期六 09:00-17:00，星期四或星期五部分商店營業至 21:00

月份	平均氣溫（攝氏）	平均降雨量（毫米）
1	3	62
2	3	43
3	6	59
4	8	41
5	12	48
6	15	68
7	17	66
8	17	61
9	14	82
10	11	85
11	7	89
12	4	75

公眾假期

2024	2025	
1 月 1 日	1 月 1 日	新年
3 月 29 日	4 月 18 日	耶穌受難日
3 月 31 日	4 月 20 日	復活節
4 月 1 日	4 月 21 日	復活節星期一
4 月 27 日	4 月 27 日	國王壽辰
5 月 5 日	5 月 5 日	解放日
5 月 9 日	5 月 29 日	耶穌升天日
5 月 19 日	6 月 8 日	五旬節
5 月 20 日	6 月 9 日	聖靈降臨節
12 月 25 日	12 月 25 日	聖誕節
12 月 26 日	12 月 26 日	聖誕節第二天

節慶及重要的活動

月份	節慶 / 活動（舉辦日期）
1 月 -2 月	鹿特丹國際電影節 (International Film Festival Rotterdam) (2024 年 1 月 25 日 -2 月 4 日) www.filmfestivalrotterdam.com/nl
2 月	馬斯垂克嘉年華會 (Maastricht Carnival) (2024 年 2 月 11 日 -13 日) www.visitmaastricht.com/things-to-do/carnival
3 月	歐洲美術展 (European Fine Art Fair, Maastricht) (2024 年 3 月 9 日 -14 日) www.tefaf.com
3 月 -5 月	庫肯霍夫鬱金香公園花展 (Bloemencorso) (2024 年 3 月 21 日 -5 月 12 日) www.keukenhof.nl
3 月 -9 月	阿克馬芝士市場 (Alkmaar Cheese Market) (約 3 月尾至 9 月尾) www.kaasmarkt.nl/en
4 月	鹿特丹馬拉松大賽 (ABN AMRO Marathon Rotterdam) (2024 年 4 月 13 日 -14 日) www.marathonrotterdam.org
6 月 -7 月	荷蘭節 (Holland Festival) (約 6 月 -7 月) www.hollandfestival.nl/nl
7 月	北海爵士音樂節 (The North Sea Jazz Festival) (2024 年 7 月 12 日 -14 日) www.northseajazz.com/nl
8 月	萊恩堡花車巡遊 (Flower Parade, Rijnsburg) (2023 年 8 月 19 日) www.rijnsburgscorso.nl 阿姆斯特丹王子運河水上演唱會 (Prinsengracht Concert) (約 8 月 -9 月) www.prinsengrachtconcert.nl
8 月 -9 月	烏特勒支古典音樂節 (Festival Oude Muziek Utrecht) (約 8 月尾 -9 月初) www.oudemuziek.nl
9 月	桑德爾花車巡遊 (Bloemencorso Zundert) www.bloemencorsozundert.nl 迪爾水果節 (Fruitcorso Tiel) (2023 年 9 月 16 日) fruitcorso.nl
10 月	TCS 阿姆斯特丹馬拉松大賽 (TCS Amsterdam Marathon) (2023 年 10 月 15 日) www.tcsamsterdammarathon.nl
11 月	聖尼古拉斯降臨日 (Intocht van Sinterklaas) (2024 年 11 月 16 日) 阿姆斯特丹骨董展 (PAN Amsterdam) (2023 年 11 月 19 日 -26 日) www.pan.nl
12 月	豪達燭光晚會 (Gouda bij Kaarslicht) (2023 年 12 月 15 日) www.goudabijkaarslicht.nl

如何前往荷蘭？

從香港出發

國泰航空及荷蘭皇家航空都有直航航班飛往荷蘭，由香港直飛至荷蘭阿姆斯特丹，航程約 12-13 小時，荷蘭皇家航空網上機票由 HK10,000 起。

除了乘搭直航飛機往荷蘭，也可以選擇需要轉機的航班。

> ℹ️ 國泰航空：www.cathaypacific.com
> 荷蘭皇家航空：www.klm.com/home/hk/hk

從歐洲其他國家出發

如果讀者正身處歐洲某國家，欲前往荷蘭阿姆斯特丹和恩多芬，可以選擇乘搭飛機、火車、巴士及輪船。

1. 飛機

在歐洲各國乘搭飛機往荷蘭阿姆斯特丹和恩多芬 (Eindhoven) 所需時間約 1-3.5 小時，各國所需時間分別如下：

出發地	所需時間
法國巴黎；英國倫敦；德國法蘭克福及柏林；瑞士蘇黎世；丹麥哥本哈根	約 1.5 小時
意大利米蘭及羅馬	約 1.5-2.5 小時
奧地利維也納	約 2 小時
西班牙馬德里	約 2.5 小時

2. 火車

如選擇乘搭火車，可因應目的地及預算，選擇所需的火車，包括 EC(Eurocity) 國際特快車、EN(Euro Night) 特快夜車、IC(Intercity Express) 國內特快車、CNL(Citynight Line) 豪華臥鋪夜車、ICE(Intercity Express) 德國高速新幹線、TGV(Train à Grande Vitesse) 法國特快車及 Thalys 西北高速列車。

車費視乎不同的火車種類及不同的目的地而定，當然行程所需的時間也不一樣，由瑞士日內瓦乘火車至阿姆斯特丹 (乘 CNL) 約 14 小時；法國巴黎至阿姆斯特丹 (乘 Thalys) 約 3.5 小時；德國法蘭克福至阿姆斯特丹 (乘 ICE) 約 4 小時；捷克布拉格至阿姆斯特丹 (乘 EC) 約 12.5 小時；奧地利維也納至阿姆斯特丹 (乘 EC 及 ICE) 約 12 小時。

> ℹ️ RAILEUROPE
> www.raileurope.com

3. 巴士

出發前可在 FlixBus 購買巴士車票,即可周遊列國。關於 FlixBus app 請參閱 P.50。以下是乘搭巴士前往荷蘭阿姆斯特丹的所需時間:

出發地	前往阿姆斯特丹所需時間
法國巴黎	約 8 小時
法國里昂	約 14.5 小時
德國法蘭克福	約 7.5 小時
英國倫敦	約 10 小時
奧地利維也納	約 18 小時
意大利米蘭	約 20.5 小時
意大利羅馬	約 30 小時

FlixBus:
global.flixbus.com

4. 輪船

乘搭輪船遊歐洲,可説是特別的體驗。如遊客在英國遊覽完畢,而下一個目的地是荷蘭,如不怕暈船浪,不妨考慮由英國乘搭輪船去荷蘭,為旅程增添不一樣的體驗。現時歐洲有多間船公司營運往來歐洲各國港口的航線,航程長短視乎目的地而定。

其中由英國哈威治 (Harwich) 乘搭輪船往荷蘭的荷蘭角 (Hoek van Holland) 約 4 小時;由英國哈爾 (Hull) 往荷蘭鹿特丹 (Rotterdam) 約 11 小時;由英國新堡 (Newcastle) 往荷蘭阿姆斯特丹約 16 小時,費用視乎船公司及航程而定,例如由英國哈爾 (Hull) 往荷蘭鹿特丹 (Rotterdam) 單程票價由 £163.12 (HK$1,556) 起,留意乘客需另付燃油附加費。

Stena Line:www.stenaline.com
P & O Ferries:www.poferries.com
DFDS Seaways:www.dfdsseaways.com

荷蘭國內交通

航空

阿姆斯特丹作為荷蘭的首都,是國內國外航空及陸上交通的中心點,而阿姆斯特丹史基浦機場 (Amsterdam Airport Schiphol) 是荷蘭飛往其他國家的國際機場,是全歐洲旅客人流量第四大的樞紐機場,僅次於倫敦希斯洛機場、巴黎戴高樂機場及法蘭克福機場。

史基浦機場的對外交通非常方便,機場內有史基浦火車站,遊客可到位於機場 Schiphol Plaza 的火車票售票中心購買往荷蘭國內及歐洲各國的火車票。由阿姆斯特丹乘飛機往恩多芬及馬斯垂克 (Maastricht) 分別只需 40 分鐘!有關由阿姆斯特丹飛往國內城市及歐洲各國的航班資料,可瀏覽有關機場的網頁。

阿姆斯特丹史基浦機場:
www.schiphol.nl

荷蘭國鐵

　　荷蘭國鐵 Nederlandse Spoorwegen-Dutch Railways，簡稱 NS，除了提供 IC(InterCity) 國內特快車往荷蘭各大城市外，還有 Sneltrein 快車及 Stoptrein 普通列車。而往來法國和比利時，可乘搭 Thalys 西北高速列車；往來德國，可乘搭 InterCity 和 InterCityExpress 列車，也可以選擇乘搭 City Night Line 豪華臥鋪夜車去德國和瑞士。

ℹ️ www.ns.nl/en

巴士、路面電車、地下鐵

　　在荷蘭各城市觀光，可以乘搭巴士、路面電車和地下鐵。

▲地下鐵月台及閘口。

▲巴士車票。

交通券：GVB day/multi-day card、Amsterdam Travel Ticket

　　遊客只需在 Splein CS 站、Bijlmer Arena 站、Lelylaan 站及 Zuid 站的 GVB Tickets & Info 櫃台購買 GVB day/multi-day card，即可在指定日數及小時內隨意乘搭巴士、路面電車和地下鐵。

　　遊客亦可選擇購買 Amsterdam Travel Ticket，除了可無限次乘搭由 GVB 營運的巴士、路面電車、地下鐵或船，更包括一張由機場來往阿姆斯特丹指定火車站的次等火車票。

▶阿姆斯特丹交通卡。

Info

費用：

GVB day/ multi-day card

1 天 (24 小時)	€ 9 (HK$ 77)
2 天 (48 小時)	€ 15 (HK$ 129)
3 天 (72 小時)	€ 21 (HK$ 181)
4 天 (96 小時)	€ 26.5 (HK$ 228)
5 天 (120 小時)	€ 33 (HK$ 284)
6 天 (144 小時)	€ 37.5 (HK$ 323)
7 天 (168 小時)	€ 41 (HK$ 353)

Amsterdam Travel Ticket

1 日	€ 18 (HK$ 155)
2 日	€ 24 (HK$ 206)
3 日	€ 30 (HK$ 258)

網址：(GVB day/multi-day card) reisproducten.gvb.nl/nl/uur-en-dagkaarten/gvb-dagkaart (Amsterdam Travel Ticket) reisproducten.gvb.nl/nl/toeristen/amsterdam-travel-ticket

阿姆斯特丹周遊券：I amsterdam City Card

　　除了 GVB day/multi-day card 外，遊客還可考慮阿姆斯特丹周遊券 (I amsterdam City Card)，可免費任乘路面電車、巴士、地下鐵、免費渡輪 (Blue Boat Company 或 Holland International 任擇其一)，以及免費參觀荷蘭多間博物館，包括梵高美術館 (Van Gogh Museum)、林布蘭之家 (Museum Het Rembrandthuis) 及阿姆斯特丹博 Amsterdam Museum) 等 37 間博物館。

Info

費用：	
1 天 (24 小時)	€ 60 (HK$ 516)
2 天 (48 小時)	€ 85 (HK$ 731)
3 天 (72 小時)	€ 100 (HK$ 860)
4 天 (96 小時)	€ 115(HK$ 989)
5 天 (120 小時)	€ 125(HK$ 1,075)

網址：www.iamsterdam.com/
en/tickets/i-amsterdam-
city-card

▲ I amsterdam City Card。

荷蘭省錢周遊券：Go City

　　Go City 提供兩款阿姆斯特丹景點 Pass，All-Inclusive Pass 和 Explorer Pass，比購買單獨的門票便宜很多，而且可以使用手機應用程式購買，選購後只需在進入景點時在手機應用程式出示 Pass 的 QR Code 或事先下載 PDF 打印出來。另外，若行程有所變動，可在購買日起 90 天內退回任何未啟用的 Pass 並且退款，要注意的是在第一個景點掃描 Pass 後，Pass 就會啟用，這時就不能退款了。

Info

費用：

全包景點日數	1-day pass	2-day pass	3-day pass	5-day pass	
All-Inclusive Pass	成人€ 64(HK$550) 兒童€ 44(HK$378)	成人€ 94(HK$808) 兒童€ 54(HK$464)	成人€ 109(HK$937) 兒童€ 69(HK$593)	成人€ 139(HK$1,195) 兒童€ 109(HK$937)	
60 日內可遊覽景點數量	3 Choice Pass	4 Choice Pass	5 Choice Pass	6 Choice Pass	7 Choice Pass
Explorer Pass	成人€ 64(HK$550) 兒童€ 44(HK$378)	成人€ 79(HK$679) 兒童€ 54(HK$464)	成人€ 94(HK$808) 兒童€ 64(HK$550)	成人€ 109(HK$937) 兒童€ 74(HK$636)	成人€ 139(HK$1,195) 兒童€ 79(HK$679)

網址：gocity.com/amsterdam/en-us

荷蘭住宿

阿姆斯特丹

Sofitel Legend The Grand Amsterdam

地圖 P.119

星級	5 ★
免費 WiFi	✓
含早餐	X
房間獨立浴室	✓
入住時間	15:00
退房時間	12:00

Info

地址：Oudezijds Voorburgwal 197, 1012 EX- Amsterdam, The Netherlands
交通：乘搭路面電車 4、9、14、16、24、25 號，在 Dam Square 站下車
房價：€ 680 (HK$5,848) 起
電話：+31 205553111
網址：www.sofitel-legend-thegrand.com

Park Plaza Victoria Amsterdam

地圖 P.119

星級	4 ★
免費 WiFi	✓
含早餐	X
房間獨立浴室	✓
泳池	✓
入住時間	14:00
退房時間	12:00

Info

地址：Damrak 1-5, 1012 LG, Amsterdam, The Netherlands
交通：阿姆斯特丹中央車站 (Amsterdam) 步行約 2 分鐘
房價：€ 222.2 (HK$1,911) 起
電話：+31 206234255
網址：www.parkplaza.com/ amsterdam-hotel-nl-1012lg/netamst/

阿姆斯特丹景點及美食

Amsterdam

▲市中心的藝術品

阿姆斯特丹作為荷蘭的首都，色彩繽紛的鬱金香、浪漫的運河、自由自在的腳踏車、耀眼的鑽石、珍貴的藝術收藏等，為這個國際都市增添了無限魅力。16-17 世紀的阿姆斯特丹是歐洲重要港口都市之一。市內有三條重要的運河環繞着阿姆斯特丹市中心，包括紳士運河 (Herengracht)、國王運河 (Keizersgracht) 與王子運河 (Prinsengracht)。1870 年起，阿姆斯特丹急速發展，開始從辛格運河 (Singlegracht) 以外的區域擴張。事實上，阿姆斯特丹面積不大，觀光景點也相當集中，遊客可選擇以步行、乘船或騎自行車的方式欣賞阿姆斯特丹的風光。

▲世界盃期間，氣氛熱烈。

📷 阿姆斯特丹地標 水壩廣場 *Dam Square* 地圖 P.119

◀ 廣場中央的國家紀念碑。

水壩廣場距離中央火車站不遠，是阿姆斯特丹市中心的起點。13 世紀時，荷蘭人曾在這兒築堤防洪，所以有水壩廣場一名。廣場中央有紀念二次世界大戰亡者的國家紀念碑 (National Mounument)；每年 5 月 5 日的獨立紀念日，荷蘭國王及首相都會在紀念碑前獻花。今日的水壩廣場已成為阿姆斯特丹市中心的地標，亦是市民的休憩場所。

Info

地址：Dam 17, 1012 JS, Amsterdam, The Netherlands
交通：乘搭路面電車，在 Dam 站下車

阿姆斯特丹景點地圖

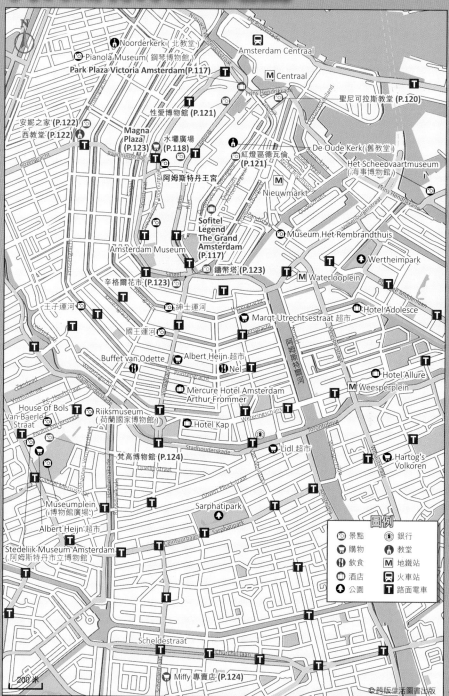

Noorderkerk（北教堂）
Pianola Museum（鋼琴博物館）
Park Plaza Victoria Amsterdam(P.117)

Amsterdam Centraal
Centraal

聖尼可拉斯教堂 (P.120)

性愛博物館 (P.121)

安妮之家 (P.122)
西教堂 (P.122)

Magna Plaza (P.123)

水壩廣場 (P.118)

De Oude Kerk(舊教堂)
Het Scheepvaartmuseum（海事博物館）

阿姆斯特丹王宮

紅燈區德瓦倫 (P.121)

Nieuwmarkt

Sofitel Legend The Grand Amsterdam (P.117)

Museum Het Rembrandthuis

Amsterdam Museum

Wertheimpark

鑄幣塔 (P.123)

Waterlooplein

辛格爾花市 (P.123)

Marqt Utrechtsestraat 超市

Hotel Adolesce

王子運河

紳士運河

國王運河

Buffet van Odette

Albert Heijn 超市

Nel

Hotel Allure

Mercure Hotel Amsterdam Arthur Frommer

Weesperplein

House of Bols
Van Baerle Straat

Rijksmuseum（荷蘭國家博物館）

Hotel Kap

梵高博物館 (P.124)

Lidl 超市

Hartog's Volkoren

Museumplein（博物館廣場）

Sarphatipark

Albert Heijn 超市

Stedelijk Museum Amsterdam（阿姆斯特丹市立博物館）

Sarphatipark

Scheldestraat

圖例

景點	銀行
購物	教堂
飲食	M 地鐵站
酒店	火車站
公園	T 路面電車

Miffy 專賣店 (P.124)

200 米

阿姆斯特丹地標 運河與小屋 *Amsterdam Canal*

阿姆斯特丹市共有 100 多條運河和 1,000 多條橋樑，沿着運河旁而建的都是一些狹窄的小屋。以前荷蘭河岸土地寸金尺土，加上阿姆斯特丹的住宅課稅以房子正面寬度計算，為了少交稅款，因而出現了這些狹窄的小屋。由於小屋只能容下窄小的台階，遊客要將行李搬上住宿的樓層十分吃力。這些運河旁邊五彩繽紛、窄小的房子已成為阿姆斯特丹的標記。

▼運河兩旁整齊漂亮的建築。

Info

運河巴士 (Canal Bus)

阿姆斯特丹的運河巴士主要分為 **Green line**、**Red line**、**Blue line** 及 **Orange line**，四條路線可到不同的地點，其中博物館景點多集中在 **Green line**，運河及小屋等懷舊景點集中在 **Orange line**。

費用 **$**：1 小時票€ 19.5 (HK$168)
網上購票有優惠

網址：**www.stromma.nl/en/ams terdam**

▲這是阿姆斯特丹名信片經常出現的景點。

新文藝復興風格 聖尼可拉斯教堂 〔地圖 P.119〕

Basiliek van de H.Nicolaas

聖尼可拉斯教堂由荷蘭建築師凱沛魯斯設計，採用新文藝復興的風格，於 1887 年建成。聖尼可拉斯對於荷蘭人來説，是船員的守主保聖人。荷蘭市民於每年 12 月 5 日聖尼可拉斯節都會舉辦紀念及慶祝活動。

Info

地址：**Prins Hendrikkade 73, 1012 AD Amsterdam, The Netherlands**

交通：乘搭地鐵，由 **Amsterdam Centraal** 站步行 1 分鐘

時間：星期一至六 12:00-15:00；星期日舉行彌撒

費用 **$**：免費

電話：**+31 206248749**

網址：**www.nicolaas-parochie.nl/ nicolaas/**

◀聖尼可拉斯教堂。

全球第一間 性愛博物館 地圖 P.119
Sexmuseum Amsterdam

性愛博物館是全球第一間以性愛為主題的博物館，全世界具規模的性愛博物館為數不多，而荷蘭的阿姆斯特丹的可算是較具規模的一間了。博物館分為三層，各層展出不同年代有關性愛的文物，還有館內最具特色的、長 2 米的性愛模型，供遊客拍照留念。

Info
地址：**Damrak 18, 1012 LH, Amsterdam, The Netherlands**
交通：乘搭地鐵，由 Amsterdam Centraal 站步行約 2 分鐘
時間：10:00-18:00，只限 16 歲以上人士參觀
費用 **$**：€ 10 (HK$86)
電話：+31 206228376
網址：www.sexmuseumamsterdam.nl

眼界大開 紅燈區德瓦倫 *De Wallen* 地圖 P.119

在荷蘭，色情販賣是合法的。德瓦倫是阿姆斯特丹性交易的熱門場所，慕名前來的遊客多不勝數。白天的紅燈區冷冷清清的，但 15:00 後開始熱鬧起來，到了晚上更不得了，穿着內衣、打扮性感的紅燈區女郎會在櫥窗內搔首弄姿。每個等待顧客光顧的女郎，房間會亮起紅燈；有顧客光顧的女郎，則拉上房間布簾及關掉紅燈。由於紅燈區一帶品流複雜，遊覽時要注意個人及財物安全，或參加紅燈區導遊團。

Info
地址：水壩廣場東側的佛爾柏瓦爾運河 (Oudezijds Voorburgwal) 旁
交通：乘搭路面電車，在 Dam 站下車
時間：星期三至五 12:00-17:00
費用 **$**：(紅燈區導遊團) € 25(HK$215)
網址：(紅燈區導遊團) www.pic-amsterdam.com

▲晚上的德瓦倫很有曖昧的味道。

◀▲日間就是普通的歐洲小鎮。

愛與和平 安妮之家 *Anne Frank Huis* 地圖 P.119

　　安妮之家是阿姆斯特丹市最值得參觀的景點之一，也是《安妮日記》一書的真實場景。當時，這座建築物的主樓是辦公室和倉庫，主樓後不起眼的地方就是猶太女孩安妮躲避德國軍隊追捕的匿藏地方。1960 年起成為博物館。即使你沒有讀過《安妮日記》，這間博物館也能讓你體會到種族歧視之苦，以及戰爭為人類帶來的磨難。

▶安妮之家。

🏮 Tips

《安妮日記》

　　1929 年出生於德國的安妮是猶太人，後跟隨家人移居荷蘭。二次大戰時，荷蘭被德國人佔領，安妮和家人在荷蘭四處躲藏，躲避德國軍隊追捕，及被迫匿藏兩年，《安妮日記》就是記載了這段期間的經歷。日記於 1947 年出版，現已翻譯成全球多種語言。

Info

地址：**Prinsengracht 267, 1016 GV Amsterdam, The Netherlands**
交通：乘搭 13、14 或 17 號路面電車，在 **WesterMarkt** 下車再步行約 1 分鐘
時間：09:00-22:00 (部分日子有變動)
費用 **$**：成人 € 16(HK$ 138)，
　　　　10-17 歲　€ 7 (HK$ 60)，
　　　　9 歲或以下 € 1 (HK$9)；
　　　　網上購票有優惠
電話：+31 205567105
網址：**www.annefrank.org**

第一高塔 西教堂 *Westerkerk* 地圖 P.119

　　高 85 米的西教堂於 1631 年建造，融合了哥德式和文藝復興式的風格，其高塔被稱為阿姆斯特丹的第一高塔，塔頂上的巨型皇冠是奧地利皇帝 **Maximilian** 贈送的；遊客可登上塔頂，欣賞阿姆斯特丹市內河流縱橫交錯的景致。教堂中廳的屋頂採用木製拱形結構，教堂內的管風琴於 1682 年製造；逢星期二 12:00-13:00，教堂 50 個大鐘會一起鳴響。

▲西教堂裏面非常寬敞。

Info

地址：**Prinsengracht 281, 1016 GW, Amsterdam, The Netherlands**
交通：乘搭 13、14 或 17 號路面電車，在 **WesterMarkt** 下車
時間：星期一至六 11:00-15:00，全年星期日舉行彌撒
費用 **$**：教堂免費
電話：+21 206247766　| 網址：**www.westerkerk.nl**

歷史建築購物商場 Magna Plaza

地圖 P.119

Magna Plaza 的建築物具哥德式風格，建於 1898 年，前身是郵局，現已列入荷蘭國家 100 個重點歷史建築。進入商場後，那華麗的大圓頂挺搶眼球的。商場內有受荷蘭當地人歡迎的品牌、各式雜貨店及紀念品店。

▼ Magna Plaza 是哥德式建築物。

Info

地址：Nieuwezijds Voorburgwal 182 1012 SJ
　　　Amsterdam, The Netherlands
交通：乘搭路面電車，在 **Dam** 站下車
時間：星期一至六 10:00-19:00，
　　　星期日 11:00-19:00
電話：+31 205703570
網址：www.magnaplaza.nl

歷史遺跡 鑄幣塔　*Munttoren*

地圖 P.119

鑄幣塔現址曾是護城牆的所在地，護城牆於 17 世紀時被焚毀，只剩下這座塔，由於此塔曾是荷蘭的鑄幣所，因而被稱為鑄幣塔。每日 15:00-16:00，塔內 38 個大鐘會一起鳴響。現時鑄幣塔的 1 樓出售陶器，塔內其他地方不對外開放。

▼ 鑄幣塔。

Info

地址：**1111 AA, Burgwallen-Nieuwe Zijde, The Netherlands**
交通：乘搭路面電車，在 **Muntplein** 站下車
電話：+31 202514900

鬱金香迷必逛 辛格爾花市
Singel Bloemenmarkt

地圖 P.119

辛格爾花市自 1862 年起營運，光是花店的設計與擺設已經令人目不暇給。除了售賣各式鮮花及園藝用具外，也有荷蘭特產鬱金香花球。如打算購買鬱金香花球作手信，切記要考慮出入境檢查的問題，因各國海關或會因防疫問題而拒絕遊客攜帶植物過境，為免麻煩，可考慮到機場的紀念品店選購已通過檢疫的或在花市購買附有檢疫證明書的花球。

Info

地址：Singel 610-616, Amsterdam,
　　　The Netherlands
交通：乘搭 1、2 或 5 號路面電車，
　　　在 **Singel** 站下車，
　　　步行約 2 分鐘
時間：09:00-19:00
電話：+31 206257222
網址：**stinsflowermarket.com**

▼ 辛格爾花市。

基本資料　住宿　阿姆斯特丹　鹿特丹

向印象派致敬 梵高博物館

地圖 P.119

Vincent van Gogh Museum

梵高是荷蘭著名的印象派畫家，著名作品包括「鳶尾花」及「向日葵」。位於阿姆斯特丹的梵高博物館，展出了數百幅梵高的油畫及素描作品，包括著名的梵高「自畫像」，並設有語音導賞服務。博物館根據畫家不同的創作時期展出相關的畫作，從中可看到梵高創作的變化。

Tips

梵高不同時期繪畫的作品有什麼特點？

梵高在荷蘭時，作品調子以灰色為主，後來遷居巴黎，畫作色彩比較鮮明，移居法國南部後，在陽光充沛的法國南部，作品調子以黃色為主；當他開始出現精神問題，需要進入精神病院時，畫作色調較柔和，到自盡前的一段時間，作品盡顯其不安的心情。

遊遊 11 國省錢品味遊 Easy Go!‧歐洲

Info

地址：**Stadhouderskade 55, 1072 AB Amsterdam, The Netherlands**
交通：乘搭路面電車，在 **Van Baerlestraat** 站下車
時間：09:00-18:00（開放時間隨日子變動，請參考官網）
費用 **$**：€ 22（HK$ 189），18 歲以下人士免費
電話：+31 205705200
網址：**www.vangoghmuseum.nl**
備註：博物館有免費 WiFi

Miffy 粉絲必逛 Miffy 專賣店

地圖 P.119

De Winkel Van Nijntje

Miffy 是荷蘭最具代表性的卡通人物，初時以嬰孩用品為主，後來 **Miffy** 愈來愈受歡迎，陸續推出各式各樣的精品，並成功將產品擴展至全球各地。這家在阿姆斯特丹的 **Miffy** 專賣店，專售荷蘭獨有的 **Miffy** 精品。

▶ Miffy 專賣店。

Info

地址：**Scheldetraat 61, Amsterdam, The Netherlands**
交通：乘搭路面電車，在 **Scheldestraat** 站下車
時間：星期一 11:30-18:00，星期二至五 10:00-18:00，星期六 10:00-18:00，星期日 12:00-18:00
電話：+31 20664 8054
網址：**www.dewinkelvannijntje.nl**

花香四散 里斯鎮的庫肯霍夫花園

Lisse Keukenhof Garden

庫肯霍夫花園（意即廚房花園）又稱歐洲花園佔地 32 平方米，有 600 萬多株植物。每年的 3 月至 5 月是里斯的花卉節，著名的鬱金香展覽就在這兒舉行，遍地的鬱金香花田，實在蔚為奇觀，不少遊客亦是為了看鬱金香慕名而來的。

Info

地址：**Stationsweg 166-A 2161 AM Lisse, The Netherlands**
時間：**2024 年 3 月 21 日 -5 月 12 日** 08:00-19:30(每年開放日子不同，詳情請見官方網頁)
費用 **$**：成人 € 18 (HK$ 145) 4-17 歲兒童 € 8 (HK$ 64)
電話：+31 252465555
網址：**www.keukenhof.nl**

Rotterdam

鹿特丹是阿姆斯特丹以外荷蘭最大的都市，位於萊茵河支流的交匯處，是歐洲的第一大港口，同時是一個具豐富歷史的城市。市內有很多現代感十足的橋樑、摩登建築，而海上的船隻更是鹿特丹的特色。第二次世界大戰時，鹿特丹被德軍轟炸，全市盡毀。鹿特丹人由零開始，重建鹿特丹，各種別具風格的建築湧現，被認為是現代建築的實驗場。從阿姆斯特丹乘搭火車到鹿特丹，需時約 1 小時。

▼ 鹿特丹交通卡。

ov-chipkaart

鹿特丹景點地圖

圖例

景點	飲食	銀行	地鐵站
購物	酒店	公園	火車站

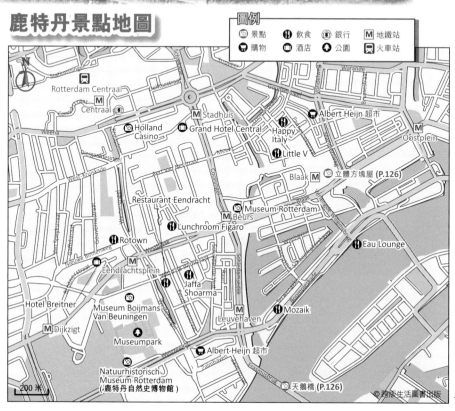

Rotterdam Centraal
Centraal
Holland Casino
Stadhuis
Grand Hotel Central
Albert Heijn 超市
Oostplein
Happy Italy
Little V
Blaak　立體方塊屋 (P.126)
Restaurant Eendracht
Museum Rotterdam
Beurs
Lunchroom Figaro
Rotown
Eau Lounge
Eendrachtsplein
Jaffa Shoarma
Hotel Breitner
Museum Boijmans Van Beuningen
Mozaik
Leuvehaven
Dijkzigt
Museumpark
Albert Heijn 超市
Natuurhistorisch Museum Rotterdam
(鹿特丹自然史博物館)
天鵝橋 (P.126)

200 米

© 跨版生活圖書出版

125

遨遊 11 國省錢品味遊 Easy Go!．歐洲

鹿特丹地標 天鵝橋 *Erasmusbrug* 地圖 P.125

　　天鵝橋是鹿特丹最大的地標，為了紀念 15 世紀鹿特丹哲學家伊拉斯默思而命名為 Erasmusbrug。此橋由班梵貝爾 (Ben van Berkel) 設計，於 1996 年建成，全長 800 米、高 139 米，中央只有一座鐵塔支撐全橋，在市中心沿海一帶都能清楚看見。

▶ 夜景也很漂亮。

▲ 天鵝橋。

Info

地址：Erasmusbrug, Rotterdam,
　　　The Netherlands
交通：乘搭地鐵，在 Leuvehaven
　　　站下車，步行約 4 分鐘

搶眼球景點 立體方塊屋 *De Kijk-Kubus* 地圖 P.125

　　穿梭於荷蘭的大街小巷，不難發現各種奇形怪狀、設計別具一格的建築物，其中以位於鹿特丹市中心的立體方塊屋最搶眼球。這外形獨特的建築物由荷蘭建築師皮耶特布隆設計，於 1978 年興建。方塊屋主要作為住宅用途，其中一間屋開放予遊客參觀。

▶ 別樹一格的立體方塊屋。

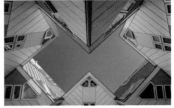
◀ 從下往上拍照像萬花筒一樣。

Info

地址：Overblaak 70, 3011 MH Rotterdam,
　　　The Netherlands
交通：乘搭地鐵，在 Blaak 站下車
時間：11:00-17:00
休息：1 月 1 日、12 月 25 日
費用 $：一般 € 3 (HK$ 24)
　　　　4-12 歲兒童 € 1.5 (HK$ 12)
　　　　學生及長者 € 2(HK$ 16)
電話：+31 104142285
網址：www.kubuswoning.nl

世界遺產 小孩堤防風車群
Mill Network at Kinderdijk-Elshout

小孩堤防風車群是荷蘭唯一可以一次過看到19座風車的地方，1997年被列為世界遺產，是遊鹿特丹必看的景點。這兒有餐廳及紀念品小商店，還有自行車租借服務，供遊客騎車欣賞風車群的風光。此外，遊客可參觀其中一座風車，從風車往外看小孩堤防的草原，別有一番風味。

▼可供遊客參觀的風車。

▼小孩堤防風車群被列為世界遺產。

Info

地址：Nederwaard 1, Kinderdijk, The Netherlands
交通：鹿特丹火車站 (Rotterdam Centraal) 乘地鐵往 Zuidplein 站，轉乘 90 號巴士，在 Molenkade 站下車
時間：(3 月 -10 月) 約 9:00-17:30；
　　　(11 月 -12 月) 約 10:30-16:00
休息：12 月 25 日
費用 $ ：(風車博物館) 成人 € 19 (HK$ 163)，
　　　　4-12 歲兒童 € 8 (HK$ 69)
電話：+31 786912830
網址：www.kinderdijk.com

Tips
風車群的特別節目
　　每年 7 月和 8 月的星期六，以及荷蘭國王誕辰紀念日，風車群裏 19 座風車會一起運轉。9 月第二個星期，堤防的風車群在晚上全部亮燈，十分漂亮。每年 5 月第二個星期六則是荷蘭全國的風車日，全部 19 座風車上會懸掛荷蘭國旗，且免費開放。

我遊故我在

　　盛行享樂主義的荷蘭人，好像用不着為明天憂慮。荷蘭有着鮮明又極端的形象，好比天堂與地獄。白天有世外桃源的大自然景色，美景花田、鬱金香、風車群；晚上人們沉醉在色情與毒品的世界。荷蘭好比一個「藝術家」，大膽創新，不受約束。在荷蘭，每個人都享有極大的自由，只要你願意承擔後果，想做什麼就做什麼。來到荷蘭，可以放開平日的規條和束縛，做個「自由人」。

荷蘭足跡

Day 13

　　抵達荷蘭前，除了風車，我對這個國家其實認識不深。抵達後，首先發覺荷蘭的年輕男生都高高瘦瘦，面孔俊俏。白天的荷蘭，整齊而色彩繽紛的建築，予人乾淨清新的感覺。這城市，比我想像之中還要美。

　　晚上，大伙兒在一家有足球賽事直播的餐廳用餐，大家投入「足球狂熱」的氣氛之中。晚餐後，走訪著名的紅燈區，沿途有不少性博物館，入夜後的阿姆斯特丹，竟是如此的自由、開放。紅燈區那些衣着性感的女郎，在紅燈照亮的格子型房間搔首弄姿，務求吸引顧客。對女性遊客來說，感覺是新奇有趣，遠多於色情。可惜，紅燈區不許拍攝。在紅燈區第一次看見「偷竊之手」，幸好我們及時發現，才成功避過一劫。

　　除了著名的紅燈區及性博物館外，在水壩廣場一帶，不難發現出售大麻蛋糕的 Coffee Shop。雖然，在荷蘭吸食大麻是合法的，經過多番掙扎，最後還是不敢嘗試合法吸食「毒品」的滋味。

　　過去一星期在倫敦都沒有上線，來到這裏，很高興旅舍有免費WiFi，還有多個公共浴室及洗手間，無需輪流洗澡。不知不覺，明天是旅程的第14天，時間過得真快。

Day 14

這家 Hostel 除了房間環境不錯外，免費的自助早餐亦十分豐富。吃過早餐後，大伙兒就出發了，今天的行程主要在阿姆斯特丹市內遊覽，首站是安妮之家，這間博物館暫時是這趟歐洲之旅最得我心的一間，滿有驚喜。這間有故事的博物館，內容集中，讓人能夠完全消化。博物館內暗淡的燈光、狹窄的通道，令人深深體會到被困在不見天日的屋裏的不安。能參觀這間博物館，好滿足。

下午回 Hostel 稍作休息，面對着窗外寧靜的荷蘭街道寫明信片，好寫意！之後，在阿姆斯特丹市中心閒逛，晚上到一家餐館一邊用餐一邊看球賽。

Day 15

大清早起來，乘巴士到鹿特丹風車村。在綠油油的草地、蔚藍的天空映襯下的風車群，顯得很美。這是歐洲之旅第一次到郊外，很舒服，如果太陽不猛烈會更好。

短暫的荷蘭之旅於今天結束，荷蘭實在是一個多姿多彩的國家。既有墮落的一面，又有令人身心舒暢的郊外，還有充滿藝術氣息的建築物。總括來說，這次的荷蘭之旅確實令人滿意。

路上有感

來到歐洲，放下了繁瑣的日常生活，很容易就察覺我們平常沒有好好花時間栽培跟家人或朋友的感情。在匆忙之中，似乎錯過了許多。不論你是單身、戀愛中，還是已婚，旅途中，總有一個人教你特別想念。

在途上，一人獨處時，有時需要一個可以依靠的肩膀。每次看到浪漫醉人的美景，心想：如果他在這兒就好了。每到一個城市，會記掛着買什麼紀念品給他，找到 WiFi，希望第一時間跟他連繫上，分享旅途上的點滴。當空間分隔着彼此，對方只存活在自己的幻想之中，一切都是夢幻而美好的。

我們常抱怨身邊的人不夠好，只因相處的時間久了，發現了對方無數的缺點，而把對方的優點視為理所當然。世上畢竟沒有完美的人，但願我們都不用到了失去的時候才懂得珍惜。

Part 6

德國 Germany

德國是歐盟中數一數二的經濟體系，也是個有藝術氣質和富有活力的發達國家，經濟、文化、藝術、運動，或工業出口等都十分蓬勃。德國的建築，既夢幻又現代化，新天鵝堡令德國得到「童話王國」的稱號，同時柏林的新力中心、聯邦議會大樓等，成功將柏林打造成「未來都市」。德國的飲食文化也極具特色，著名的德國香腸、豬手，以及啤酒，深受全球各地的人喜愛。德國亦是一部立體的歷史書，從首都柏林的歷史遺跡中，能夠窺看當年納粹德國對全球現今政治、經濟所帶來的深遠影響。

首都：柏林 Berlin

電壓：230V 50Hz

插頭：雙腳圓孔

語言：德語

時差：比香港慢 7 小時
（3 月至 10 月比香港慢 6 小時）

流通貨幣：歐元（€）

貨幣面值：紙幣分為 €5、€10、
€20、€50、€100、
€200、€500，硬幣分
為 €1、€2、1 cent、2
cent、5 cent、10 cent、
20 cent、50 cent、
€1 等於 100 cent

電話區號：德國國際區號 49
柏林城市區號 30
科隆城市區號 221
慕尼黑城市區號 89

緊急電話：警察 110；救護車 112；
消防 112

特產：瓷器、皮革

美食：豬手、香腸、啤酒

手信購買熱點：各大百貨公司及超級
市場，如 Kaufhof、
Karstadt

商店營業時間：09:00/10:00-20:00，
星期六 09:00/10:00-
13:00，星期日及公
眾假日休息

月份	平均氣溫（攝氏）	平均降雨量（毫米）
1	-3	41
2	-3	33
3	2	33
4	9	40
5	15	53
6	17	76
7	20	61
8	19	65
9	15	50
10	10	42
11	3	47
12	-3	49

月份	節慶 / 活動（舉辦日期）
3 月	科隆狂歡節與嘉年華（Kölner Karneval）（2024 年 3 月 9-10 日）www.koelnerkarneval.de
7 月	弗里堡葡萄農節（Winzerfest）（2023 年 7 月 6 日 -11 日）www.weinfest.freiburg.de
8 月	戴德斯海姆葡萄酒宴（Deidesheimer Weinkerwe）（2023 年 8 月 11 日 -14 日，18 日至 21 日）www.deidesheimerhof.de/de/home/deidesheimer-hoffest
8 月 - 9 月	斯圖加特酒村節（Stuttgarter Weindorf）（2023 年 8 月 30 日 -9 月 10 日）www.stuttgarter-weindorf.de
9 月	博帕德葡萄酒節（Bopparder Weinfest）（2023 年 9 月 21 日 -25 日及 9 月 26 日 -10 月 1 日）bit.ly/3YVwy12
9 月	上韋瑟爾葡萄酒市場（Oberweseler Weinmarkt）（2023 年 9 月 7 日 -11 日）bit.ly/3EgeYvo
9 月 - 10 月	慕尼黑十月節 / 啤酒節（Oktoberfest）（2023 年 9 月 16 日 -10 月 3 日）www.oktoberfest.de/en

2024	2025	
1 月 1 日	1 月 1 日	新年
1 月 6 日	1 月 6 日	主顯日
3 月 29 日	4 月 18 日	耶穌受難日
3 月 31 日	4 月 20 日	復活節
4 月 1 日	4 月 21 日	復活節星期一
5 月 1 日	5 月 1 日	勞動節
5 月 9 日	5 月 29 日	耶穌升天節
5 月 19 日	6 月 8 日	五旬節
5 月 20 日	6 月 9 日	聖靈降臨節
5 月 30 日	6 月 19 日	聖體日
8 月 15 日	8 月 15 日	聖母升天日
10 月 3 日	10 月 3 日	德國統一日
10 月 31 日	10 月 31 日	宗教改革紀念日
11 月 1 日	11 月 1 日	諸聖節
11 月 20 日	11 月 19 日	贖罪日
12 月 25 日	12 月 25 日	聖誕節
12 月 26 日	12 月 26 日	聖誕節第二天

如何前往德國？

從香港出發

　　現時香港沒有直飛德國柏林的航班，遊客須於法蘭克福乘內陸機或其他交通工具前往柏林；而提供由香港直飛法蘭克福航班的只有德國漢莎航空和國泰航空。

　　除了乘搭直航飛機往德國，也可以選擇需要轉機的航班。

> 德國漢莎航空：www.lufthansa.com
> 國泰航空：www.cathaypacific.com

由香港直飛地點	需時	機票價錢
法蘭克福	約 11 小時	HK$13,727 起

從歐洲其他國家出發

　　如果讀者正身處歐洲某國家，欲前往德國國內的城市，如柏林、法蘭克福、慕尼黑、科隆及漢堡等，可以選擇乘搭飛機、鐵路及巴士。

1. 飛機

　　在歐洲各國乘搭飛機往德國法蘭克福所需時間約 1-3 小時，各國所需時間分別如下：

出發地	所需時間
法國巴黎；英國倫敦；奧地利維也納	約 1.5 小時
意大利羅馬；荷蘭阿姆斯特丹	約 1.5-2 小時
西班牙馬德里	約 2.5 小時

2. 鐵路

　　包括 EC (Eurocity) 國際特快車、EN(Euro Night) 特快夜車、CNL(City Night Line) 豪華臥鋪夜車、國內特快車、ICE(Intercity Express) 德國高速新幹線、TGV(Train à Grande Vitesse) 法國特快車、CIS(Cisalpino) 意大利特快車及 Thalys 西北高速列車。

　　由荷蘭阿姆斯特丹乘 ICE 至科隆約 3.5 小時；法國巴黎至法蘭克福及慕尼黑 (乘 TGV) 分別約 4.5 小時及 6 小時；捷克布拉格至柏林及慕尼黑 (乘 EC) 分別約 5 小時及 6.5 小時。

> RAILEUROPE：www.raileurope.com

3. 巴士

　　遊客可在出發前購買 FlixBus 車票周遊列國。有關 FlixBus app 可參閱 P.50。

　　以下是乘搭巴士前往德國柏林、漢堡及法蘭克福的大約時間：

> FlixBus：global.flixbus.com

出發地	前往各地所需時間		
	柏林	漢堡	法蘭克福
法國巴黎	13.5 小時	11.5 小時	9.5 小時
荷蘭阿姆斯特丹	10 小時	6.5 小時	7 小時
匈牙利布達佩斯	14 小時	20.5 小時	17 小時

德國國內交通

航空

　　德國可説是歐洲航空貨運的中樞，現時有四個主要的國際機場，分別是法蘭克福 (Frankfurt Airport)、柏林勃蘭登堡國際機場 (Berlin Brandenburg Airport)、漢堡國際機場 (Hamburg Airport)，慕尼黑國際機場 (Munich Airport)，其中法蘭克福是德國最大的機場，也是歐洲空中交通重要的樞紐，連接國際多條航線。

　　由法蘭克福乘飛機往柏林或慕尼黑約 1 小時，有關由德國各機場飛往國內城市及歐洲各國的航班資料，可瀏覽有關機場的網頁。

法蘭克福機場：www.frankfurt-airport.de
柏林勃蘭登堡國際機場：www.berlin-airport.de
漢堡國際機場：www.hamburg-airport.de
慕尼黑國際機場：www.munich-airport.de

德國鐵路 Deutsche Bahn/ German Railways

　　簡稱 DB，除了提供 IC (InterCity) 國內特快車往德國國內各大城市外，還有 IRE 快車 (Interregio-Express) 及科隆與漢堡之間的特快車 MET (Metropolitan Express Train)。

德國鐵路 Deutsche Bahn：int.bahn.de/en

德國火車證 German Rail Pass

German Rail Pass Consecutive(連續使用)

1 個月內可使用天數	成人				16-27 歲青年	
	頭等車廂		二等車廂		頭等車廂	二等車廂
	1 人	2 人同行	1 人	2 人同行		
3 天	€ 255 (HK$ 2,193)	€ 433 (HK$ 3,723)	€ 191 (HK$ 1,643)	€ 325 (HK$ 2,795)	€ 205 (HK$ 1,763)	€ 153 (HK$ 1,316)
4 天	€ 290 (HK$ 2,494)	€ 493 (HK$ 4,240)	€ 217 (HK$ 1,866)	€ 369 (HK$ 3,173)	€ 232 (HK$ 1,995)	€ 174 (HK$ 1,496)
5 天	€ 320 (HK$ 2,752)	€ 543 (HK$ 4,670)	€ 240 (HK$ 2,064)	€ 408 (HK$ 3,509)	€ 256 (HK$ 2,202)	€ 192 (HK$ 1,651)
7 天	€ 373 (HK$ 3,208)	€ 636 (HK$ 5,470)	€ 279 (HK$ 2,399)	€ 474 (HK$ 4,076)	€ 299 (HK$ 2,571)	€ 223 (HK$ 1,918)
10 天	€ 452 (HK$ 3,887)	€ 769 (HK$ 6,613)	€ 329 (HK$ 2,829)	€ 560 (HK$ 4,816)	€ 362 (HK$ 3,113)	€ 263 (HK$ 2,262)
15 天	€ 662 (HK$ 5,349)	€ 1,057 (HK$ 9,090)	€ 452 (HK$ 3,887)	€ 769 (HK$ 6,613)	€ 497 (HK$ 4,274)	€ 362 (HK$ 3,113)

*2023 年價格

German Rail Pass Flexi(1個月內自由選擇日子)

1個月內可使用天數	成人				16-27 歲青年	
	頭等車廂		二等車廂		頭等車廂	二等車廂
	1 人	2 人同行	1 人	2 人同行		
3 天	€ 269 (HK$ 2,313)	€ 456 (HK$ 3,922)	€ 201 (HK$ 1,729)	€ 342 (HK$ 2,941)	€ 215 (HK$ 1,849)	€ 162 (HK$ 1,393)
4 天	€ 305 (HK$ 2,623)	€ 519 (HK$ 4,463)	€ 229 (HK$ 1,969)	€ 389 (HK$ 3,345)	€ 244 (HK$ 2,098)	€ 183 (HK$ 1,574)
5 天	€ 337 (HK$ 2,898)	€ 573 (HK$ 4,928)	€ 253 (HK$ 2,176)	€ 430 (HK$ 3,698)	€ 270 (HK$ 2,322)	€ 202 (HK$ 1,737)
7 天	€ 393 (HK$ 3,380)	€ 669 (HK$ 5,753)	€ 294 (HK$ 2,528)	€ 499 (HK$ 4,291)	€ 315 (HK$ 2,709)	€ 235 (HK$ 2,021)
10 天	€ 502 (HK$ 4,317)	€ 854 (HK$ 7,344)	€ 366 (HK$ 3,148)	€ 622 (HK$ 5,349)	€ 402 (HK$ 3,457)	€ 293 (HK$ 2,520)
15 天	€ 691 (HK$ 5,943)	€ 1,175 (HK$ 10,105)	€ 502 (HK$ 4,317)	€ 854 (HK$ 7,344)	€ 553 (HK$ 4,756)	€ 402 (HK$ 3,457)

i www.bahn.com/en/view/offers/passes/german-rail-pass.shtml

*2023 年價格

柏林市內交通：巴士、地鐵

　　柏林市內的交通非常方便，幾乎所有景點都可以搭地鐵或公車抵達，市內的交通主要分為 A、B、C 三區，交通工具選擇包括巴士、地鐵 (U-Bahn、S-Bahn)、Tram(路面電車) 及 RE(Regional Express)，地鐵和巴士的售票系統與地點是相同的。車票分為短途票 (Kurzstrecke 不限收費區，但不可多過 3 個站)、單程票 (Einzeltickets，有 3 款)、一日任乘票 (Tageskarte)、7 日票 (7-Tage-Karte) 及月票 (Monatskarten)，遊客也可購買 THE BERLIN PASS、Berlin Welcome Card 和 Berlin CityTour Card，除了包含車票外，部分景點及博物館有門票優惠。

i 柏林公共交通系統 BVG Es lebe Berlin：www.bvg.de

遊客省錢通行證

1. The Berlin Pass

成人 2 日票	€ 99 (HK$ 798)
兒童 2 日票	€ 52 (HK$ 419)
成人 3 日票	€ 119 (HK$ 959)
兒童 3 日票	€ 62 (HK$ 500)

網址：www.berlinpass.com

2. Berlin City Tour Card

種類	AB 區	ABC 區
2 天	€ 20(HK$172)	€ 25(HK$215)
3 天	€ 30(HK$258)	€ 35(HK$301)
4 天	€ 40(HK$344)	€ 45(HK$387)
5 天	€ 43(HK$340)	€ 48(HK$413)
6 天	€ 45(HK$387)	€ 49(HK$421)

網址：www.citytourcard.com/en

3. Berlin Welcome Card

種類	No public transport	Tariff area ABC
48 小時	€ 79(HK$679)	€ 89(HK$765)
72 小時	€ 95(HK$817)	€ 109(HK$937)
4 天	€ 105(HK$903)	€ 129(HK$1,109)
5 天	€ 119(HK$1,023)	€ 149(HK$1,281)
6 天	€ 139(HK$1,195)	€ 169(HK$1,453)

網址：www.berlin-welcomecard.de/en

4. Berlin Welcome Card + 博物館島通行證

種類	AB 區	ABC 區
72 小時	€ 53 (HK$ 456)	€ 56 (HK$ 482)

德國住宿

Maritim proArte Hotel Berlin

星級	4 ★
免費WiFi	✓
含早餐	X
房間獨立浴室	✓
入住時間	15:00
退房時間	12:00

地圖 P.137

Info
- 地址：Friedrichstraße 151, Mitte, 10117 Berlin, Germany
- 交通：地鐵 Friedrichstraße 站下車，步行約 3 分鐘
- 房價：€ 287 (HK$ 2,468) 起
- 電話：+49 03020335
- 網址：www.maritim.com/en/home

Hotel Adlon Kempinski

星級	5 ★
免費WiFi	X
含早餐	X
房間獨立浴室	✓
入住時間	15:00
退房時間	12:00

地圖 P.137

Info
- 地址：Unter den Linden 77, 10117 Berlin, Germany
- 交通：火車或地鐵 Brandenburger Tor 站下車，步行約 1 分鐘
- 房價：€ 435 (HK$ 3,741) 起
- 電話：+49 3022610
- 網址：www.kempinski.com/en/berlin/hotel-adlon/

慕尼黑

Hotel Drei Löwen

星級	4 ★
免費WiFi	✓
含早餐	X
房間獨立浴室	✓
入住時間	14:00
退房時間	11:00

地圖 P.152

Info
- 地址：Schillerstrasse 8, 80336 München, Germany
- 交通：由慕尼黑中央車站 (München Hbf) 步行約 3 分鐘
- 房價：€ 90 (HK$ 774) 起
- 電話：+49 089551040
- 網址：www.hotel3loewen.de

Hotel Europäischer Hof

星級	3 ★
免費WiFi	✓
含早餐	X
房間獨立浴室	✓
入住時間	14:00
退房時間	11:00

地圖 P.152

Info
- 地址：Bayerstraße 31, 80335 München, Germany
- 交通：由慕尼黑中央車站 (München HbF) 步行約 1 分鐘
- 房價：雙人房€ 100(HK$ 860) 起
- 電話：+49 89551510
- 網址：www.heh.de

科隆

Hotel Chelsea

星級	3 ★
免費WiFi	✓
含早餐	X
房間獨立浴室	✓
入住時間	15:00
退房時間	13:00

Info
- 地址：Dr. Peters GmbHJülicher Straße 1D-50674, Köln, Germany
- 交通：乘搭地鐵，在 Rudolf Pl. 站下車，步行約 3 分鐘
- 房價：€ 66 (HK$ 568) 起
- 電話：+49 221207150
- 網址：www.hotel-chelsea.de

THE MIDTOWN HOTEL Köln

星級	4 ★
免費WiFi	✓
含早餐	✓
房間獨立浴室	✓
入住時間	15:00
退房時間	12:00

Info
- 地址：Kaiser-Wilhelm-Ring 48,50672 Köln, Germany
- 交通：乘搭地鐵，在 Christoph Str. 站下車，步行約 3 分鐘
- 房價：€ 117 (HK$ 1,006) 起
- 電話：+49 221 139 85-0
- 網址：themidtownhotel.de

柏林景點

Berlin

柏林始建於 1237 年，曾是著名的歐洲古都，1871 年普魯士首相卑斯麥統一德國並定都柏林。二次大戰時，柏林是德國納粹黨希特拉的大本營，1945 年納粹德國戰敗後，柏林遭前蘇聯、美國、英國和法國分區佔領及管治，德國分為東德和西德，柏林也分為東柏林和西柏林，至 1990 年 10 月 3 日，東西德統一，東、西柏林合併為一個城市，1991 年 6 月德國聯邦議院通過將柏林定為德國統一後的首都和政府所在地。今日的柏林是歐洲的旅遊勝地，古典和現代建築群互相映襯，充分展現了德意志的建築藝術。

Tips

柏林市中心免費 WiFi 點

只要透過 Vodafone Hotspotfinder 搜尋免費 WiFi 服務，在該處連接 KD WLAN Hotspot+ 或 30 Min Free WIFI，即可免費使用數據服務 30 分鐘。

play.google.com/store/apps/details?id=com.kabeldeutschland.hotspotfinder&hl=en

360 度視野 柏林電視塔 *Berlin Fernsehturm* 地圖 P.137

德國柏林電視塔外表有點像上海的東方明珠塔。這座高 365 米、屬歐洲第二高的電視塔建築，以前是東柏林的地標，現已成為遊客必到的景點。登上塔頂，可欣賞柏林市中心的景致。另外，電視塔內有一間旋轉餐廳 Sphere，可 360 度欣賞柏林的美景，星期三至六 19:00 還有現場鋼琴演奏，需另購門票。

Info

地址：**Panoramastraße 1A, 10178 Berlin, Germany**
交通：乘搭地鐵 (U-Bahn)U2、U5 或 U8 線，在 **Alexanderplatz** 站下車，步行約 4 分鐘
時間：(3 月至 10 月)09:00-23:00，(11 月至 2 月)10:00-23:00
費用：成人€ 24.5 (HK$ 211)，4 至 16 歲兒童€ 14.5 (HK$125)，4 歲以下免費
電話：+49 302475875
網址：**www.tv-turm.de**

▶ 柏林電視塔。

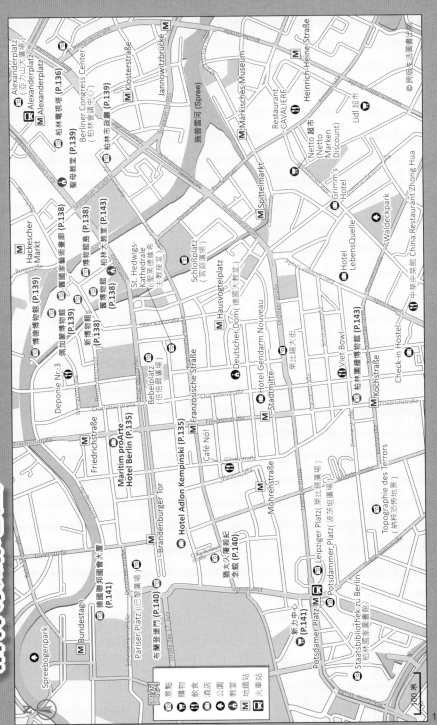

柏林景點地圖

Alexanderplatz
（亞力山大廣場）
M Alexanderplatz

柏林電視塔 (P.139)

Berliner Congress Center
（柏林會議中心）

M Klosterstraße

聖母教堂

柏林市政廳 (P.139)

施普雷河 (Spree)

Jannowitzbrücke

M Märkisches Museum

Restaurant
CAVALIERE

Heinrich-Heine-Straße

Lidl 超市

Netto 超市
(Netto
Marken
Discount)

Grimm's
Hotel

Waldeckpark

Hackescher
Markt

舊國家藝術畫廊 (P.138)

博物館島 (P.138)

柏林大教堂 (P.143)

St. Hedwigs-
Kathedrale
（聖黑德維希
主教座堂）

Schloßplatz
（宮庭廣場）

M Spittelmarkt

Hotel
LebensQuelle

中華中菜館 China-Restaurant Zhong Hua

博德博物館 (P.139)

佩加蒙博物館 (P.139)

新博物館 (P.138)

舊博物館
(P.138)

Deponie Nr.3

Bebelplatz
（倍倍爾廣場）

Französische Straße

M Hausvogteiplatz

Deutscher Dom
（德國大教堂）

M Deutscher Gendarm Nouveau

萊比錫大街

M Stadtmitte

Viet Bowl

柏林圍牆博物館 (P.143)

M Kochstraße

Check-in Hostel

M Friedrichstraße

Maritim proArte
Hotel Berlin (P.135)

Friedrichstraße

Café Nö!

Hotel Adlon Kempinski (P.135)

Brandenburger Tor

Glinkastraße

Mohrenstraße

Topographie des Terrors
（納粹恐怖世界）

德國聯邦國會大廈
(P.141)

Pariser Platz（巴黎廣場）

布蘭登堡門 (P.140)

Leipziger Platz（萊比錫廣場）

Potsdamer Platz（波茨坦廣場）

Spreebogenpark

M Bundestag

蘇太大屠殺紀
念館 (P.140)

新加中心
(P.141)

Potsdamer Platz M

Staatsbibliothek zu Berlin
（柏林國家圖書館）

圖例

景點　購物　飲食　酒店　公園　教堂
　　　　　　　　　　　　地鐵站　火車站

100 米

137

世界文化遺產 博物館島 *Museumsinsel* 地圖 P.137

　　博物館島被施普雷河 (Spree) 包圍着，島上有五間世界級的博物館及數間規模較小的博物館，這個小島於 1999 年被列入世界文化遺產。五座世界級博物館，包括舊博物館、新博物館、舊國家藝術畫廊、佩加蒙博物館及博德博物館。

▲ 博物館島被列入世界文化遺產。

Info

地址：Bodestraße 10178, Berlin, Germany
交通：乘搭地鐵 (S-Bahn) S5、S7、S75 線，在 Hackescher Markt 站下車，步行約 5 分鐘
費用：博物館 3 天通行證成人€ 32 (HK$ 275)，學生及長者€ 16 (HK$ 138)，18 歲以下免費
電話：+49 30266424242　|　網址：www.smb.museum/en/

◆ 舊博物館 *Altes Museum*

　　舊博物館是整個博物館島最早建成的博物館，建於 1823-1830 年間，由建築師 Karl Friedrich Schenkel 設計。建築物正面有 18 根並列的圓柱，是古典主義建築風格的傑作；館內的藏品以古希臘羅馬時期的藝術和雕塑作品為主，如凱撒大帝與克麗奧佩特拉的畫像、豪華石棺、馬賽克圖案、濕壁畫及埃及木乃伊等，還有古埃及娜芙蒂蒂 (Queen Nefertiti) 女王像。

Info

地址：Am Lustgarten, 10178 Berlin, Germany
時間：星期二至日 10:00-18:00
休息：星期一
費用 $：成人€ 10 (HK$ 81)，學生及長者€ 5 (HK$ 40)，18 歲以下免費

◆ 新博物館 *Neues Museum*

　　新博物館建於 1841 年，二次世界期間毀於戰火，1997 年重修。館內收藏了埃及博物館的珍寶、紙莎草藝術系列、原始社會時期及部分古希臘羅馬時期的藝術品，展品陳列方式新穎，歷經千年，範圍從遠東到亞特蘭大、從北非到斯堪的納維亞，涵蓋歐亞史前文化和古代文化，範圍之廣，展品數量之多，前所未見。

▼ 新博物館。

Info

地址：Bodestraße, 10178 Berlin, Germany
時間：星期一至日 10:00-18:00
費用 $：€ 14 (HK$ 121)，學生及長者€ 7(HK$ 61)，18 歲以下免費

◆ 舊國家藝術畫廊 *Alte Nationalgalerie*

　　舊國家藝術畫廊建於 1867-1876 年，二次大戰時遭破壞，重建後成為德國 19 世紀繪畫的收藏館。畫廊外觀及內部建有特色的階梯，館內主要展出印象派畫家的作品，包括馬內、莫內、雷諾瓦等。

▲ 舊國家藝術畫廊。

Info

地址：Bodestraße, 10178 Berlin, Germany
時間：星期二至日 10:00-18:00
休息：星期一
費用 $：成人€ 12(HK$ 103)，學生及長者€ 6(HK$ 52)，18 歲以下免費

佩加蒙博物館 *Pergamonmuseum* ....

　　佩加蒙博物館是一間考古學博物館，收藏了古希臘羅馬時代及古中東的珍貴文物，館內分為古代收藏館、中東館和伊斯蘭藝術館，所有展品都極具觀賞性，尤以佩加蒙神壇 (Pergamonaltar) 較搶眼球，注意神壇現正進行維修，博物館內部分展館亦因受影響而關閉，其餘展館照常開放。

▲佩加蒙博物館。

Info

地址：**Bodestraße, 10178 Berlin, Germany**
時間：星期一至日 09:00-19:00，(星期四至 20:00)
費用 **$**：€ 12 (HK$ 97)，學生及長者€ 6 (HK$ 48)，18 歲以下免費

博德博物館 *Bode Museum* ....

　　博德博物館位於博物館島的北面，緊鄰施普雷河，建築物外形像一艘破水而出的大船。館內有三個國際級的藏品系列，包括雕塑藏品系列、拜占庭藝術館和錢幣陳列室，另外還有兒童藝術畫廊。展品之中，以古希臘羅馬晚期的石棺和石棺殘片、拜占庭宮廷藝術品馬賽克聖像等都值得一看。

▼博德博物館。

Info

地址：**Am Kupfergraben, 10117 Berlin, Germany**
時間：星期二至日 10:00-18:00
休息：星期一
費用 **$**：成人€ 12 (HK$ 97)，學生及長者€ 6 (HK$ 48)，18 歲以下免費

最古老教堂 聖母教堂　地圖 P.137
St. Marienkirche / St. Mary's Church

　　聖母教堂是柏林市內最古老的教堂，頂部的尖塔是銅綠色的，早於 1294 年就有文獻記載。教堂內有名為「死之舞」的濕壁畫，寓意在生命終結時人人平等。

▲聖母教堂。

Info

地址：**Karl-Liebknecht Straße 8, Berlin, Germany**
交通：乘搭地鐵 **(U-Bahn)**U2、U5 或 U8 線，在 **Alexanderplatz** 站下車，步行約 5 分鐘
時間：10:00-16:00
費用 **$**：導賞團€ 5 (HK$ 40)
電話：+49 3024759510
網址：**www.marienkirche-berlin.de**

滿佈歷史痕跡 柏林市政廳　地圖 P.137
Rotes Rathaus / Berlin City Hall

　　柏林市政廳建於 1861 年到 1869 年之間，具意大利文藝復興風格。二次大戰時遭受盟軍轟炸，損毀嚴重，於 1951 年至 1956 年修復。重建後的柏林市政廳位於蘇聯佔領區內，成為東柏林市政廳。東西德統一後，1991 年 10 月 1 日，統一的柏林市政府正式遷入，並在這兒辦公。

▼柏林市政廳是文藝復興風格建築。

Info

地址：**Rathausstraße, 10178 Berlin, Germany**
交通：乘搭地鐵 **(U-Bahn)**U2 線，在 **Klosterstraße** 站下車，步行約 3 分鐘
時間：星期一至五 09:00-18:00
費用 **$**：免費 ｜ 電話：+49 3090260
網址：**www.berlin.de/rbmskzl/service/rotes-rathaus/**

和平的勝利 布蘭登堡門 地圖 P.137
Brandenburger Tor / The Brandenburg Gate

　　布蘭登堡門於 1791 年建成，高 26 米、寬 65.5 米、深 11 米，紀念普魯士在七年戰爭中取得勝利。柏林分裂期間，布蘭登堡門的所在地是英國佔領區與蘇聯佔領區的交接處，將東西柏林分隔。布蘭登堡門由 12 根多克柱式立柱支撐着平頂，東西兩側各有 6 根愛奧尼柱式雕刻，前後立柱之間為牆，將門樓分隔成五個大門，正中間的通道是王室成員的通道。門頂中央高處有一尊勝利女神銅製雕塑，值得觀賞。

▲ 布蘭登堡門，是新古典主義風格的歷史建築物。

Info

地址	**Pariser Platz 1 10117 Berlin, Germany**
交通	乘搭地鐵 (**U-Bahn**)U55 線或 (**S-Bahn**)S1、S2、S25 線，在 **Brandenburger Tor** 站下車
費用 **$**	免費
電話	**+49 3025002333**
網址	**bit.ly/3YQ7Lvv**

德國的懺悔 猶太人大屠殺紀念館 地圖 P.137
Stiftung Denkmal für die ermordeten Juden Europas

　　猶太人大屠殺紀念館是全球第一個二次大戰戰敗國在其首都心臟地段公開展示這段罪惡歷史的紀念館。紀念館由 2,711 塊混凝土紀念石碑組成，佔地近 2 萬平方米，紀念 600 萬名慘遭屠殺的猶太人。紀念館內公開展示了一個個的灰色長方體，象徵當時被殺猶太人的棺木。

Info

地址	**Cora-Berliner-Straße 1, 10117 Berlin, Germany**
交通	乘搭地鐵 (**U-Bahn**)U55 線或 (**S-Bahn**) S1、S2、S25 線，在 **Brandenburger Tor** 站下車
時間	10:00-16:00 (12 月 24 日至 26 日、12 月 31 日至 16:00)
休息	星期一
費用 **$**	免費
電話	**+49 302639430**
網址	**www.stiftung-denkmal.de**

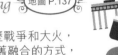

新舊融合 聯邦國會大廈 *Deutscher Bundestag* 地圖 P.137

　　德國聯邦國會大廈是柏林市具有悠久歷史的建築物，過去曾經歷戰爭和大火，也經過多次的整修，1999 年英國建築大師 Sir Norman Foster 採用新舊融合的方式，使國會大廈再展魅力。國會大廈樓高 40 米，中央的玻璃圓拱頂，及其螺旋式樓梯是整座大廈的最大特色，站在螺旋梯級上，仿如置身科幻電影中。大廈頂層有餐廳，可一邊進餐，一邊欣賞周邊的景色，記得預約。

Info

地址：**Platz der Republik 1,
11011 Berlin, Germany**
交通：乘搭地鐵
(U-Bahn)U55 線，在
Bundestag 站下車
時間：星期一至五 (4 至 10 月)
09:00-18:00，(11 至 3 月)
09:00-17:00；星期六日
假期 (4 至 10 月)10:00-
17:00，(11 至 3 月)10:00-
16:00，入場需預先在官
網預約
費用 **$**：免費
電話：+49 3022732152/ +49
3022735908
網址：**www.bundestag.de/en**

◀▲ 德國聯邦國會大廈。

柏林大型購物商場 新力中心 *Sony Center* 地圖 P.137

　　位於柏林波茨坦廣場 (Potsdamer Platz) 的新力中心，設計充滿未來色彩，尤以廣場的玻璃纖維頂棚最具特色，晚上從遠處看，亮着燈的頂棚頓時像日本的富士山，充滿日本風。置身廣場中央的水池旁或咖啡廳，仿如走進未來國度。新力中心共有六座複合式的大樓，有商店、餐廳、會議中心、豪宅、辦公室，還有柏林電影藝術博物館、電影院及 IMAX 劇場。此外，Sony Style 旗艦店及 LEGO Land 也進駐這兒。

把大家都
把腳放進
水池裏。

◀

◀ 新力中心。

Info

地址：**Bahnhof Berlin Potsdamer
Platz Potsdamer Platz, 10784
Berlin, Germany**
交通：乘搭地鐵 (U-Bahn)U2 線，在
Potsdamer Platz 站下車
電話：+49 3025751603
網址：**www.das-center-am-
potsdamer-platz.de/en**

基本資料 住宿 柏林 波茨坦 科隆 波恩 慕尼黑 福森

📷 牆毀才能團圓 柏林圍牆 *Gedenkstätte Berliner Mauer*

　　柏林圍牆全長約 155 公里，高 3-4 米，於 1961 年開始建造，至 1989 年拆毀，德國才恢復統一。冷戰期間，柏林圍牆原址有三處檢查站，分別在波茨坦廣場 (Potsdamer Platz) 和查理檢查站 (Checkpoint Charlie) 之間、施普雷河 (Spree) 沿岸的東城畫廊 (East Side Gallery) 及 Bernauer 街北部，允許西柏林人進入東柏林。別忘了到地鐵 Nordbahnhof 站參觀 Border Stations and Ghost Stations in Divided Berlin 展覽。昔日柏林圍牆的碎片可在紀念品商店購買，還可在網上買到。

◀ 在柏林圍牆的「海關關員」可給你發往東柏林的「簽證」。

▲ 通往東柏林的「簽證」。

◀ 柏林圍牆的展覽。

Info

地址：	Bernauer Straße 111/119, 3355 Berlin, Germany
交通：	乘搭地鐵 (U-Bahn)U8 線，在 Bernauer Strasse 站下車，步行約 5 分鐘
時間：	圍牆 08:00-22:00；遊客中心及文獻中心星期二至日 10:00-18:00
費用 $ ：	免費
電話：	+49 30 213085-123
網址：	bit.ly/3FfWzil

📷 圍牆塗鴉 東城畫廊 *East Side Gallery*

　　柏林圍牆被拆毀後，現時只餘下幾小段，並成為德國人塗鴉的園地。現存柏林圍牆最長的一段位於施普雷河岸 (Spree) 的奧伯鮑姆橋 (Oberbaumbrücke) 附近，長約 1,300 米。1990 年為慶祝兩德統一，德國政府邀請全球 100 多位藝術家在牆上作畫，這兒就被稱為東城畫廊。2009 年柏林圍牆倒塌 20 周年時，曾重新修繕大部分的作品。

◀ 柏林圍牆上的塗鴉作品。

Info

地址：	Mühlenstraße (near Oberbaumbrücke), 10243 Berlin, Germany
交通：	乘搭地鐵 (U-Bahn) U1 線，在 Warschauer Strabe 站下車，步行約 5 分鐘
時間：	全年開放 ｜ 費用 $ ：免費
電話：	+49 302517159
網址：	www.eastsidegallery-berlin.com

冷戰集體回憶 柏林圍牆博物館

Museum Haus am Checkpoint Charlie

地圖 P.137

　　柏林圍牆博物館位於昔日東、西柏林邊境的查理檢查站旁。館內展出了柏林分裂時期的真實歷史記錄，環境氣氛以黑白為主調，將這段黑暗的歷史完整地呈現出來，其中最特別的展品是一部改裝的車，昔日是用來偷運逃往西柏林的人，讓人深深感受到當時東柏林人民的惶恐與無助。

Info

地址：**Friedrichstraße 43-45, D-10969 Berlin-Kreuzberg, Germany**
交通：乘搭地鐵 **(U-Bahn)U6** 線 **Kochstraße** 站步行 1 分鐘；或 **(U-Bahn)U2** 線，在 **Stadtmitte** 站下車，步行約 3 分鐘
時間：09:00-22:00
費用 $ ：成人€ 17.5 (HK$151)，7-18 歲€ 9.5 (HK$ 82)，學生€ 11.5 (HK$ 99)，6 歲以下免費
電話：+49 302537250
網址：**www.mauermuseum.com**

▲ 今日的查理檢查站。

▲ 柏林圍牆博物館門票。

環保建築新體現 Mercedes-Benz Arena

　　Mercedes-Benz Arena(原名 :O$_2$ World)，外觀充滿夢幻感，是柏林大型多功能室內運動及娛樂場地，在東城畫廊對面，場館可容納 17,000 人。頂部及外牆充分體現了 21 世紀的環保潮流，能減少能源消耗；屋頂上的綠化帶有助散熱，減少碳排放。場館現時主要用作冰上曲棍球、籃球、手球等比賽，同時也是演唱會等大型表演的場地。

Info

地址：**Muehlenstr.12-30, 10243 Berlin, Germany**
交通：乘搭地鐵 **(U-Bahn)U1** 線，在 **Warschauer Strabe** 站下車，步行約 5 分鐘
時間：星期一至六 **09:00-18:00**
網址：**www.mercedes-benz-arena-berlin.de/en**

▲ Mercedes-Platz。

新巴洛克建築 柏林大教堂 *Berliner Dom*

地圖 P.137

Info

地址：**Am Lustgarten 1, 10178 Berlin, Germany**
交通：乘搭地鐵 **(S-Bahn)** S5、S7、S9、S75 線，在 **Hackescher Markt** 站下車，步行約 6 分鐘
時間：星期一至五 10:00-18:00，星期六 10:00-17:00，星期日及公眾假期 12:00-17:00(10月至 3 月開放至 19:00)
費用 $ ：成人€ 10 (HK$ 86)，家庭套票 (最多 3 名兒童)€ 10 (HK$ 86)
電話：+49 3020269136
網址：**www.berlinerdom.de**

　　柏林大教堂外觀富麗堂皇，以前是王室專用的教堂。教堂內的拱頂由 Anton v. Werner 設計，上有 8 幅畫描述使徒的生活 (Eight Dom Mosaics)；主殿 (Chancel) 金碧輝煌，這兒可欣賞玻璃彩繪，彩繪描述了基督誕生、受難和復活。每年 7-8 月，教堂有管風琴音樂會。

▼ 柏林大教堂。

波茲坦景點

Potsdam

波茲坦在柏林的西南部，田園風光明媚，有很多普魯士的遺跡。今日的波茲坦市處處都是花園、公園和宮殿，已被列入世界文化遺產名錄。由柏林前往波茲坦，乘地鐵 (S-bahn) 需半小時。

▼波茲坦街景。

📷 普魯士大帝夏宮 無憂宮　地圖 P.145

Schloss Sanssouci / Sanssouci Palace

無憂宮建於 18 世紀，於 1990 年被列為世界文化遺產，是普魯士國王腓特烈二世的夏宮。當年腓特烈二世對凡爾賽宮極之嚮往，於是下令建造這座宮殿。遊客可參加無憂宮的宮殿導覽團 (成人 € 22，HK$ 189)，約 30 分鐘的導覽團帶領遊客遊覽主宮殿的畫廊、寢室、書房、客房、大廳等。另外，宮殿範圍內其他景點或需另外收費，詳情請見宮網。

▼無憂宮。

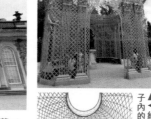

◀宮殿前兩旁的階梯狀葡萄園。

▲◀綠色的亭子、以及亭子內的雕像。

144

無憂公園 *Park Sanssouci*

　　無憂公園採用英式庭園的設計，中央園區種了不少梯狀的樹，花園放了不少羅馬遺跡的複製品，還有大風車、噴水池、中國茶室等建築，充滿異國情調。

▲位於花園中央的噴水池。

◀花園內放滿了不同的雕像。

Info

無憂宮
地址：Maulbeeralle 14469 Potsdam, Germany
交通：**Potsdam Park Sanssouci** 火車站，轉乘 695 號巴士，在無憂宮售票處下車
時間：**宮殿** (4 月至 10 月) 星期二至日 08:30-17:30；(11 月至 3 月) 08:30-16:30
休息：星期一
費用 $：**宮殿**成人€ 22(HK$ 189)，家庭套票 (最多 4 名兒童) € 49(HK$ 421)(已包括 Audio Guide)
電話：+49 3319694200
網址：www.spsg.de/en/palaces-gardens/object/sanssouci-palace

波茲坦景點地圖

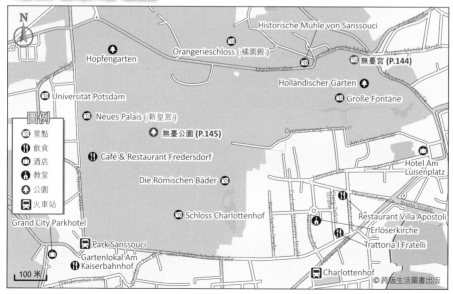

© 跨版生活圖書出版

科隆景點

Köln

> 科隆是德國西部最大及較古老的城市，科隆的英文名稱是 Cologne，德文名稱是 Köln 或 Koeln。公元 50 年是羅馬帝國其中一個城市，科隆還保留了部分羅馬時代的古蹟、中世紀部分城牆和城門。由柏林往科隆，乘 ICE 需時約 4、5 小時；或乘搭 CNL(豪華臥鋪夜車)，需時約 6 小時。

▼ 冰涼的德國啤酒。

Tips

Köln Card

遊覽科隆時，建議購買 Köln Card，可 24 小時免費乘搭科隆市內的交通工具，同時在 50 個景點購票或飲食享有高達 50% 的折扣優惠。

地址：購票 Kölner Verkehrs-Betriebe(KVB) 公交站客戶服務中心或自動購票機

費用：**24 小時**單人票 € 9 (HK$ 73)，5 人票 € 19 (HK$ 153)；**48 小時**單人票 € 18 (HK$ 145)、5 人票 € 38 (HK$ 306)

電話：+49 22122130400

網址：www.cologne-tourism.com/book-buy/koelncard

科隆公共交通系統 VRS 網址：www.vrsinfo.de

▲ 科隆市街景。

科隆景點地圖

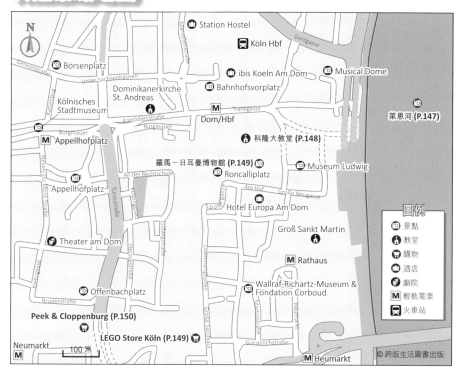

- Station Hostel
- Köln Hbf
- Börsenplatz
- ibis Koeln Am Dom
- Musical Dome
- Dominikanerkirche St. Andreas
- Bahnhofsvorplatz
- Kölnisches Stadtmuseum
- M Dom/Hbf
- 萊恩河 (P.147)
- M Appellhofplatz
- 科隆大教堂 (P.148)
- 羅馬－日耳曼博物館 (P.149)
- Museum Ludwig
- Roncalliplatz
- Appellhofplatz
- Hotel Europa Am Dom
- Theater am Dom
- Groß Sankt Martin
- M Rathaus
- Offenbachplatz
- Wallraf-Richartz-Museum & Fondation Corboud
- Peek & Cloppenburg (P.150)
- LEGO Store Köln (P.149)
- Neumarkt
- M
- 100 米
- M Heumarkt

圖例
- 🅸🅾 景點
- ✝ 教堂
- 🛍 購物
- 🏨 酒店
- 🎭 劇院
- M 輕軌電車
- 🚉 火車站

© 跨版生活圖書出版

河上風光 萊茵河 *Rhein*　地圖 P.147

　　萊茵河是歐洲第三大河流，全長 1,320 公里，發源於瑞士境內的阿爾卑斯山脈，流經瑞士、奧地利、德國、法國、荷蘭等國家，在德國則流經科隆、波恩等城市。現時萊茵河是世界航運其中一條繁忙的河流，與多條運河，如多瑙河、塞納河、羅納河、易北河等相通，形成四通八達的歐洲水上航運網。據說，萊茵河流經的土壤，在其上種植的葡萄能釀製出高質素的葡萄酒。遊客可乘搭觀光船，欣賞萊茵河沿途的風光和景點。

Info

Panorama Round Trip Cologne
航程時間：1 小時
啟航時間：10:30 /12:00 /13:30 /15:00
　　　　　/16:30 /18:00
費用 $：成人 € 15 (HK$ 129)
　　　　4-13 歲兒童 € 8 (HK$ 69)
電話：+49 2212088318
網址：www.k-d.com

▶萊茵河。

📷 世界文化遺產 科隆大教堂 （地圖 P.147）

Der Kölner Dom/Cologne Cathedral

科隆大教堂是全德國最大的教堂，建於 1248-1880 年間，是中世紀哥德式建築中的傑作。教堂面積達 7,000 平方米，兩側各有高 157 米的塔，已被列入世界文化遺產。大教堂內有很多藝術品：包括彩色玻璃繪畫、奧托 (Ottonen) 王朝時期 (公元 970 年) 的戈羅十字架 (Gero Kreuz)、最古老的西方大型雕塑、三聖王聖龕 (1180-1225 年)、萊茵瑪斯蘭式鍛金藝術作品、施特凡‧洛赫納 (Stephan Lochner) 的科隆守護神祭壇 (約 1450 年)、科隆畫派的傑作和管風琴等。

◄▼ 科隆大教堂，莊嚴宏偉。

▼ 登上教堂塔頂，在樓梯間的窗戶，可看到科隆市美麗的景色。

Info

地址：**Margarethenkloster 550667 Köln, Germany**

交通：科隆火車站 **(Köln Hbf)** 步行約 3 分鐘

時間：(教堂)06:00-20:00
   (高塔)1 月至 2 月 09:00-16:00
     3 月至 4 月 09:00-17:00
     5 月至 9 月 09:00-18:00
     10 月 09:00-17:00
     11 月至 12 月 09:00-16:00
   (寶物館)10:00-18:00

費用 $：(教堂) 免費；
   (高塔) 成人 € 6(HK$ 52)，
     學生及兒童 € 3(HK$ 26)
   (寶物館) 成人 € 6(HK$ 52)
     學生 € 3(HK$ 26)
   另設高塔及寶物館的聯票
   (成人 € 9，HK$ 77；
    學生 € 4.5，HK$ 39)

電話：+49 221 92584730

網址：**www.koelner-dom.de**

📷 文化融合的見證 羅馬—日耳曼博物館 地圖 P.147

Römisch-Germanisches Museum

▼羅馬—日耳曼博物館。

Info

地址：**Roncalliplatz 4, 50667 Köln, Germany**
交通：科隆火車站 **(Köln Hbf)** 步行 3 分鐘
時間：星期一至三 10:00-18:00，
　　　每月第一個星期四 10:00-22:00
費用：成人 € 6 (HK$ 52)，
　　　兒童及學生 € 3 (HK$ 26)
電話：+49 22122124438
網址：**www.roemisch-germanisches-museum.de/Homepage**

　　位於科隆大教堂側面的羅馬—日耳曼博物館，展出 1-5 世紀羅馬時代和古日耳曼時代的文物，包括雕塑、錢幣、玻璃器皿及羅馬時代的馬賽克鑲嵌畫等，從中可看到羅馬和日耳曼文化的融合。

📷 粉絲朝聖地 LEGO Store Köln 地圖 P.147

Der Kölner Dom / Cologne Cathedral

　　LEGO Store 的科隆店，規模不小，LEGO 玩具也很齊全，可自由組合喜愛的 LEGO 人形，買回家留念或作手信均可。

Info

地址：**HOHE STRAβE 68-82, 50667 Köln, Germany**
交通：乘搭科隆輕軌電車 1 號、7 號或 9 號線，在 **Heumarkt** 站下車
時間：星期一至六 10:00-20:00
電話：+49 2214207563
網址：**www.lego.com/zh-hk**

▼ LEGO Store 店內的 LEGO 玩具。

德國潮服 Peek & Cloppenburg

地圖 P.147

Peek & Cloppenburg 購物中心以當地服裝品牌為主,是科隆市中心購物的好去處。想添置德國潮服,這兒是不二之選。

Info

地址：Schildergasse 65-67, 50667 Köln, Germany
交通：乘搭科隆輕軌電車1號、3號、4號、7號或9號線,在 Neumarkt 站下車
時間：10:00-20:00
　　　星期日休息
電話：+49 221453900
網址：www.peek-cloppenburg.de

▲ Peek & Cloppenburg 購物中心的外形非常前衛。

科隆 必買手信

Haribo

Haribo 是德國著名的軟糖品牌,深受全球大小孩喜愛,被列為德國十大手信之一。除了受歡迎的小熊果汁味軟糖外,還有不同形狀、不同口味的糖果供選擇。桶裝 BÄRLI 軟糖€ 5.85 (HK$47),BIBA SOFTBÄR 小包裝€ 0.95 (HK$8),一般超級市場有售。

 網址：www.haribo.com

▲ Haribo 是德國著名軟糖品牌。

Bärenland

Bärenland 是德國另一著名軟糖品牌,以口味眾多為賣點,在德國、奧地利、瑞士及盧森堡均有分店。26cm 薄餅造型糖果€ 9.95 (HK$80),500g 動物軟糖€ 3.6 (HK$29)。

 網址：www.baerenland.com

▲德國另一著名軟糖品牌 Bärenland。

波恩是一座有 2000 多年歷史的古城，位於萊茵河中游兩岸，距離科隆約 21 公里，是 1949 年至 1990 年西德的首都，今日已成為蜚聲國際的經濟和文化大都會，聯合國 16 個辦公機構及眾多國際組織都進駐波恩。由柏林乘飛機往波恩，航程約 1 小時，由波恩乘火車往科隆約 45 分鐘。

動人樂章 貝多芬故居 *Beethoven-Haus* 地圖 P.151

這座由貝多芬故居改建而成的博物館，樓高三層，收藏了多份由貝多芬所創作的樂譜手稿，同時亦展出他生前曾用過的樂器。地下樓層設有貝多芬生平影片放映室，出口旁有紀念品店，可找到很多貝多芬所創作的交響樂唱片及樂譜。博物館櫥窗放着滿面愁容的貝多芬像，深深表現出貝多芬多愁善感的一面。

▼貝多芬故居。

Tips

貝多芬被稱為「樂聖」，出身於德國波恩，曾創作出多首舉世知名的交響樂曲，後期深受耳患所困擾，甚至完全失聰，雖完全失去聽力，貝多芬依然能憑其音樂天才，譜出流芳百世的優美樂曲。

Info

地址：**Bonngasse 18-26, D-53111 Bonn, Germany**
交通：由波恩中央車站 (**Bonn Hauptbahnhof**) 步行約 10 分鐘
時間：星期三至一 10:00-18:00
　　　星期二只對預約團隊開放
費用 $：成人 € 12 (HK$ 103)、學生及兒童 € 7 (HK$ 60)
電話：+49 2289817525
網址：**www.beethoven-haus-bonn.de**

波恩景點地圖

© 跨版生活圖書出版

151

慕尼黑景點

München

慕尼黑是德國第三大城市，這兒有約 50 間博物館，眾多教堂和塔樓等古建築，還有 40 多間劇院。除此之外，慕尼黑的啤酒聞名於世，被稱為「啤酒之都」。由柏林往慕尼黑乘 ICE 需時約 6.5 小時 (另有臥鋪夜車約 9 小時)；或往福森約 2 小時。

◀蓉腸。配德國香薯

◀酒地國。道必來試到啤的德

www.muenchen.de

慕尼黑景點地圖

N

München Hauptbahnhof

Eden Hotel Wolff

Arnulfstraße

Hauptbahnhof

Bayerstraße

Karlsplatz (Stachus)

Karlsplatz (卡爾廣場)

Karlstor (卡爾門)

聖母教堂 (P.153)

Marienhof

Hotel Europäischer Hof (P.135)

München Karlsplatz

新市政廳 (P.153)

瑪麗恩廣場 (P.153)

arthotel munich

Hotel Drei Löwen (P.135)

Hotel Deutsches Theater

Lemar

München Marienplatz

Münchner Stadtmuseum

Kreuzkirche

Sultan Backparadies

Mongo's

St.-Jakobs-Platz

Max Pett

Hotel Kraft

Sendlinger Tor

Hotel Mariandl

Acanthushotel

Beethovenplatz

carat-hotel

200 米

© 跨版生活圖書出版

圖例

- 🅾 景點
- 🏨 酒店
- 🍴 飲食
- ♠ 公園
- ⛪ 教堂
- Ⓜ 地鐵站
- 🚆 火車站

慕尼黑樞紐 瑪麗恩廣場
Marienplatz / St. Mary's Square

地圖 P.152

　　瑪麗恩廣場位於慕尼黑市的中心點及交通樞紐，廣場中央的圓柱是紀念 1638 年瑞典侵略的結束。廣場周邊有許多景點，如聖母教堂、聖彼得教堂等，只需走數分鐘可達。另外，廣場附近有許多百貨公司、餐廳、啤酒屋等，是慕尼黑市中心最熱鬧的廣場之一。

Info

地址：	Marienplatz 8 80331 München, Germany
交通：	由慕尼黑中央火車站 (München Hauptbahnhof) 步行約 15 分鐘
網址：	marienplatz.de

▲ 熱鬧的瑪麗恩廣場。

人偶表演 新市政廳
Neues Rathaus / New Town Hall

地圖 P.152

Info

地址：	Marienplatz 8 80331 München, Germany
交通：	由慕尼黑中央火車站 (München Hauptbahnhof) 步行約 15 分鐘
時間：	10:00-20:00
電話：	+49 8923396500
網址：	www.muenchen.de/ sehenswuerdigkeiten/ orte/120394.html

▼ 新市政廳。

　　位於瑪麗恩廣場的新市政廳，建於 1867-1908 年，屬新哥德式風格的建築物，其突出的高塔在市中心遠處都可看到。市政廳外牆上的壁鐘 (Glockenspiel) 每天 11:00、12:00、17:00 (夏季)，均有真人大小的人偶表演侯爵婚禮歷史劇，值得一看。

樂高迷天堂 Legoland Deutschland Resort

Info

地址：	LEGOLAND Allee, 89312 Günzburg, Bayern, Germany
交通：	在 Günzburg 火車站乘搭樂園的接駁巴士
時間：	一般 10:00-16:00，部分日子 10:00-19:00/ 20:00/ 22:00，留意官網最新的資訊
休息：	11 月初至 3 月尾
費用 $：	1 Day Ticket € 49 (HK$ 421)，網上購票有優惠
電話：	+49 180570075701
網址：	www.legoland.de/en

　　走進這個大人及小朋友都喜歡的樂高積木玩具世界，一定會樂而忘返。樂園內除了有用積木砌成的特色「景點」外，還有各種機動遊戲、設施等，如火龍城堡、武士城堡、觀景台、LEGO 影院等，全部外形都是 LEGO 積木形狀。樂園裏有很多餐廳、小食和甜品店，可吃飽再玩樂。

福森景點

Fussen

> 　　福森位於慕尼黑西南方，與奧地利接境，是個千年小鎮，處處都是名勝古蹟，也是歐洲製造小提琴的發源地。四周被森林及湖泊環繞，德國人常到此渡假。從慕尼黑乘火車前往福森，車程約 2 小時。

📷 童話王國 新天鵝堡 （地圖 P.155）

Schloss Neuschwanstein / Neuschwanstein Castle

　　新天鵝堡、童話街道……使德國得到了「童話王國」的美譽。新天鵝堡建於峭壁及河谷之上 200 米，於 1869-1886 年間興建，是全世界的人夢想中童話世界的實景，連迪士尼的睡公主城堡也參照了新天鵝堡的設計。當年路德維希二世 (King Ludwig II of Bavaria) 非常喜歡理察 • 華格納的歌劇《羅恩格林》，城堡的名字來自歌劇中的天鵝騎士。可惜，城堡直至路德維希二世去世仍未完成，國王無緣目睹自己的夢想成真。

遨遊 11 國省錢品味遊 Easy Go!‧歐洲

▼高天鵝堡 / 舊天鵝堡（**Schloss Hohenschwangau**）。

◀ 新天鵝堡。

Info

地址：**Alpseestraße 12, D-87645 Hohenschwangau, Germany**

時間：(4 月至 10 月中旬)09:00-18:00
　　　(10 月中旬至 3 月)10:00-16:00

休息：1 月 1 日、12 月 24 日、25 日、31 日

費用 **$**：€ 15 (HK$ 129)，18 歲以下免費

交通：在 **Fussen** 火車站乘巴士往 **Hohenschwangau** (城堡售票處)，由售票處步行往新天鵝堡入口，約 30 分鐘；或乘搭 73 及 78 號巴士；另外，可在 **Hotel Müller** 乘搭馬車 (上山€ 8、HK$ 69；下山€ 4、HK$34)

電話：+49 8362930830

網址：**www.neuschwanstein.de**

📷 新天鵝堡觀景台 瑪麗恩橋

Marienbrücke / Mary's Bridge

地圖 P.155

▼從橋上可看到新天鵝堡周圍的景色。

Info

地址：Hohenschwangau, Bavaria, Germany

交通：在 **Fussen** 火車站乘巴士往 **Hohenschwangau**（城堡售票處），由售票處步行前往約 30 分鐘

瑪麗恩橋在新天鵝堡附近，可說是新天鵝堡觀景台，在橋上可以欣賞這座美麗的城堡，據説路德維希二世生前非常喜歡在橋上觀看新天鵝堡。此外，在橋上還可觀看郝恩修瓦高城 (Schloss Hohenschwangau)，即舊天鵝堡的全貌。由於吊橋是中空的，下面可看到幽深的山谷，畏高者要小心。

▲瑪麗恩橋就在這兒。

福森景點地圖

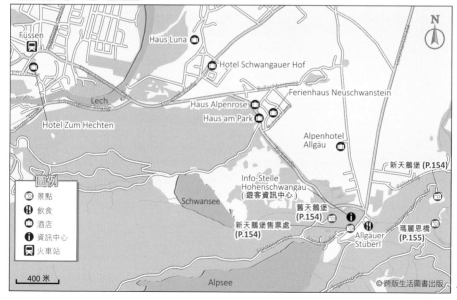

Füssen

Haus Luna

Hotel Schwangauer Hof

Lech

Ferienhaus Neuschwanstein

Haus Alpenrose

Haus am Park

Hotel Zum Hechten

Alpenhotel Allgäu

新天鵝堡 (P.154)

圖例

📷 景點
🍴 飲食
🏨 酒店
ℹ 資訊中心
🚃 火車站

Schwansee

Info-Stelle Hohenschwangau（遊客資訊中心）

舊天鵝堡 (P.154)

新天鵝堡售票處 (P.154)

Allgäuer Stüberl

瑪麗恩橋 (P.155)

400 米

Alpsee

©跨版生活圖書出版

基本資料　住宿　柏林　波茲坦　科隆　波恩　慕尼黑　福森

我遊故我在

除了被德國華麗的建築與大自然風光所吸引外，柏林歷史遺跡之旅亦為我帶來很大的衝擊與震撼。二次大戰後出生的香港人，戰爭似乎很遙遠，一般都是從課本上認識到相關的歷史。這次德國之旅，正好補充我這個理科生對世界歷史的無知。在納粹德國的統治、冷戰期間之下，德國在歷史上扮演着凶殘與無情的角色。今日的我們在把精神和心思都放在物質的追求，不應忘記自由的可貴。願，世界和平。

德國足跡

Day 16-17

由於訂不到預定的火車票，我們只好提早離開德國。在新天鵝堡和LEGOLAND之中，必須放棄其中一個景點。最後，我們選擇了前者。老實說，對於LEGO迷的我，去不了LEGOLAND的確有點失望。

今天重點是去科隆大教堂。科隆大教堂的塔頂，同樣要走台階，共有500多級呢！一路上參觀了不同的教堂、鐘樓、燈塔，似乎已習慣了走樓梯。不過科隆大教堂的樓梯，每一級也很高，上到頂部時人有點累，但我倒很享受運動後身體筋疲力盡的感覺。

Day 18

參觀波恩的貝多芬故居後，大伙兒就四處亂逛，想感受一下德國人的生活。下午在一間有足球賽事直播的餐廳用膳，一邊喝着Mojito，一邊看球賽。為了補償去不了LEGOLAND的遺憾，我們在科隆的LEGO專門站逛了好久，買了不少紀念品回港。

Day 19

柏林的第一站先去一個戶外市集，這市集沙塵滾滾，像第三世界國家的地方。後來到了紀念柏林圍牆的一個戶外藝術畫廊，太陽不算猛烈，沿着圍牆行走也很舒服。這裏的畫作延伸不斷，每幅作品各有故事。參觀柏林圍牆遺跡後，去了圍牆博物館，博物館的牆上寫滿了有關德國柏林圍牆一段又一段的事跡，可以藉此更深入了解德國的歷史。參觀過後，明白到這「血染的圍牆」從建成到被推倒，如何改變德國，甚至是全世界今天的命運。之後，路過新力中心商場，由於天氣實在太熱，很多人把腳放進水池中解暑。我也試着把腳放進去，嘩，好舒服啊。雖然不知道這樣做是否於禮不合，但來到歐洲，當然要融入下當地人的生活啦。

Day 20

今天終於吃到地道的德國豬手了，豬手真的好大啊！用手拿起來覺得很重，只需 € 5（HK$ 44）左右，實在太便宜了！今天參觀的無憂宮是參照凡爾賽宮而建造的，感覺像是凡爾賽宮的翻版，主宮殿的門票已包含了 Audio guide 的費用，可一邊聽介紹，一邊觀賞，比只是參觀宮殿的華麗布置更能使人明白背後的故事。

繼在英國機場過夜後，今晚大伙兒在列車上過夜。夜行列車的座位很寬敞，椅背能大幅度的往後靠。既有冷氣，又寧靜，晚上大概睡得不錯吧。當旅程過了一半，時間仿似過得愈來愈快，有點捨不得歐洲了。

Day 21

果然如此！在火車上睡覺很舒服，車廂左搖右擺，比在 Hostel 睡得還要好。不過，坐着睡覺，雙腳難免有點麻痺。基本上算是睡得不錯了，睡了約 7 小時，醒來時感覺精神不錯。

今天到慕尼黑參觀新天鵝堡，前往郝恩修瓦高的火車旅途，又熱又焗，令人很難受，好想睡卻睡不着。說到華麗，新天鵝堡當然遠遠不及法國的凡爾賽宮，但我個人比較喜歡新天鵝堡，因其設計較人性化，不單單是一件藝術品。新天鵝堡位於高山上，即使是夏天，常有涼風陣陣，還有草地及無數的小房子，我喜歡。晚上吃地道的德國菜，有豬手加德國香腸。餐後回旅館各自洗澡，大伙兒買了零食和啤酒互訴心事。酒精，讓人放開束縛，一杯到肚子，人人都毫無顧忌地訴心事。哈，今晚又喝啤酒了。好像來到德國後的每一天都在喝，我們真的完全投入了德國人的生活。

出門旅行的目的是擴闊眼界或放鬆心情，而買手信可說是旅遊不可或缺的一部分。任何人都想將異國的美好留住，帶回家或跟朋友分享。但不知從何時起，旅遊變成了應酬、社交的重要元素，分享旅遊經驗，成為社交打開話匣子的方法，手信也變成拉攏別人的方法。

認識我的人，知道我最討厭旅行買手信。因為我從來都不認同旅行必定要買手信，亦堅持不濫發劣質手信。反而，我喜歡給朋友寄明信片，因為事隔多年，你送的手信很少人能想起，唯獨附有文字的明信片，人們都保存。10 年、20 年過後，拿出來看，勾起了旅途上一切美好的回憶。

Part 7

意大利 Italy

意大利是個旅遊大國,光是跑著名的景點,已足夠充實七天的旅程,而城市與城市之間亦各有特色,讓人目不暇給。對於歐洲或是對意大利毫無認識的人,出發前一定聽過羅馬鬥獸場、比薩斜塔、大衛像、意大利粉、意式咖啡等;對於了解她的人,她的時裝、歷史、建築、藝術等都讓人深深着迷。由於北極的冰不斷的融化,有指威尼斯會在不久的將來長眠於水裏。對於水城威尼斯的沉沒,有很多不同的說法。也許,最美麗的一切往往都是如此短暫。

首都：羅馬（Rome）

語言：意大利語、斯洛文尼亞語、法語

流通貨幣：歐元 (€)

貨幣面值：紙幣分為€ 5、€ 10、€ 20、€ 50、€ 100、€ 200、€ 500，硬幣分為€ 1、€ 2、1 cent、2 cent、5 cent、10 cent、20 cent、50 cent；€ 1 等於 100 cent

電壓：220-230V 50Hz

插頭：二圓孔和三孔圓孔

時差：比香港慢 7 小時 (3 月至 10 月比香港慢 6 小時)

電話區號：意大利國際區號 39；梵蒂岡 / 羅馬城市區號 06；米蘭城市區號 02；西恩那城市區號 0577；威尼斯城市區號 041；佛羅倫斯城市區號 055；比薩城市區號 50

緊急電話：警察 113；救護車 113；消防 115

特產：時裝、面譜

美食：意大利粉、薄餅、咖啡、雪糕

手信購買熱點：威尼斯的路邊攤

商店營業時間：08:30-13:00，15:30-19:30，星期日和國定假日休息；超市雜貨店冬季星期三下午休息，夏季星期六下午休息

羅馬天氣

月份	平均氣溫（攝氏）	平均降雨量（毫米）
1	7	74
2	8	87
3	10	79
4	14	62
5	18	57
6	22	38
7	27	6
8	30	23
9	24	66
10	17	123
11	13	121
12	9	92

公眾假期

2024	2025	
1 月 1 日	1 月 1 日	新年
1 月 6 日	1 月 6 日	主顯日
3 月 31 日	4 月 20 日	復活節
4 月 1 日	4 月 21 日	復活節星期一
4 月 25 日	4 月 25 日	意大利解放日
5 月 1 日	5 月 1 日	勞動節
6 月 2 日	6 月 2 日	國慶日
8 月 15 日	8 月 15 日	聖母升天日
11 月 1 日	11 月 1 日	諸聖節
12 月 8 日	12 月 8 日	聖母無染原罪瞻禮日
12 月 25 日	12 月 25 日	聖誕節
12 月 26 日	12 月 26 日	聖誕節第二天

節慶及重要的活動

月份	節慶 / 活動 (舉辦日期)
2 月	伊芙雷亞爆橘節 (Carnevale di Ivrea) (2023 年 2 月 16 日 -21 日) www.storicocarnevaleivrea.it/en/home/
2 月 -3 月	維亞雷裘嘉年華或托斯卡尼花車遊行 (Carnevale di Viareggio) (2024 年 2 月 3 日 -24 日) viareggio.ilcarnevale.com
	威尼斯嘉年華 (Carnevale di Venezia) (2024 年 1 月 27 日 -2 月 13 日) www.carnevale.venezia.it/en
5 月第一個星期三至六	阿西西春會 (Calendimaggio di Assisi/ Celebration of the Holy Week in Assisi) (2023 年 5 月 3 日 -6 日) www.calendimaggiodiassisi.com
6 月	史貝婁花節 (Infiorate di Spello) (2023 年 6 月 10 日 -11 日) infioratespello.it
	比薩燈火節 (Luminara di San Ranieri) (6 月 16 日)
6 月 -8 月	維洛那歌劇節 (Arena di Verona) (2023 年 4 月 25 日 -7 月 10 日) www.arena.it
7 月及 8 月	西恩那賽馬節 (Palio di Siena) (每年 7 月 2 日、8 月 16 日)
9 月第一個星期日	威尼斯賽船節 (Regata Storica di Venezia) (2023 年 9 月 3 日) www.regatastoricavenezia.it
10 月 -11 月	松露博覽會 (Le Fiera del Tartufo) (2023 年 10 月 7 日 -12 月 3 日) www.fieradeltartufo.org

如何前往意大利？

從香港出發

香港有多家航空公司提供經由東南亞及中東轉機前往羅馬、米蘭等主要城市的航班，如乘搭阿聯酋航空往羅馬，中途在杜拜轉機；乘搭中國國航則在北京轉機。

由香港到羅馬，平均航程約 18 小時，機票由 HK$ 5,000 起，視乎航班而定。

> **i** 意大利航空：
> www.alitalia.com

從歐洲其他國家出發

如果想從歐洲某國家前往意大利國內的城市，如米蘭、羅馬、威尼斯等，可以選擇乘搭飛機、火車及巴士。

1. 飛機

在歐洲各國乘搭飛機往意大利羅馬所需時間約 1.5-4 小時，各國所需時間分別如下：

出發地	所需時間
奧地利維也納	約 1.5 小時
法國巴黎；德國法蘭克福	約 2 小時
荷蘭阿姆斯特丹；西班牙馬德里；英國倫敦	約 2.5 小時

2. 火車

包括 EC(Eurocity) 國際特快車、EN(Euro Night) 特快夜車、CNL(City Night Line) 豪華臥鋪夜車、Thello 日間或夜間列車 (法國—意大利) 及 CIS(Cisalpino) 意大利特快車。由瑞士蘇黎世及日內瓦乘 CIS(Cisalpino) 至米蘭約 4 小時；法國尼斯乘 Thello 至米蘭約 4.5-5 小時。

> **i** RAILEUROPE：www.raileurope.com

3. 巴士

如選擇乘巴士到意大利，可在出發前購買 FlixBus 車票，即可周遊列國，省錢又方便。遊客可由法國巴黎乘巴士往意大利羅馬、米蘭及佛羅倫斯，分別需時約 23 小時、14 小時及 19 小時。有關 FlixBus app 可參閱 P.50。

> **i** FlixBus：global.flixbus.com

意大利國內交通

航空

　　米蘭目前有三個國際機場，即米蘭馬爾彭薩國際機場 (Aeroporto di Milano-Malpensa)、利納特機場 (Aeroporto di Linate) 和 Orio al Serio 國際機場 (Aeroporto internazionale di Orio al Serio)，前兩者分別負責國際、國內和歐洲的航班，後者主要負責貨物運輸及特許航班。

　　羅馬也有兩個國際機場，分別是 Ciampino 國際機場 (Ciampino-Aeroporto Internazionale G.B.Pastine) 和菲烏米奇諾機場 (Leonardo Da Vinci-Fiumicino)，前者是個小機場，後者是國際機場，也是意大利重要的航空交通樞紐。

　　現時由羅馬乘飛機往米蘭、威尼斯及佛羅倫斯約 1-1.5 小時左右，有關由意大利各機場飛往國內城市及歐洲各國的航班資料，可瀏覽有關機場的網頁。

> 米蘭國際機場：www.seamilano.eu/en
> 羅馬國際機場：www.adr.it/fiumicino

意大利鐵路 Trenitalia

　　乘搭意大利鐵路可到達奧地利、法國、德國、匈牙利、斯洛文尼亞和瑞士，其高速列車，如 Frecciarossa 列車、Frecciargento 列車或 Frecciabianca 列車，連接米蘭和威尼斯、日內瓦和羅馬等城市，從日內瓦到威尼斯只需 4 小時，從羅馬至西西里的 Palermo 約 13 小時。

　　另外，透過意大利鐵路，可乘搭 IC(InterCity) 國內特快車、IR(Interregionale) 列車、ES(Eurostar) 意大利指定座快速列車、CNL(City Night Line) 豪華臥鋪夜車、CIS(Cisalpino) 意大利特快車、E(Espresso) 快車、D(Diretto) 平快車及 R(Regionale) 慢車。有關持歐洲火車證遊客的交通費用，可參看 P.10-12。

> **Tips**
> 使用歐洲鐵路意大利火車證，搭乘 Trenitalia 列車，可享受無數優惠和折扣，詳情留意官網。
> 網址：www.trenitalia.com

　　由羅馬乘火車往米蘭及佛羅倫斯，分別約 4.5 小時及 1.5 小時；由米蘭乘火車往佛羅倫斯及威尼斯，分別約 3 小時；由佛羅倫斯乘火車往米蘭、羅馬及威尼斯，分別約 3 小時、1.5 小時及 3 小時。

意大利火車證 Eurail Italy Pass

1 個月內可使用天數	成人		12-27 歲青年	
	頭等車廂	二等車廂	頭等車廂	二等車廂
3 天	€ 195(HK$1,677)	€ 153(HK$1,316)	€ 156(HK$1,342)	€ 133(HK$1,144)
4 天	€ 230(HK$1,978)	€ 182(HK$1,565)	€ 184(HK$1,582)	€ 158(HK$1,359)
5 天	€ 262(HK$2,253)	€ 207(HK$1,780)	€ 210(HK$1,806)	€ 179(HK$1,539)
6 天	€ 291(HK$2,503)	€ 229(HK$1,969)	€ 233(HK$2,004)	€ 198(HK$1,703)
8 天	€ 344(HK$2,958)	€ 271(HK$2,330)	€ 275(HK$2,365)	€ 235(HK$2,021)

*2023 年價格

> www.eurail.com/en/eurail-passes/one-country-pass/italy

羅馬市內交通

遊覽羅馬最好使用公共交通，包括地鐵、巴士和有軌電車，因為羅馬的公共汽車可以在專用的車道上通行無阻，即使是繁忙時間，公共汽車專用車道較少大塞車。另外，觀光巴士也是另一個好選擇。

1. 車票

公共交通工具的車票主要有 BIT、BIG、BTI 和 CIS，BIT 必須在 75 分鐘內使用；BIG 是日票，24 小時內任搭；BTI 是遊客票，可於 3 日內使用；CIS 是 7 日票，可於 7 日內使用。這幾種車票大部分通用於市內的公共交通工具，部分通用於火車。

2. 巴士及電車

羅馬市內的公共交通總站設於中央火車站 (Stazione Termini) 前方，巴士和電車都由 ATAC 營運，來到中央火車站後，建議先到詢問處查詢各種交通資訊。遊客可在這兒乘巴士往米蘭及羅馬市內的景點，由羅馬乘巴士往米蘭約 7.5 小時。市內的巴士和電車辦公時間一般由 05:30 至午夜，而通宵巴士約 30 分鐘一班次，一般在 00:30-05:30 時段行駛，途經中央火車站 (Stazione Termini) 或威尼斯廣場 (Piazza Venezia)。

3. 觀光巴士

觀光巴士主要有兩種，分別是 110 Open 雙層開篷巴士和 Archeobus。前者穿梭於羅馬市內的名勝古蹟，一般在 08:30-19:00 時段內行駛，48 小時票價格是€25(HK$ 202)、1 日票€ 20(HK$ 161)；後者主要行走於羅馬市中心，逢星期五至日 09:00-16:30 時段內行駛，而 24 小時票的價格是€ 20(HK$ 161)。兩款觀光巴士的持票旅客在羅馬各景點都享有門票優惠。

> ℹ️ Trambusopen: amoitaly.com/roma/110open.html

4. 地鐵

羅馬市內的地鐵路線主要分為 A、B 和 C，而鐵路公司正擴展路線。地鐵列車行駛時間一般為 05:30-23:30，周五及周六延長至 01:30。Line A 和 Line B 均以中央火車站 (Termini) 作交匯點。

> ℹ️ ATAC：www.atac.roma.it
> Metropolitana di Roma：www.romametropolitane.it

5. 遊客省錢通行證

遊客可購買 76 小時 (三日) 有效的 Roma Pass，可任乘羅馬市內 ATAC 的公共交通，包括巴士、地鐵和部分火車路線，同時可免費參觀羅馬市內兩個景點，其他景點則可享有優惠，以及使用 MET Travel Health 服務時享有優惠。

> *Info*
> 費用 **$** ：76 小時票€ 52 (HK$447)，
> 　　　　48 小時票€ 32 (HK$275)
> 網址：**www.romapass.it**

意大利住宿

Hotel Gritti Palace

星級	5 ★
免費 WiFi	✓
含早餐	X
房間獨立浴室	✓
入住時間	14:00
退房時間	12:00

地圖 P.166

Info

地址：**Campo Santa Maria del Giglio, 2467, 30124 Venezia, Italy**
交通：Santa Lucia Railway 火車站下車
房價：€ 1,565 (HK$ 13,549) 起
電話：+39 41794611
網址：www.thegrittipalace.com

Hotel Danieli

星級	5 ★
免費 WiFi	X
含早餐	X
房間獨立浴室	✓
入住時間	15:00
退房時間	12:00

地圖 P.166

Info

地址：**Riva Degli Schiavoni, 4196, 30122 Venezia, Italy**
交通：由聖馬可廣場步行約 2 分鐘
房價：€ 910 (HK$ 7,826) 起
電話：+39 415226480
網址：www.hoteldanieli.com

Hotel Concordia

星級	4 ★
免費 WiFi	✓
含早餐	X
房間獨立浴室	✓
入住時間	14:00
退房時間	12:00

地圖 P.166

Info

地址：**Calle Larga S.Marco 367, 30124 Venezia, Italy**
交通：由聖馬可廣場步行約 3 分鐘
房價：€ 280 (HK$ 2,408) 起
電話：+39 415206866
網址：www.hotelconcordia.com

佛羅倫斯

Grand Hotel Minerva

星級	4 ★
免費 WiFi	✓
含早餐	✓
房間獨立浴室	✓
泳池	✓
入住時間	15:00
退房時間	12:00

地圖 P.173

Info

地址：**Piazza Santa Maria Novella 16, 50123 Firenze, Italy**
交通：在 Firenze S.M.N 火車站步行約 5 分鐘
房價：€ 755 (HK$ 6,493) 起
電話：+39 5527230
網址：www.grandhotelminerva.com

米蘭

Hotel Brunelleschi Milan

星級	4 ★
免費 WiFi	✓ (只限某部分房間)
含早餐	✓
房間獨立浴室	✓
入住時間	14:00
退房時間	12:00

Info

地址：**Via Baracchini, 12-20123 Milan, Italy**
交通：由地鐵 3 號線 Missori 站步行 5 分鐘
房價：€ 320 (HK$2,752) 起
電話：+39 288431
網址：**hotelbrunelleschimilano. it/en/brunelleschi-hotel-milan/2**

Rosa Grand Milano

星級	4 ★
免費 WiFi	✓
含早餐	✓
房間獨立浴室	✓
入住時間	14:00
退房時間	12:00

地圖 P.198

Info

地址：**Piazza Fontana 3, Milano 20122, Italy**
交通：乘搭地鐵 1 號或 3 號線，在 **Duomo** 站下車，步行約 2 分鐘
房價：€ 324 (HK$ 2,786) 起
電話：+39 288311
網址：**collezione.starhotels. com/en/our-hotels/ rosa-grand-milan/**

羅馬

Hotel Hassler Roma

星級	5 ★
免費 WiFi	✓
含早餐	
房間獨立浴室	✓
入住時間	14:00
退房時間	12:00

地圖 P.186

Info

地址：**Piazza Trinità dei Monti 6, 00187, Roma, Italy**
交通：乘搭地鐵 B 線，在 **Spagna** 站下車，步行約 3 分鐘
房價：€ 1,214 (HK$ 10,440) 起
電話：+39 669934755
網址：**www.hotelhasslerroma. com**

The Hive Hotel

星級	4 ★
免費 WiFi	✓
含早餐	✓
房間獨立浴室	✓
入住時間	14:00
退房時間	12:00

地圖 P.186

Info

地址：**Via Torino 6, Stazione Termini, 00184 Roma, Italia**
交通：搭乘直達列車 Leonardo Express 前往羅馬特米尼，Termini 車站下車，步行約 5 分鐘
房價：€ 395(HK$3,397) 起
電話：+39 06 4041 2000
網址：**www.blueglobehotels. com/en/the-hive/**

威尼斯景點

Venezia

威尼斯是一個由 100 多個島嶼組成的意大利城市，島上共有 150 條運河，橋樑更多達數百座。作為水上之都，島上沒有任何車輛，人們不是步行，就是乘搭船隻。除了威尼斯獨有的貢多拉 (Gondola) 外，還有水上巴士 (Vaporetto) 和水上的士 (Taxi Acquei)。

ℹ️ 威尼斯市政府：www.comune.venezia.it

聖方濟會榮耀聖母教堂。

▼威尼斯。

▼貢多拉。

🏮 Tips

在水城威尼斯迷路了，怎麼辦？

威尼斯的大街小巷看起來都差不多，如發覺迷路了，可以看看四周有沒有路牌，只要找到聖馬可廣場的路牌，往廣場的方向走，便能夠找到出路。

水上巴士 Vaporetto

水上巴士航行於大運河及潟湖 (Laguna Veneta) 一些重要的水道，主要連接威尼斯本島的 32 個巴士站和其他的島嶼，船票可在巴士站的售票處購買，分為單程票和遊客觀光票。

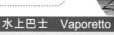

▶水上巴士站。

Info

費用 $ ：單程票€ 9.5 (HK$ 82)
　　　　遊客 1 天任乘票€ 25 (HK$ 215)
　　　　2 天任乘票€ 35 (HK$ 301)
　　　　3 天任乘票€ 45 (HK$ 387)
　　　　7 天任乘票€ 65 (HK$ 559)
網址：avm.avmspa.it/en

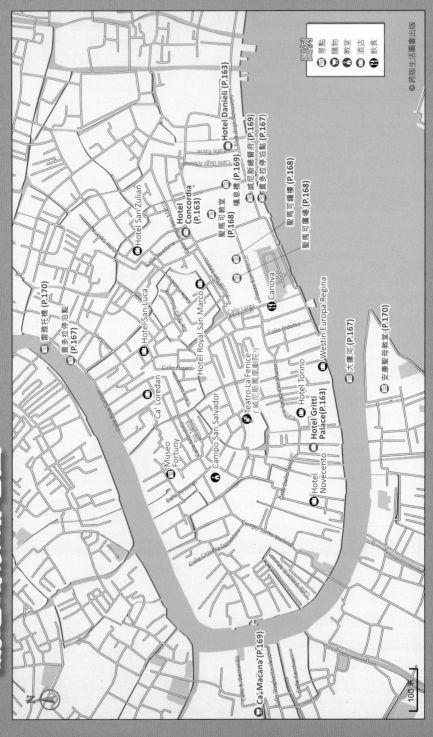

威尼斯景點地圖

圖例
景點　購物　教堂　酒店　飲食

© 跨版生活圖書出版

Hotel Danieli (P.163)

Calle degli Albanesi
Calle delle Rasse

威尼斯總督府 (P.169)
貢多拉停泊點 (P.167)

嘆息橋 (P.168)
聖馬可鐘樓 (P.168)

聖馬可教堂 (P.168)
聖馬可廣場 (P.168)

Hotel San Zulian

Hotel Concordia (P.163)

Canova

Westin Europa Regina

大運河 (P.167)

安康聖母教堂 (P.170)

雷雅托橋 (P.170)
貢多拉停泊點 (P.167)

Hotel San Luca

Hotel Royal San Marco

Calle Larga

Calle Fuseri

Ca' Loredan

Teatro La Fenice
(威尼斯鳳凰劇院)

Hotel Torino

Hotel Gritti Palace (P.163)

Museo Fortuny

Campo San Salvador

Hotel Novecento

Ca' Macana' (P.169)

100米

166

📷 貢多拉上扮貴族 大運河 *Canal Grande* 地圖 P.166

　　威尼斯有 100 多個小島和全長約 3.5 公里的大運河，而搶眼的建築物大都集中在大運河兩旁，因此在大運河上乘船遊覽威尼斯是個不錯的選擇。你可花數十至百多歐元乘坐威尼斯特色小船貢多拉 (見下文)，穿梭島上的大小運河。

▲ 威尼斯大運河的日與夜。

📷 威尼斯特色小船 貢多拉 *Gondola* 地圖 P.166

　　貢多拉以前是貴族專用，船上依然保留着絲絨座椅的設計，船夫撐船技巧熟練，還會在途上為你高歌一曲。坐在貢多拉上，欣賞運河兩旁美麗的建築物，聽着船夫的歌聲，實在是貴族般的享受。

▼坐觀光船遊威尼斯別有一番趣味。

Info

地址：威尼斯總督府 (P.169) 或雷雅托橋 (P.170) 附近的貢多拉停泊點
費用 $：全程約 20-30 分鐘，約 HK$ 305（包括導覽）
網址：www.klook.com/zh-HK/activity/3682-gondola-ride-venice/

歐洲最美麗客廳 聖馬可廣場 地圖 P.166

Piazza San Marco

聖馬可廣場曾被拿破崙形容為「歐洲最美的客廳」，分別被聖馬可教堂、大法官官邸、鐘樓及王宮這四座建築物包圍。廣場上有兩根巨型石柱，其中一根柱上有展翅欲飛的大雄獅像，大雄獅象徵聖馬可，他是威尼斯的主保聖人及象徵。巨柱之間的地方，曾是古代刑場，犯人會被吊在船塢旁，威尼斯居民盡量不走過這兩根巨柱。另外，每年2月的威尼斯面具嘉年華，聖馬可廣場人頭湧湧，非常熱鬧；晚上還有宮廷舞會。

Tips

威尼斯面具嘉年華
Carnevale di Venezia

起源於1162年，為慶祝威尼斯人(Venezia)戰勝烏爾里科人(Ulrico)而在聖馬可廣場舉辦的慶祝舞會。中古時期的歐洲階級觀念非常嚴格，宴會是貴族的活動。但在這個一年一度的面具嘉年華裏，人人都戴上美麗的面具，一起狂歡，面具嘉年華背後傳達的正是「人人平等」的意識。嘉年華通常歷時八天，每年舉辦的日子也不同，如想參加嘉年華，最好瀏覽官網最新的資訊。

網址：www.carnevale.venezia.it/en

▼原本的聖馬可鐘樓已倒場，現時的鐘樓於1902年重建。銅鐘發出的聲響，震耳欲聾。在鐘樓頂層上，可從高處欣賞聖馬可廣場華麗的景觀。

Info

地址：Piazza San Marco, 31024 Venezia, Italy
交通：乘搭水上巴士在 Vallaresso/S. Zaccaria 站下船
時間：鐘樓(10月及復活節至6月) 09:00-19:00，
　　　(11月至復活節) 09:30-15:45，
　　　(7月至9月) 09:00-21:00
收費 $ ：鐘樓€ 12(HK$103)

聖馬可教堂 Basilica di San Marco

在聖馬可廣場上的聖馬可教堂，正門上方有聖馬可像，教堂圓頂上有五顆洋蔥。原本放在教堂內的聖馬可遺體，在過去一場大火中遺失了，但教堂內仍保留了很多與聖馬可有關的壁畫、雕刻、飾品等。據說以前意大利的船隻從海外回到威尼斯，必須將一件寶物放在教堂內，難怪教堂內有不少美輪美奐的飾品。

◀美輪美奐的聖馬可教堂。

Info

地址：San Marco 328 30124, Venezia, Italy
時間：每月不同，詳細日子請見官網
費用 $ ：教堂免費 St. Mark's Museum € 10 (HK$ 86)
電話：+39 412708311
網址：www.basilicasanmarco.it

紅白配 威尼斯總督府 *Palazzo Ducale* 地圖 P.166

　　聖馬可廣場另一令人印象深刻的建築物就是總督府。威尼斯的總督府建於 9 世紀，曾作監獄用途，收押犯了輕微罪行的犯人，重犯通常被關到水道的對岸，兩者之間由著名的嘆息橋 (見下文) 相連。總督府建築以白色和紅色大理石為材料，現時的總督府是 1577 年大火後重新修復的。

▲聖馬可廣場上的總督府。

Info
地址：**San Marco,1, 30135 Venezia, Italy**
時間：09:00-19:00
休息：12 月 25 日、1 月 1 日
費用 $：成人 € 32 (HK$275)、15-25 歲學生及 6-14 歲
　　　兒童 € 20 (HK$ 172)，5 歲以下免費
電話：+39 412715911
網址：**palazzoducale.visitmuve.it**

自由何價 嘆息橋 *Ponte dei Sospiri* 地圖 P.166

　　嘆息橋建於 1600 年，連接總督府和地牢，犯人接受處決前通過此橋時常發出嘆氣聲，因而得名。傳說戀人們乘船經過嘆息橋時於橋底下接吻，便能夠一生一世、永遠相愛。可是，現在最美麗的童話都被廣告入侵了。嘆息橋兩旁的建築全都被廣告包圍，難以拍出橋兩面建築物的原貌。看到這樣的嘆息橋，任何人都會發出一聲無奈的「嘆息」。

▲嘆息橋是河上遊必經的景點。

Info
地址：**San Marco,1, 30135 Venezia, Italy**
交通：乘搭水上巴士在 S. Zaccaria 站下船

人氣面具 Ca' Macana 地圖 P.166

　　在威尼斯大街小巷的商店，隨處都可買到不同風格的面具。價錢由倒模的數十元至人手製作精心設計的數百元不等。手工製作的面具通常以紙漿為原料，結合寶石、羽毛、鍍金等材料製成，從倒模、上色到裝飾等，一般需時約一星期。各面具店之中，以 Ca' Macana 最具人氣，荷里活巨星如里安納度．迪卡比奧、妮歌潔曼、湯告魯斯等曾光顧，店裏的 Ci Ro 面具簡單中見精緻，價錢約 € 32(HK$258) 起。另外，此店還提供 2 小時面具製作課程。

▲威尼斯大街小巷的面具商店。

 Tips

面具製作課程

　　遊客如對威尼斯的面具文化和製作感興趣，可參加當地的面具製作課程。除了學習製作面具外，還可學習鑑賞面具作品及威尼斯面具的歷史和文化。導師先教授製作面具模，然後講解設計技巧，保證完成的作品既古典又華麗。

網址：www.camacana.com/en-UK/find-your-course.php

Info
地址：**Dorsoduro 3172-
　　　30123 Venezia, Italy**
電話：+39 412776142
網址：**www.camacana.com**

基本資料　住宿　威尼斯　佛羅倫斯　比薩　西恩那　羅馬　梵蒂岡　米蘭

遨遊 11 國省錢品味遊 Easy Go!·歐洲

📷 巴洛克建築 安康聖母教堂　地圖 P.166

Basilica di Santa Maria della Salute

安康聖母教堂位於海岸邊，於 1687 年建成，屬巴洛克圓頂建築，是紀念聖母助威尼斯居民擺脱黑死病而建的。不論身在威尼斯主島，還是其他小島上，從遠處都可看到這設計獨特的聖母聖殿。

◀ 安康聖母教堂屬巴洛克圓頂建築。

Info

地址：Dorsoduro, 1, Campo della Salute, 30123 Venezia, Italy
交通：乘搭 1 號水上巴士在 **Salute** 站下船
時間：09:30-12:00、15:00-17:30
費用 $：成人 € 6 (HK$ 52)，學生及長者 € 4(HK$ 34)，10 歲以下小童免費
網址：basilicasalutevenezia.it

📷 橋旁鬧市 雷雅托橋　*Ponte di Rialto*　地圖 P.166

除了嘆息橋之外，雷雅托橋可説是威尼斯另一道有名的大橋。此橋建於 1181 年，原是一座浮橋，後於 1225 年改建為木橋，後來曾多次燒毀及倒塌，於是在 1588-1591 年之間建成現時的白色石橋。在橋上可欣賞大運河的風光。橋的兩旁有很多小商店和餐廳，大清早還有小型市集，售賣新鮮的海鮮、蔬果等。

▶ 雷雅托橋。

▼ 橋的兩旁有很多小商店和餐廳。

▶ 在橋上看到的威尼斯。

Info

地址：**Sestiere San Polo, 30125 Venezia, Italy**
交通：乘搭水上巴士在 **Rialto** 站下船

幻彩玻璃天堂 穆拉諾島 *Murano*

　　穆拉諾是意大利威尼斯其中一個島，以製造色彩斑斕的穆拉諾玻璃器皿聞名，因而被稱為玻璃島。1291年，當時的威尼斯共和國擔心玻璃廠的爐火可能引致威尼斯城火災，下令威尼斯所有玻璃廠遷往穆拉諾，於是穆拉諾就成為七彩玻璃製造業的中心。14世紀時，穆拉諾的玻璃製品出口到歐洲各地。

▼穆拉諾島又稱為玻璃島。

Vetreria Artistica Guarnieri

　　玻璃島中最著名的景點，工場內有專業工匠示範用原料製作玻璃的過程，工匠的技巧出神入化，令人拍案叫絕，參觀人士可站在一旁邊拍照邊欣賞。

◀玻璃島著名的玻璃製作工場。

玻璃精品店

　　穆拉諾島是威尼斯的玻璃之城，不少一流的玻璃工匠都出身於這裏。小島上有無數的玻璃精品店及工場，還有不同的玻璃製品出售，可作為紀念品，價錢由十多歐元至百多歐元都有。購買前記得請店主把玻璃飾品包裝好，以免回港後即變成一堆玻璃碎。

▲穆拉諾島的玻璃精品店。

佛羅倫斯景點

Firenze

佛羅倫斯就是徐志摩筆下的翡冷翠，是意大利文藝復興的搖籃，被稱為藝術之城，是繪畫、建築和文學藝術愛好者的朝聖地。佛羅倫斯城建於公元前 59 年，原是羅馬的軍營的所在地；13 世紀時，佛羅倫斯的詩人但丁用佛羅倫斯的母語寫詩，被稱為「意大利文之父」；16 世紀初，佛羅倫斯的麥地奇家族 (Medici) 愛好藝術，在此家族的鼓勵下，藝術家輩出。今日的佛羅倫斯城仍充滿濃厚的中世紀味道。

ℹ 佛羅倫斯官方旅遊網頁：
www.feelflorence.it/en

📷 佛羅倫斯心臟地帶 聖馬可廣場　地圖 P.173

Piazza San Marco

▶ 佛羅倫斯的聖馬可廣場。

　　佛羅倫斯也有聖馬可廣場，位於佛羅倫斯的中心地帶，旁邊是聖馬可教堂及修院，附近有藝術學院、音樂學院、大學等。

Info

地址：**Piazza San Marco, Firenze, Italy**
交通：由佛羅倫斯火車站 (Firenze S.M.N)，乘 **1/6/11/14/17 號 ATAF 巴士**，於 **Piazza Di San Marco** 站下車

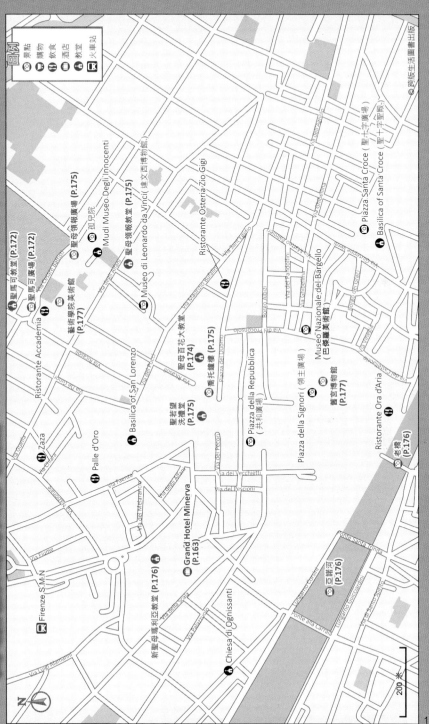

佛羅倫斯景點地圖

圖例
- ● 景點
- ● 購物
- ● 飲食
- ● 酒店
- ● 教堂
- ● 火車站

聖馬可教堂 (P.172)
聖馬可廣場 (P.172)
Mudi Museo Degli Innocenti
聖母領報廣場 (P.175)
聖母領報教堂 (P.175)
Museo di Leonardo da Vinci (達文西博物館)
孤兒院
Ristorante Osteria Zio Gigi
Piazza Santa Croce (聖十字廣場)
Basilica of Santa Croce (聖十字聖殿)

藝術學院美術館 (P.177)
Ristorante Accademia
Zaza
Palle d'Oro
Basilica of San Lorenzo

聖母百花大教堂 (P.174)
聖若望洗禮堂 (P.175)
喬托鐘樓 (P.175)

Piazza della Repubblica (共和廣場)
Museo Nazionale del Bargello (巴傑羅美術館)
Ristorante Ora d'Aria
舊宮博物館 (P.177)
Piazza della Signori (領主廣場)
老橋 (P.176)

Firenze S.M.N
Grand Hotel Minerva (P.163)
亞諾河 (P.176)
新聖母瑪利亞教堂 (P.176)
Chiesa di Ognissanti

N

200 米

世界文化遺產 聖母百花大教堂 地圖 P.173
Cattedrale di Santa Maria del Fiore

聖母百花大教堂與旁邊的鐘樓、洗禮堂形成一個建築群，被列為世界文化遺產。教堂由 Arnolfo di Cambio 設計，在 15 世紀建成，前後共花了 150 年，啡紅色的教堂圓頂已成為佛羅倫斯的標誌，其白色和綠色大理石為後期加添的。走上教堂 400 多級台階，參觀教堂的拱頂，拱頂上的壁畫是文藝復興時期著名畫家喬爾喬‧瓦薩里的《末日審判》。看完拱頂壁畫，登上教堂頂樓的觀景台，可以欣賞到佛羅倫斯浪漫醉人的景致。

▲ 登上教堂頂層，可看到佛羅倫斯市。

► 聖母百花大教堂內外都值得觀賞。

Info

地址：**Piazza del Duomo, 17, Firenze, Italy**
交通：由佛羅倫斯火車站 (Firenze S.M.N) 步行約 7 分鐘
時間：10:15-15:45
費用 **$**：免費
電話：+39 552302885
網址：www.museumflorence.com

來自聖母的祝福 聖母領報廣場 地圖 P.173

Piazza della Santissima Annunziata

聖母領報廣場建於文藝復興時期，中央有一座青銅騎馬雕像，而聖母領報教堂 (Basilica della Santissima Annunziata) 就在廣場東北面。教堂內有各種壁畫和雲石雕刻。佛羅倫斯人有一個習慣，新婚的夫婦會到聖母教堂內的聖母壁畫前獻花，祈求得到祝福及相愛一生。教堂旁邊是歐洲首間孤兒院 (Ospedale degli Innocenti)，是 15 世紀的建築傑作，院內的博物館展出了 14-15 世紀的藝術品，大部分都是當時的富人捐獻的。

Info

地址：**Piazza della Santissima Annunziata,50121 Firenze, Italy**
交通：由佛羅倫斯火車站 (Firenze S.M.N)，乘 6/14 號 ATAF 巴士，於 **Piazza Di San Marco** 站下車
時間：教堂 07:30-12:30、16:00-18:30；孤兒院星期一至六 10:00-19:00
休息：孤兒院逢星期日
費用 $：教堂免費；孤兒院€ 14 (HK$ 120)
網址：聖母領報廣場：
www.museumsinflorence.com/musei/Santissima-Annunziata.html
孤兒院博物館：
www.museodeglinnocenti.it

▲聖母領報廣場。

▲廣場中央的青銅騎馬雕像。

天堂之門 聖若望洗禮堂 地圖 P.173

Battistero di San Giovanni

聖若望洗禮堂建於 4 世紀，不少國王及名人曾在這兒受洗。禮堂裏最值得觀賞的是「天堂之門」，是有浮雕的青銅大門，構圖雄大壯麗。「天堂之門」40 年只開一次，據說通過此門可以上天堂。「天堂之門」真品被意大利政府移到大教堂附屬的博物館收藏，在洗禮堂放着的是複製品。洗禮堂的頂部以最後審判為題的馬賽克鑲嵌畫，也值得觀賞。

Info

地址：**Piazza San Giovanni, Firenze, Italy**
交通：由佛羅倫斯火車站 (Firenze S.M.N)，乘 1/6/11/14/17 號 ATAF 巴士，於 **Piazza Di San Marco** 站下車
時間：星期一至六 12:00-19:00(每月第一個星期六 08:30-14:00)，星期日及假期 08:30-14:00(復活節星期一及 5 月 1 日 08:30-19:00)
休息：1 月 1 日、9 月 8 日、12 月 24 日至 25 日、復活節
費用 $：€ 4 (HK$ 32)
網址：www.museumsinflorence.com/musei/Baptistery_of_florence.html

鑲嵌了白綠色大理石。

▲佛羅倫斯聖若望洗禮堂是一座八角型的建築物，外觀是

佛羅倫斯觀景台 喬托鐘樓 地圖 P.173

Campanile di Giotto

喬托鐘樓在大教堂及洗禮堂附近，高 82 米，外牆由白、綠、紅三色大理石建造。遊客可登上 414 級台階觀看佛羅倫斯市中心的美景，也是聖母百花大教堂外觀賞佛羅倫斯市的另一個選擇。

Info

地址：**Piazza Duomo, 50145 Firenze, Italy**
交通：由佛羅倫斯火車站 (Firenze S.M.N)，乘 1/6/11/14/17 號 ATAF 巴士，於 **Piazza Di San Marco** 站下車
時間：星期一至六 09:00-19:30
休息：星期日、1 月 1 日、9 月 8 日、12 月 25 日、復活節
費用 $：登上樓頂€ 8(HK$64)
網址：www.museumsinflorence.com/musei/cathedral_of_florence.html

▲喬托鐘樓。

📷 最近火車站的教堂 新聖母瑪利亞教堂 地圖 P.173

Basilica di Santa Maria Novella

新聖母瑪利亞教堂位於火車站前面,到訪佛羅倫斯的旅客必定會經過這一座教堂。教堂大約建於 1246 年,至 1360 年完工,內裏收藏了一批藝術珍寶,其中以哥德式和早期文藝復興大師的壁畫最為著名。此外,這裏是薄伽丘 (Giovanni Boccaccio) 小説《十日談》第一個故事的背景。

▶ 新聖母瑪莉亞教堂非常華麗。

Info

地址:piazza Stazione 4, Piazza S.Maria Novella, 18, 50123 Firenze, Italy
交通:由佛羅倫斯火車站 (Firenze S.M.N) 步行約 4 分鐘
時間:星期一至四 09:00-17:30;星期五 11:00-17:30;星期六及宗教假期前 13:00-17:30
費用 $:成人€7.5 (HK$ 60),11-18 歲€5 (HK$ 40),11 歲以下免費
電話:+39 55219257
網址:www.smn.it/it/

📷 河畔夕陽 亞諾河與老橋 地圖 P.173

Arno & Ponte Vecchio

亞諾河多年前被工廠排放的污水污染,後來河兩旁的工廠遷走,售賣黃金飾品的商店進駐,亞諾河才得以回復潔淨。河上有多道橋,其中以老橋較有名。老橋建於 1345 年,是一道石造拱橋,現時橋上有許多售賣首飾和旅遊紀念品的商店。

▶ 亞諾河與老橋周圍的風景不錯。

▶ 黃昏時分,遊客都來亞諾河或拱橋上欣賞河畔夕陽美景。

Info

地址:Lungarno degli Archibusieri, 8-r, 50122 Firenze
交通:由佛羅倫斯火車站 (Firenze S.M.N),乘 D 號 ATAF 巴士,於 Bardi 站下車,步行約 2 分鐘

遨遊 11 國省錢品味遊 Easy Go! 歐洲

📷 觀賞大衛像 藝術學院美術館

Galleria dell'Accademia

地圖 P.173

藝術學院美術館是歐洲第一間教授設計、繪畫、雕刻等藝術的學院，於 1784 年成立。美術館內收藏了由著名雕刻家米開朗基羅於 26 歲時完成的作品「大衛」。除了著名的大衛像，美術館還有很多著名的藝術作品，包括「聖馬太」和「囚徒 • 年輕的奴隸」等。

◀ 藝術學院美術館內米開朗基羅的大衛像。

Info

- 地址：**Via Ricasoli 58-60, 50122 Firenze, Italy**
- 交通：由佛羅倫斯火車站 (Firenze S.M.N)，乘 **1/6/11/14/17** 號 ATAF 巴士，於 **Piazza Di San Marco** 站下車
- 時間：星期二至日 08:15-18:50
- 休息：星期一，1 月 1 日，12 月 25 日
- 費用 $：€ 13 (HK$ 112)
- 電話：+39 552388609
- 網址：**www.galleriaaccademiafirenze.it**

📷 華麗的居所 舊宮博物館 *Palazzo Vecchio*

地圖 P.173

舊宮建於 1294 年，屬哥德式建築，頂部有高達 94 米的鐘塔。舊宮曾是當時的佛羅倫斯共和國的國政廳，1540 年 Medici 家族住進這兒，將這座中世紀的宮殿修建成華麗的居所，後來 Medici 家族遷往阿諾河對岸，此處就被稱為舊宮。舊宮博物館設有導賞團，帶領遊客參觀 Medici 家族的華麗居所及裏面的秘道。

▼ 舊宮是哥德式建築。

◀ ▶ 舊宮內的噴水池及壁畫。

Info

- 地址：**Piazza della Signoria 1, 50122, Firenze, Italy**
- 交通：由佛羅倫斯火車站 (Firenze S.M.N)，乘 **C1** 號 ATAF 巴士，於 **Galleria Degli Uffizi** 站下車
- 時間：星期一至三及星期五至日 09:00-19:00，星期四 09:00-14:00
- 費用 $：博物館成人 € 12.5(HK$ 108)，18-25 歲學生 € 10(HK$ 86)，18 歲以下免費
- 電話：+39 552768325
- 網址：**bit.ly/3rnC28B**

比薩景點

Pisa

▶ 比薩火車站月台。

比薩是位於意大利中部的古城，建於公元前 1 世紀，是意大利著名的文教中心，比薩大學就是歐洲其中一間最古老的大學。遊覽比薩算是比較容易，因為大部分的名勝古蹟在奇蹟廣場 (Piazza dei Miracoli) 附近。

ℹ www.pisaunicaterra.it/en

比薩景點地圖

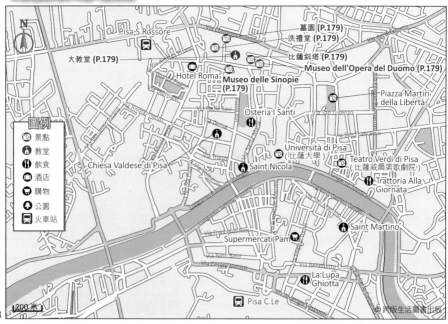

Pisa - S.Rossore

墓園 (P.179)
洗禮堂 (P.179)

大教堂 (P.179)

比薩斜塔 (P.179)

Museo dell'Opera del Duomo (P.179)

Hotel Roma

Museo delle Sinopie (P.179)

Piazza Martiri della Libertà

Osteria I Santi

Università di Pisa (比薩大學)

Teatro Verdi di Pisa (比薩威爾第歌劇院)

Chiesa Valdese di Pisa

Saint Nicola

Trattoria Alla Giornata

Saint Martino

Supermercati Pam

La Lupa Ghiotta

圖例
- 📷 景點
- ⛪ 教堂
- 🍴 飲食
- 🏨 酒店
- 🛒 購物
- ⛲ 公園
- 🚉 火車站

200 米

Pisa C.Le

© 跨版生活圖書出版

斜到不能倒 比薩斜塔及大教堂景點群 地圖 P.178

Torre Pendente di Pisa

提起意大利的景點，最為人熟悉的莫過於比薩斜塔，於 1987 年與比薩主教座堂 (Cattedrale)、聖若望洗禮堂 (Battistero) 及墓園 (Camposanto) 一起被列為世界文化遺產，這個景點群還包括兩間博物館，分別是 Museo dell' Opera del Duomo 和 Museo delle Sinopie。比薩斜塔其實是比薩主教座堂的鐘樓，鐘樓始建於 1173 年，原為垂直設計，但建到第三層時因地基不均勻和土層鬆軟而開始傾斜，至 1372 年才完工，與地面垂直線差了 1.4 米，塔身向東南傾斜。數百年後的今天，與地面垂直線的差距已擴大至 5.4 米。經意大利政府搶修後，比薩斜塔的傾斜度暫時沒有再擴大，並於 2001 年重新開放。

▶令人驚訝的比薩斜塔。

Info

地址：**Piazza Arcivescovado, 1, 56126 Pisa, Italy**

交通：由比薩中央車站 (Pisa S.Rossore)，乘紅線巴士 (LAM)，於 Torre 站下車

開放時間：約 09:00-20:00（開放時間會因特別日子而有所調整）

費用 $：教堂免費；斜塔 € 20 (HK$ 172)；斜塔連墓園、洗禮堂或博物館各 € 7(HK$ 60)，所有景點€ 27(HK$ 232)

電話：+39 50835011

網址：**www.opapisa.it/en**

備註：18 歲以下人士需由成年人陪同才可登比薩斜塔，8 歲以下兒童因安全理由不准登塔

基本資料 住宿 威尼斯 佛羅倫斯 比薩 西恩那 羅馬 梵蒂岡 米蘭

► 比薩主教座堂。

遊遊11國省錢品味遊 Easy Go!·歐洲

► 比薩斜塔前的購物小商店。

▼比薩斜塔景點群已列入世界文化遺產。

Siena

西恩那是托斯卡尼 (Toscana) 的一個古城，以獨特的意大利菜、藝術、博物館、中世紀景觀和賽馬節聞名。古城從公元前 1 世紀就開始發展，於 1995 年被列為世界文化遺產。在佛羅倫斯火車站旁的 SITA 巴士站乘搭客運巴士，即可以直達西恩那，車程約 1 小時，單程票€ 7.8(HK$ 63)，也可以乘搭火車。

西恩那地標 共和國宮 *Palazzo Pubblico* 地圖 P.182

共和國宮建於 1297 年，是目前的西恩那市政廳及市立美術館，其獨特的建築外形，已成為康波廣場上最具代表性的建築物。

▲ 共和國宮是康波廣場上最具代表性的建築物。

Info

地址：**Piazza del Campo, 1, 53100 Siena, Italy**
交通：由西恩那火車站步行約 10 分鐘

西恩那景點地圖

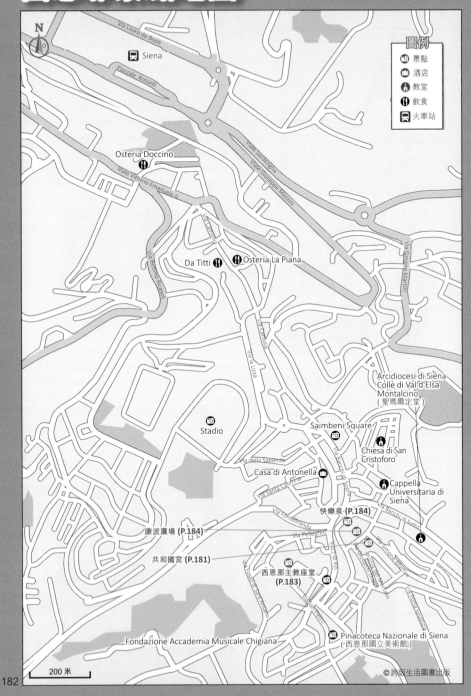

N

Siena

Osteria Doccino

Da Titti
Osteria La Piana

Stadio

Arcidiocesi di Siena
Colle di Val d'Elsa
Montalcino
(聖瑪爾定堂)

Saimbeni Square

Chiesa di San
Cristoforo

Casa di Antonella

Cappella
Universitaria di
Siena

快樂泉 (P.184)

康波廣場 (P.184)

共和國宮 (P.181)

西恩那主教座堂
(P.183)

Fondazione Accademia Musicale Chigiana

Pinacoteca Nazionale di Siena
(西恩那國立美術館)

200 米

© 跨版生活圖書出版

未完成建築 西恩那主教座堂

地圖 P.182

Duomo di Siena

　　主教堂於 1382 年建成，採用哥德式和羅馬式的設計，雖不及歐洲其他教堂般金碧輝煌，但黑白相間的大理石構成了西恩那大教堂的特色。教堂內有許多中世紀留下來的珍寶，如米開朗基羅的雕刻、著名的西恩那派濕壁畫，鑲嵌地板與精美的天花板。

　　1339 年，主教堂正準備擴建右側的地方，後來因為瘟疫而未能完成，這未完成的長殿目前已改為大都會博物館，供遊客參觀，館內展出的都是宗教藝術作品，其中較著名的是「寶座上的聖母」和「進入耶路撒冷」。逛完大都會博物館，可到頂樓的一個出口，登上未完成的長廊，眺望西恩那的廣場和錯落有致的紅磚屋瓦。

基本資料
住宿
威尼斯
佛羅倫斯
比薩
西恩那
羅馬
梵蒂岡
米蘭

◀ 主教座堂。

Info

地址：**Piazza del Duomo, 53100 Siena, Italy**
交通：由西恩那火車站 (Siena)，乘 0S3 或 0S9 號巴士，於 Via Tozzi 站下車，步行約 10 分鐘
費用 $：約€ 20(HK$ 172)，視乎不同日子時間，已包括主教堂、圖書館、洗禮堂、墓室及博物館
時間：4 至 10 月：10:00-19:00，星期日和公眾假期：13:30-18:00；
　　　11 至 3 月：10:30-17:30，星期日和公眾假期：13:30-17:30；
　　　12 至 1 月：10:30-18:00，星期日和公眾假期：13:30-17:30，
　　　星期六和公眾假期前夕：10:30-17:30
電話：+39 577286300
網址：**www.operaduomo.siena.it/en**

📷 美麗的扇子 康波廣場 （地圖 P.182）
Piazza del Campo

　　西恩那的康波廣場被譽為世界上最美的廣場，廣場的形狀像一把展開的扇子，因此，又稱為扇形廣場、貝殼廣場或扇貝廣場，周圍都是各式各樣的商店、咖啡廳和美術館。廣場上有始建於 1344 年的曼賈塔 (Torre del Mangia)，登上高塔可以遠眺周圍的景色。很多意大利人或遊客都喜歡到廣場中心席地而坐，欣賞廣場四周的風光。每年的 7 月 2 日和 8 月 16 日會在這兒舉行賽馬節，吸引了不少遊客。

► 廣場上的曼賈塔。

▼ 康波廣場被譽為世界上最美的廣場。

Info

地址：**Piazza del Campo, 53100 Siena, Italy**
交通：由西恩那火車站 **(Siena)**，乘 **0S3** 或 **0S9** 號巴士，於 **Via Tozzi** 站下車，步行約 10 分鐘

📷 15 世紀水道 快樂泉 *Fonte Gaia* （地圖 P.182）

► 快樂泉。

　　快樂泉在扇形的康波廣場的頂端，是 15 世紀時市民取水的地下水道，現時已用柵欄圍起來，整個水源的周邊都充滿精緻的雕刻。

Info

地址：**Piazza del Campo, 53100 Siena, Italy**
交通：由西恩那火車站 **(Siena)**，乘 **0S3** 或 **0S9** 號巴士，於 **Via Tozzi** 站下車，步行約 10 分鐘

Rome

▼番茄意大利飯。

▶ 來個意式早餐吧。

羅馬是意大利的首都和古羅馬帝國的發祥地，也是全世界天主教會的中心，市內的梵蒂岡是天主教教宗和教廷的駐地。羅馬也是意大利文藝復興的中心，其歷史城區於 1980 年被列為世界文化遺產。

ℹ️ www.turismoroma.it

▲各種色彩繽紛的意大利粉。

▲羅馬市中心。

📷 人獸互相廝殺 羅馬圓形競技場 *Colosseo*

地圖 P.186

圓形競技場是古羅馬的鬥獸場，共有 80 個圓拱入口，可容納 5 萬人。古羅馬時期，在這裏經常舉行獸鬥、人鬥及人獸鬥比賽，最長可達 100 天。參與鬥獸的人大部分都是囚犯、俘虜或奴隸，有部分勇者自願參賽。競技場的座位是根據觀賞者的身分地位而安排的。

▶羅馬圓形競技場。

▶晚上的圓形競技場別有一番味道。

Info

地址：**Piazza del Colosseo, 00184 Roma, Italy**
交通：乘搭地鐵 **B** 線，在 **Colosseo** 站下車
時間：1 至 2 月 9:00-16:30
　　　3 月 1 至 25 日 9:00-17:30
　　　3 月 26 日至 8 月 9.00-19:15
　　　9 月 9:00-19:00
　　　10 月 1 至 28 日 9:00-18:30
　　　10 月 29 日至 12 月 9:00-16:30
休息：1 月 1 日
費用 **$**：€ 18 (HK$ 155)
電話：+39 639967700
網址：**www.coopculture.it/en/colosseo-e-shop.cfm**

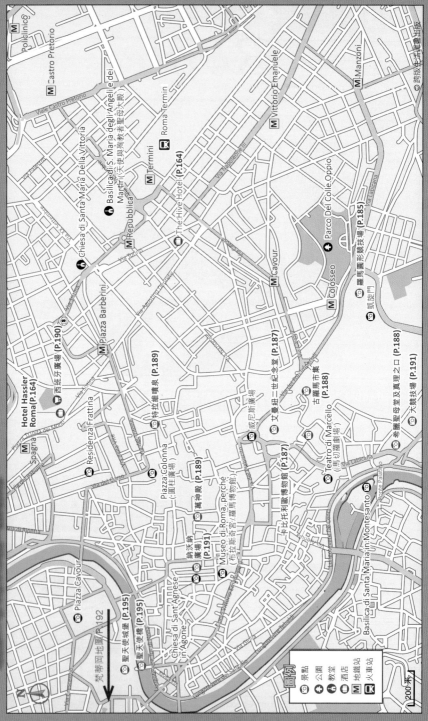

羅馬景點地圖

📷 皇者氣派 艾曼紐二世紀念堂 　地圖 P.186

Monumento Nazionale a Vittorio Emanuele II

　　艾曼紐二世紀念堂始建於 1911 年，至 1935 年完工，是為了紀念意大利統一後第一位國王艾曼紐二世 (Vittorio Emanuele II) 而建成的。紀念堂用白色大理石建造，氣派十足。紀念堂後方是卡比利歐廣場 (Piazza del Campidoglio) 及收藏各式雕像的卡比托利歐博物館 (見下文)。

Info
- 地址：**Piazza Venezia, 00186 Roma, Italy**
- 交通：乘搭地鐵 B 線，在 **Colosseo** 站下車，
　　　　步行約 10 分鐘
- 時間：09:30-19:30
- 費用 $：€ 16 (HK$ 138)，18-25 歲€ 3(HK$ 26)
- 網址：**vive.cultura.gov.it/it**

▲ 卡比托利歐廣場。

▲ 艾曼紐二世紀念堂。

📷 羅馬藝術品 卡比托利歐博物館 　地圖 P.186

Musei Capitolini

　　卡比托利歐博物館建館的緣起始於 1471 年，當時教宗 Pope Sixtus IV 捐贈了一批珍貴的青銅雕塑予羅馬人民，為了收藏這些藝術品，因而創建這間博物館。博物館主要分為三大建築，分別是 Palazzo Senatorio、Palazzo dei Conservatori 及 Palazzo Nuovo。主要展出羅馬時代的各式藝術作品。

Info
- 地址：**Piazza del Campidoglio 1, 00186
　　　　Roma, Italy**
- 交通：乘搭地鐵 B 線，在 **Colosseo** 站下
　　　　車，步行約 15 分鐘
- 時間：09:30-19:30(12 月 24 日及 31 日
　　　　09:30-14:00)
- 休息：1 月 1 日、5 月 1 日、12 月 25 日
- 費用 $：一般票€ 16 (HK$ 138)，優惠票
　　　　€ 14 (HK$ 120)，6 歲以下小童免費
- 電話：+39 060608

▶ 卡比托利歐博物館及藝術品。

📷 廢墟中追憶 古羅馬市集 *Foro Romano* 〔地圖 P.186〕

　　已成廢墟的古羅馬市集曾是古羅馬時期的政治及經濟重心，昔日的市集有神殿、演講台、商品交易所、凱旋門、火葬場等。凱旋門是軍人打勝仗回來，接受民眾歡呼的地方，從古羅馬市集可了解古羅馬文明的史蹟。

▶▼古羅馬市集廢墟。

> *Info*
> 地址：Via della Salaria Vecchia, 5/6, Roma, Italy
> 交通：乘搭地鐵 B 線，在 Colosseo 站下車，步行約 5 分鐘
> 時間：約 08:30-17:30 (每月不同，詳見官網)
> 費用 $：€ 18 (HK$ 155)
> 電話：+39 639967700
> 網址：bit.ly/3KUArxt

📷 說謊者禁入！真理之口 〔地圖 P.186〕
La Bocca della Verità

▶真理之口。

真理之口在希臘聖母堂的門廊，教堂建於 6 世紀，並非任何時段都開放予遊客參觀。真理之口其實是一件大理石雕刻，上有類似人的面孔，可能是 1 世紀古羅馬噴泉的一部分，或者一個井蓋。中世紀的羅馬人認為要測試某人撒謊，只需讓他把手伸進人面的口中，就會被咬住。17 世紀時，這件雕刻被安放在希臘聖母堂的門廊。由於很多遊客想跟真理之口合照，建議早點到達為宜。

> *Info*
> 地址：Via della Greca, 4, 00186 Roma, Italy
> 時間：冬季 09:30-17:00，夏季 09:30-18:00，留意教堂不時提早關門
> 交通：乘搭地鐵 B 線，在 Colosseo 站下車，步行約 10 分鐘
> 電話：+39 66787759

天使的傑作 萬神殿 *Pantheon* 地圖 P.186

萬神殿建於公元前 27-25 年,用來供奉奧林匹亞山上諸神,是羅馬帝國奧古斯都時期的經典建築,米開朗基羅稱讚它是「天使的傑作」,現時的萬神殿是公元 80 年大火後重建的。這座建築物有三角頂及多柱式門廊,那些柱是大火後餘下的 16 根花崗岩石柱。殿內的頂部呈半圓狀,光源從圓頂的孔洞穿透,大圓頂沒有任何柱子或拱頂支撐。神殿同時是皇室墓園,幾位意大利統一後的國王、皇后亦葬在這裏。

◀ 萬神殿的半圓頂可透光。

◀ 萬神殿。

Info

地址	**Piazza della Rotonda, 00186 Roma, Italy**
交通	乘搭地鐵 A 線,在 **Piazza Barberini** 站轉乘 116 或 116T 巴士,在 **Santa Chiara** 站下車,沿着 **Via della Rotonda** 步行約 2 分鐘
時間	(星期一至六)08:30-19:30,(星期日)09:00-18:00,(公眾假期)09:00-13:00
休息	1月1日、5月1日、12月25日
費用 **$**	免費
電話	+39 668300230
網址	www.pantheon-rome.com

來許個願吧! 特拉維噴泉 *Fontana di Trevi* 地圖 P.186

羅馬芸芸噴泉之中,以特拉維噴泉最著名。噴泉,又稱為許願池和幸福之泉,前後花了 312 年才完成,噴泉中央站着海神波塞冬,兩旁有兩個人魚海神,分別駕馭桀驁不馴的飛馬和牽着馴良的飛馬。傳說只要在池中投一個硬幣,就必會重回羅馬,投兩個硬幣,就能找到戀人。噴泉已成為遊客必到景點,人山人海,要拍正面照片一點也不容易。

▼ 特拉維噴泉。

◀ 噴泉外人山人海。

Info

地址	**Piazza di Trevi, 00187 Roma, Italy**
交通	乘搭地鐵 A 線,在 **Piazza Barberini** 站下車,步行約 10 分鐘
網址	**www.trevifountain.net**

羅馬假期經典場景 西班牙廣場 地圖 P.186

Piazza di Spagna

西班牙廣場是 18 世紀的建築傑作，建於 1723-1726 年，以前是歐洲名人、藝術家聚會之地，原稱為法蘭西廣場，因廣場上的石台階由一位法國外交官捐贈，後來西班牙大使館進駐了廣場，於是就稱為西班牙廣場。廣場台階上的盡頭有一間建於 1502 年的法國教堂 Trinita dei Monti，而這 137 級蝴蝶狀的石階是電影「羅馬假期」的經典場景。現時石台階常坐滿來自世界各地的遊客，廣場附近名店林立，有 Armani、Valentino、Versace 等，逛得累了，不妨坐在石台階上休息。

Info

地址：Piazza di Spagna, 00187 Roma, Italy

交通：乘搭地鐵 B 線，在 Spagna 站下車，步行約 3 分鐘

▶ 西班牙廣場是電影「羅馬假期」的經典場景。

📷 四河噴泉 納沃納廣場 *Piazza Navona* 地圖 P.186

納沃納廣場原址是公元 86 年古羅馬競技場的廢墟，於 15 世紀重建。廣場呈橢圓形，廣場中的四河噴泉分別代表了尼羅河、恆河、多瑙河和拉布拉多河，是聖伯多祿廣場的設計師貝尼尼 (G. L. Bernini) 的傑作，噴泉後面是聖埃格尼斯教堂 (Chiesa di Sant'Agnese in Agone)。天氣好時，廣場上有很多街頭藝術家，以及售賣畫作的畫家。廣場兩旁有不少咖啡館，不妨買杯咖啡，坐下來，感受一下納沃納廣場的熱鬧氣氛。

Info

地址：Piazza Navona, 00186 Roma, Italy

交通：乘搭地鐵 B 線，在 **Spagna** 站下車，步行約 15 分鐘

▲ 廣場上有很多畫家。

▲ 納沃納廣場。

◄ 四河噴泉 (Fontana dei Quattro Fiumi)。

📷 回歸平淡 大競技場 *Circo Massimo* 地圖 P.186

大競技場原是古羅馬時期的競技場，用來舉辦馬車及各類運動比賽，可容納 20 多萬觀眾。現在競技場已荒廢了，成為羅馬居民跑步與帶狗散步的熱門地點。

◄ 大競技場現已成為羅馬居民跑步與帶狗散步的熱門地點。

▼ 大競技場。

Info

地址：Via del Circo Massimo, 00186 Roma, Italy

交通：乘搭地鐵 B 線，在 **Circo Massimo** 站下車

梵蒂岡景點

Vaticano

梵蒂岡位於意大利羅馬境內,是國中之國,它是全世界面積最小的內陸國家,有獨立的行政、警察、司法、郵政和軍隊機關,一般遊客都是從羅馬進入梵蒂岡的。除了梵蒂岡當地居民或修士修女之外,遊客必須在關門時離開梵蒂岡。到梵蒂岡的博物館及教堂觀光時,衣着切忌暴露,要整齊,以示尊重。

遨遊11國省錢品味遊 Easy Go!-歐洲

Info

時間:07:00-19:00,
(10月至3月) 07:00-18:00
網址:www.vaticanstate.va

梵蒂岡景點地圖

圖例

景點	飲食	銀行	M 地鐵站
教堂	酒店	公園	梵蒂岡國界

M Lepanto
Pensione Paradise

Abc B&B

Viale Giulio Cesare

M Ottaviano

Ristorante Pizzeria
Piacere Molise

Piazza dei Quiriti

M Cipro

Piazza del Risorgimento

梵蒂岡博物館 (P.194)

Hotel Arcangelo Roma

Piazza Cavour

Via Crescenzio

Mama'
Ristobistrot

Via Sant'Anna

Hotel Bramante

Giardini Vaticani

Sistine Chapel

聖伯多祿廣場 (P.195)

聖天使城堡 (P.195)

Via della Conciliazione

聖伯多祿大教堂 (P.193)

聖天使橋 (P.195)

200米

Residenza Paolo VI

© 跨版生活圖書出版

全球最大教堂 聖伯多祿大教堂 地圖 P.192

Basilica Papale di San Pietro in Vaticano

　　耶穌曾對彼得 (天主教譯作伯多祿) 說：「你是彼得，我要把我的教會建造在這磐石上，陰間的權柄不能勝過他。」聖伯多祿死於公元 67 年，聖伯多祿大教堂是他的埋葬處。聖伯多祿大教堂建成於 1626 年，具意大利文藝復興及巴洛克藝術風格，是全球最大的教堂，由布拉曼特及米開朗基羅亦曾參與設計。教堂富麗堂皇，主殿內的雕像活靈活現；華麗的聖體傘 (Baldacchino)；米開朗基羅名作、精緻的「聖殤像」(Pietà)，還有踏上 500 多級台階到教堂塔頂，那美得令人驚嘆的聖伯多祿廣場和梵蒂岡的風景，一切都是值得的。

▲ 教堂每一處都值得細賞。

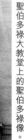

▲ 聖伯多祿大教堂上的聖伯多祿像。

地址：**Piazza San Pietro, 00120 Roma, Italy**
交通：乘搭地鐵 B 線，在 **Ottaviano-S.Pietro-Musei Vaticani** 站下車，步行約 10 分鐘
時間：教堂 (4 月至 9 月) 07:00-19:10
　　　　(10 月至 3 月) 07:00-18:30
　　　頂層 (4 月至 9 月) 08:00-18:00
　　　　(10 月至 3 月) 07:00-17:00
費用 **$**：教堂免費入場，乘電梯 / 步行往頂層
　　　€ 5-10 (HK$ 43-89)
電話：+39 669883731
網址：**www.vatican.va/various/basiliche/san_pietro/index_it.htm**

▲ 登上教堂塔頂看到的風景。

驚世壁畫 梵蒂岡博物館 *Musei Vaticani*

地圖 P.192

梵蒂岡博物館是世界數一數二的博物館，藏品數量多，全是佳作。最具觀賞價值的是西斯廷小堂，可觀賞到米開朗基羅著名的「創世紀」及「最後的審判」壁畫，這兒也是選舉教宗的場所；「創世紀」在中間的拱頂，側牆描繪的壁畫取材自聖經中摩西及耶穌基督的故事，「最後的審判」壁畫在祭壇的後方。梵蒂岡有發行自己的郵票，不妨在梵蒂岡郵局給自己寄一張明信片。

▶ 梵蒂岡博物館。

▼ 博物館藏品非常豐富，難怪吸引遊客前來參觀。

Info

地址：Viale Vaticano, 00165 Roma, Italy

交通：乘搭地鐵 B 線，在 Ottaviano-S.Pietro-Musei Vaticani 站 下車，步行約 10 分鐘

時間：星期一至六 09:00-18:00 (16:00 停止售票)，每月最後一個星期 日 09:00-14:00(12:30 停 上入場)

休息：1 月 1 日及 6 日、3 月 19 日、4 月 2 日、5 月 1 日、6 月 29 日、8 月 14 日及 15 日、11 月 1 日、12 月 8 日、25 日及 26 日

費用 $：€ 17 (HK$ 137)，每月最後一個星期日免費入場

電話：+39 669884676

網址：mv.vatican.va

Tips

參觀梵蒂岡博物館要有心理準備可能需要排隊 2-3 小時，建議預早出發。另外，要留意博物館在冬季、星期六及每月最後一個星期日會提早至中午關門。

信徒朝聖地 聖伯多祿廣場 *Piazza San Pietro*

地圖 P.192

聖伯多祿廣場由設計師貝尼尼設計，大教堂在後方，兩旁是迴廊，盡顯對稱美。迴廊由 200 多根長柱組成，柱的上端有 100 多尊聖人雕像，全由貝尼尼親自監督，整個廣場能容納 30 萬人。大教堂代表基督的身體，圓形的長廊代表耶穌張開的雙臂，準備擁抱從世界各地前來的信徒。星期天，天主教徒們都會聚集在聖伯多祿廣場，接受教宗的祝福。每年 12 月 24 日零時會在這兒舉行午夜彌撒。

▼廣場上的迴廊長柱。

Info

地址：	**Piazza San Pietro, 00120 Roma, Italy**
交通：	乘搭地鐵 B 線，在 Ottaviano-S. Pietro-Musei Vaticani 站下車，步行約 8 分鐘
電話：	+39 669883731

天使顯靈 聖天使城堡 *Castel Sant' Angelo*

地圖 P.186 P.192

聖天使城堡有 1,500 年歷史，原為羅馬帝國哈德良皇帝下令興建的墓園，14 世紀時成為教宗用作防禦的堡壘，並建了一道走廊，連接聖伯多祿大教堂。相傳公元 590 年教宗在城堡上看見了天使，因而將這裏命名為聖天使城堡。往聖天使城堡需經過聖天使橋 (Ponte Sant' Angelo)，橋的兩旁有 12 尊形態各異的天使雕像，其中 10 尊是於 17 世紀貝尼尼及其學生的作品。城堡現時已改為博物館，可以觀賞位於大廳的 17 世紀壁畫，以及各種珍貴的文物。

▲聖天使城堡。

Info

地址：	**Lungotevere Castello 50, Roma, Italy**
交通：	乘搭地鐵 A 線，在 Lepanto 站下車，步行約 8 分鐘
時間：	09:00-19:30
休息：	1 月 1 日、5 月 1 日、12 月 25 日
費用 $	€ 14 (HK$ 113)，18-25 歲 € 7 (HK$ 56)，18 歲以下免費，每月第一個星期日免費
電話：	+39 66819111
網址：	bit.ly/45NFxnj

◀橋上的天使及周圍的美景。

▲聖天使橋。

米蘭景點

Milano

　　米蘭是意大利歷史相當悠久的城市，公元前 400 年左右已有人居住，羅馬帝國時期是其中一個最繁榮的地區，286-402 年期間是西羅馬帝國的首都。今日的米蘭不但是世界時尚和設計之都，而且擁有豐富的文化古蹟和遺產，吸引了無數遊客。

▼ 米蘭名店林立的街頭。

▼ San Siro。

▲ 來自全球各地的時裝達人都愛在這裏購物。

📷 建築藝術精品 米蘭大教堂

地圖 P.198

Duomo di Milano

▼ 米蘭大教堂，盡顯哥德式的對稱美。

　　位於米蘭市中心的米蘭大教堂是全世界第三大的教堂，大門、尖塔上有一絲不苟的雕刻，屋頂上有 3,500 尊雕像，就連教堂內的彩色玻璃圖案亦非常精細。教堂始建於 1386 年，1500 年完成拱頂，1774 年在中央塔尖上安放高 4 尺的鍍金聖母瑪利亞雕像，1897 年完工，歷時 5 個世紀，前後花了近 600 年。

Info

米蘭大教堂

地址：**Via Arcivescovado 1, 20122 Milano, Itally**

交通：乘搭地鐵 1 號或 3 號線，在 **Duomo** 站下車

時間：教堂 08:00-19:00；
教堂博物館 10:00-19:00(星期三休息)

費用 **$** ：€ 8(HK$ 69)

電話：+39 272023375

網址：**www.duomomilano.it**

▲▼教堂內掛滿不同的油畫。

▲ 精緻美麗的彩繪玻璃。

基本資料　住宿　威尼斯　佛羅倫斯　比薩　西恩那　羅馬　梵蒂岡　米蘭

米蘭華麗客廳 艾曼紐二世拱廊 地圖 P.198

Galleria Vittorio Emanuele II

艾曼紐二世拱廊由 Giuseppe Mengoni 設計，建於 1865 年。拱廊兩端出口分別可到達斯卡拉歌劇院 (Teatro alla Scala) 和米蘭大教堂。另外，別忘了中央八角區域地上鑲有代表意大利王國時期三個首都及米蘭的城市紋章馬賽克，分別是杜林的公牛、羅馬的母狼、佛羅倫斯的百合和米蘭的紅底白十字；拱廊的地磚也有關於羅馬發源的故事及以十二星座圖案砌成的地板。這兒名店林立，還有一些特色精品店、咖啡館、書店等，充滿文藝氣息。

▲艾曼紐二世拱廊呈十字形，因此又稱十字街，是歐洲最先利用鐵和玻璃作建築材料的建築物。

▲黃昏時候的拱廊入口。

▲在拱廊內的 LV 店。

▲拱廊內曾是無數電影的場景。

Info

地址：Piazza Duomo, 20123 Milano, Italy
交通：乘搭地鐵 1 號或 3 號線，在 Duomo 站下車

米蘭景點地圖

Santa Maria della Scala in San Fedele

圖例
- 🚩 景點
- 🏨 酒店
- 🍴 飲食
- ✝ 教堂
- Ⓜ 地鐵站

Ⓜ Cordusio
Tommaso Grossi
艾曼紐二世拱廊 (P.198)
The Gray
Museo Zucchi Collection
MAIO
Ristorante Replay
Civico Museo d'Arte Contemporanea（現代藝術博物館）
Ⓜ Duomo
Piazza del Duomo
米蘭大教堂 (P.196)
Museo del Novecento（三十世紀博物館）
Piazza del Duomo
Rosa Grand Milano (P.164)
Via Dogana
Ristorante Giacomo Arengario

100 米

198

我遊故我在

即使你不清楚歷史、不認識美術、不相信宗教、不追捧潮流品牌，意大利依然有辦法讓你愛上她。水城威尼斯的夢幻、佛羅倫斯的浪漫、羅馬建築的雄偉以及米蘭的時尚，都有着令人無法抗拒的魅力。意大利是歐洲其中一個旅遊大國，景點與景點之間的距離很近，十分適合初次到歐洲旅遊的人。以水都威尼斯為例，整個威尼斯小島彷彿都是為了遊客而設，著名景點只需徒步或乘搭少於 30 分鐘的船便能抵達。不過意大利的教堂、博物館等都比其他歐洲國家較早關門，建議大家早點出門，並將戶外的行程排到較後的時段。

Day 22

今天從德國慕尼黑坐火車到意大利威尼斯，這列火車是到目前為止所乘的最漂亮的火車，設有六人私人包廂，像電影哈利波特往霍格華茲的列車一樣。我這個哈利波特迷，真的很興奮！火車途中駛經奧地利，坐在靠窗口的位置聽着音樂悠閒地寫着日記，不時看看窗外如畫般的美景，實在是非一般的享受，這大概就是別人說的歐洲火車旅程。炎熱的意大利，我來了，也開始了我對羅馬和威尼斯的期待。

下午 6 時正，正在意大利某車站的月台上，收到媽媽傳來的生日快樂短訊，感動得眼都濕了。往成尼斯的第二趟火車，我跟朋友玩「鋤大弟」，總是輸家的我，這一次居然大勝，換他們請我吃東西，這大概是「壽星的幸運」，我抽到的牌都太太太好了。

意大利真的很熱，似乎看到遠處的空氣在浮動，這大概就是傳說中的「熱浪」吧。下火車後，到了久仰大名的威尼斯，比想像中還要漂亮，甚有小鎮風情。我們第一晚住的 hostel，從外面看是無法看出這是一家 hostel，完全是一間 haunted hostel，很有古堡探險的感覺。幸好，房間還可以，算是整齊乾淨。晚上的威尼斯很漂亮，但街道像差不多，走兩步就迷路了。由於威尼斯在地球較南的位置，這邊日落的時間較早。

Day 23

威尼斯之旅比我想像中要好得多，只是坐坐水上巴士，感受一下水鄉風情，我已經很滿足了。威尼斯的確是很熱，但仍未至於無法忍受。晚上跟友人們吃了一頓豐富的晚餐慶祝生日，也謝謝大家給我生日卡。

今晚我們睡的是 open dormitary，房內共有十多個不同國籍的人。來自各國的男男女女幾乎都只穿着內衣四處走動，好一種新鮮的體驗！由於房間沒有 locker 存放個人物品，我們只能抱着行李睡覺。希望明早起來，所有行李都還在。

Day 24

Thanks God，早上起來所有東西還在。雖然旅程到了現在大伙兒都沒有任何財物損失，但仍要萬事小心。

到了佛羅倫斯，感覺不那麼熱。到旅舍 check-in 後，才發現原來這間 hostel 是有空調的！！！這是整個歐洲之旅第一回能睡在有冷氣的房間。放下行李後，我們便開始遊覽佛羅倫斯了。佛羅倫斯的小巷大部分都有建築物遮擋陽光，間中還有陣陣微風，在這城中遊走很舒服。如常的 city hunt，包括教堂、博物館、廣場、河邊建築。今天的重點行程是去學院美術館看大衛像，原來比我想像中還要高很多，站在它的跟前，完全能感受它的魅力，想貪婪地多看一會。付入場費只是看大衛像，也是值得的。

Day 25

今天第一個行程是看意大利最有名的比薩斜塔，其實感覺不錯，但完全跟我想像中一模一樣，少了一分驚喜與新鮮感。之後到近郊西恩那，街道上有很多賣皮革的店，綠色的小坡道與兩旁的特色小店，不知怎的，我就是喜歡。由於不曬也不熱，一直無目的地閒逛著，也不覺得無聊。到每一個城市，參觀一下當地的大教堂是例行公事。遊覽完畢後，到被稱為「世上最美的廣場」康波廣場參觀，坐在廣場的中央稍作休息，感覺良好。

Day 26

羅馬的第一個景點，是我最期待的羅馬圓形競技場，很開心。緊接著是去遍地遺跡的古羅馬市集，雖然天氣很熱，仿如踏進了沙漠，但雄偉的建築依然令人很興奮。

遊覽圓頂萬神殿及滿街畫作的威尼斯廣場之後，最後一站是許願池，用了 € 0.05 許了個願。在羅馬第一次碰上香港旅遊團，1 個月以來首次在歐洲聽到別人講廣東話，感覺很特別，居然覺得廣東話聽起來有點像鄉下話，也因為身邊的人聽得懂我們的對話而有點「不安」，哈哈。

來到歐洲之旅倒數一星期，在網上得知香港朋友的近況。不少同學已經開始投身工作，對於此刻仍在玩樂的我，感到有點內疚。一想到就要回港，又得面對一大堆殘酷/惱人的現實，真是十萬個不情願。

200

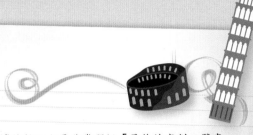

Day 27

大清早來到梵蒂岡博物館，主要欣賞那幅「最後的審判」壁畫。壁畫所在的聖堂非常莊嚴，遊客要保持安靜，不許交談。也許梵蒂岡博物館的一切無法用言語去形容，只有親身參觀過的人，才明白它的魅力所在。

離開梵蒂岡博物館後，到聖伯多祿大教堂及聖伯多祿廣場。這裏的宗教氣氛使人感到震撼。教堂前放着一列列的椅子，可以想像得到教宗在演說時的熱鬧盛況。對於讀了13年天主教學校、卻沒有宗教信仰的我，此刻才發覺，原來宗教在我校園生活的記憶中，佔了重要的一部分。上教堂塔頂的台階有500多級，台階又高又窄，可說是到目前為止最辛苦的一次。不過，親眼從高處看到聖伯多祿廣場時，實在好感動。從塔頂下來步向出口時，經過教堂的大廳，有緣看到教堂上方小窗射進來的一束光，看來我們真的很幸運。

今天是不停走走走，11個小時的行程只坐過短時間，除了小蛋糕連午餐也沒吃，不禁覺得自己好厲害。

Day 28

到了米蘭，首先參觀那值得一看再看的米蘭大教堂，之後到米蘭的名店購物。可能是在巴黎的香樹麗舍大道看夠了，來到名店林立的米蘭，少了一分興奮與新鮮感。名牌這東西，適可而止就好。

路上有感

很多人為咖啡着迷，皆因咖啡的魅力，實在是令人無法抵抗。咖啡因引發的腎上腺素提升所帶來的活力與興奮感，總讓人不能自拔，一再迷戀。也許，愛情跟咖啡一樣，甘甜卻帶着苦澀，美好卻同時有不良的副作用，能讓人一直沉迷下去，甚至失去理智。咖啡可說是歐洲人生活的一部分，說到喝咖啡，尤以意大利人最為瘋狂。他們習慣每天早餐、吃午飯前後都會喝一杯咖啡。咖啡館對他們來說，是日常聊天、社交約會的好地方。當地不少藝術家，亦喜歡在咖啡館尋找創作靈感。

Part 8

瑞士 Switzerland

憑着優美的大自然景觀及輕鬆的生活步調，瑞士位居「全國最快樂國家」首三位，向來都被譽為蜜月旅行及退休渡假的首選聖地。一提起瑞士，相信很多人的腦海裏第一時間會想起雪山。的確，瑞士一向都被譽為登山及滑雪勝地，夏天健行、冬天滑雪。由於瑞士部分地區處於地勢較高的高地，某些著名的旅遊景點更長年積雪。假如不是冬季到歐洲，又想感受一下滿山積雪的壯麗風景，絕對不能錯過瑞士這一站。

首都：伯恩 (Bern)

流通貨幣：瑞士法郎 (CHF)

語言：德語 (64%)、法語 (19%)、意大利語 (8%)、羅曼語 (1%)

電壓：230V 50Hz

貨幣面值：紙幣分為 CHF 10、CHF 20、CHF 50、CHF 100、CHF 200、CHF 1,000，硬幣分為 5 ct、10 ct、20 ct、50 ct、CHF 1、CHF 2、CHF 5；1 CHF 等於 100 ct)

電話區號：瑞士國際區號 41；遮馬特城市區號 27；日內瓦城市區號 22；因特拉根城市區號 33

緊急電話：警察 117；救護車 144；消防 118

插頭：2 圓孔或 3 圓孔

時差：比香港慢 7 小時，(3 月至 10 月比香港慢 6 小時)

特產：鐘錶、瑞士刀、音樂盒

美食：朱古力、芝士火鍋、乳酪

手信購買熱點：班郝夫大道

商店營業時間：08:00-19:00，星期六 08:00-16:00，星期日及假日休息

月份	平均氣溫（攝氏）	平均降雨量（毫米）
1	2	60
2	0	30
3	7	75
4	9	135
5	15	80
6	16	100
7	19	80
8	18	130
9	17	140
10	12	130
11	4	60
12	3	130

月份	節慶 / 活動 (舉辦日期)
1 月 -2 月	洛桑國際芭蕾舞大賽 (Prix de Lausanne) (2024 年 1 月 28 日 -2 月 4 日) www.prixdelausanne.org
3 月	擊鐘驅冬節 (Chalandamarz) (每年 3 月 1 日)
3 月	巴塞爾嘉年華會 (Basel Fasnacht) (2024 年 2 月 19 日 -21 日) www.fasnachts-comite.ch
4 月	蘇黎世春會 (Sechseläuten) (每年 3 月或 4 月) www.sechselaeuten.ch
5 月	國際街頭藝術節 (Festival Artisti di Strada in Ascona) (2023 年 5 月 26 日 -28 日) www.amascona.ch/eventi/festival-artisti-di-strada
6 月	趕家畜上山 (Alpaufzug Adelboden) (6 月尾) www.adelboden.ch/en/s/alpaufzug
7 月	蒙特勒爵士音樂節 (Montreux Jazz Festival) (約 6 月 -7 月) www.montreuxjazz.com
8 月	國慶日煙花表演 (National Day) (每年 8 月 1 日)
8 月	羅卡諾影展 (Festival del film Locarno) (2023 年 8 月 2 日 -12 日) www.pardolive.ch
9 月 /10 月	馬拉松大賽 (Jungfrau Marathon) (2023 年 9 月 7 日 -8 日) www.jungfrau-marathon.ch
9 月 /10 月	分配乳酪大慶 (Alpine Cheese Festival)(2023 年 9 月 16 日)
9 月 /10 月	葡萄酒節慶 (Hallau Wine Festival) (2023 年 9 月 8 日 -10 日)
11 月第四個星期一	伯爾尼洋蔥節 (Zibelemärit) (2023 年 11 月 27 日) www.swissvistas.com/onion-market.html

2024	2025	
1 月 1 日	1 月 1 日	新年
1 月 2 日	1 月 2 日	Berchtold's Day
3 月 29 日	4 月 18 日	耶穌受難節
4 月 1 日	4 月 21 日	復活節星期一
5 月 1 日	5 月 1 日	勞動節
5 月 9 日	5 月 29 日	耶穌升天節
5 月 20 日	6 月 9 日	聖靈降臨節
5 月 30 日	6 月 19 日	聖體節
8 月 1 日	8 月 1 日	國慶日
12 月 25 日	12 月 25 日	聖誕節
12 月 26 日	12 月 26 日	聖誕節翌日

瑞士旅遊局
www.myswitzerland.com

203

如何前往瑞士？

從香港出發

　　現時瑞士國際航空、國泰航空提供香港直飛瑞士蘇黎世的航班，如往日內瓦是需要轉機的。另外，香港有多家航空公司，如芬蘭航空等提供經歐洲國家轉機前往蘇黎世及日內瓦的航班，如乘搭法國航空往瑞士，可在巴黎轉機。

　　由香港直飛至瑞士蘇黎世，航程約需 14 小時，機票由 HK$9,000 起。也可以選擇需要轉機的航班，機票由 HK$7,000 起。

瑞士國際航空：
www.swiss.com

從歐洲其他國家出發

　　如果想從歐洲某國家前往瑞士國內的城市，如蘇黎世、日內瓦等，可以選擇乘搭飛機、火車及巴士。

1. 飛機

　　在歐洲各國乘搭飛機往瑞士蘇黎世及日內瓦所需時間約 1-2 小時，各國所需時間分別如下：

出發地	所需時間	
	蘇黎世	日內瓦
奧地利維也納	約 1.5 小時	約 2 小時
法國巴黎	約 1 小時	約 1.5 小時
英國倫敦‧意大利羅馬	約 1.5 小時	約 2 小時

2. 火車

RAILEUROPE：
www.raileurope.com

　　可選擇乘搭的火車包括 EC(Eurocity) 國際特快車、EN(Euro Night) 特快夜車、IC(Intercity Express) 國內特快車、ICE(Intercity Express) 德國高速新幹線、TER 法國省際火車 (Transport express regional)、TGV(Train à Grande Vitesse) 法國特快車、IRE 快車 (Interregio-Express) 及 CIS(Cisalpino) 意大利特快車。

出發地	所需時間	
	蘇黎世	日內瓦
法國里昂 (乘 TER)	約 5 小時	約 2 小時
法國巴黎 (乘 TGV Lyria)	約 4 小時	約 3.5 小時
西班牙巴塞隆拿 (乘 France-Spain High Speed 及 TGV 或 TER)	約 11 小時	約 7.5 小時
意大利米蘭 (乘 CIS)	約 4 小時	約 4 小時
奧地利薩爾斯堡 (乘 EC)	約 5.5 小時	約 8 小時

3. 巴士

如選擇乘巴士到瑞士，可在出發前購買 FlixBus 車票，即可周遊列國，省錢又方便。

由匈牙利布達佩斯及奧地利維也納乘巴士往瑞士，分別約 16.5 小時及 14.5 小時。有關 FlixBus app 可參閱 P.50。

> **i** FlixBus：global.flixbus.com

有關 FlixBus app 可參閱 P.50。

瑞士國內交通

航空

蘇黎世機場 (Flughafen Zürich) 是瑞士最大的國際機場，也是瑞士國際航空的樞紐，航班往來全球多個國家。

日內瓦國際機場 (Genève Aéroport) 有百多條國際航線，其中有三分一是往歐洲其他國家的航線。

位於首都的伯恩－貝爾普機場 (Flughafen Bern Belp) 是民用機場，主要服務伯恩本市，有機場巴士連接伯恩的火車站。

EuroAirport Basel-Mulhouse-Freiburg 是法國和瑞士共同運營的機場，航班主要往返瑞士巴塞爾、德國弗賴堡和法國米盧斯；恩嘎丁機場 (Engadin Airport) 又稱為 Samedan Airport，是 Samedan 的地區性機場，也是往來阿爾卑斯山的機場。

現時由瑞士首都伯恩乘飛機往蘇黎世及日內瓦分別只需 40 分鐘。

> **i** 蘇黎世國際機場：www.flughafen-zuerich.ch
> 日內瓦國際機場：www.gva.ch
> 伯恩－貝爾普機場：www.bernairport.ch
> EuroAirport：www.euroairport.com
> 恩嘎丁機場：www.engadin-airport.ch

瑞士鐵路

瑞士的鐵路分為國家經營和私人經營，國家經營的叫瑞士聯邦鐵路 (SBB)，提供國內及跨越歐洲國家的列車服務，可到達法國和德國等地。另外，瑞士也擁有全歐洲最高的火車站，就是位於伯恩高原的少女峰車站，海拔為 3,454 米。

現時往來瑞士及歐洲各國的列車包括：IC(InterCity) 國內特快車、IR(Interregionale) 列車、Schnellzug 快車、RX(RegioExpress) 快車及 Regio 普通車。有關持歐洲火車證遊客的交通費用，可參看 P.10-12。

> **i** 瑞士聯邦鐵路 (SBB) 網址：www.sbb.ch

瑞士火車證 Swiss Travel Pass

可以考慮購買瑞士火車證 Swiss Travel Pass，可無限次免費乘搭瑞士公營火車、巴士及登山列車。

Swiss Travel Pass：
www.swiss-pass.ch

費用：

天數	成人 （頭等車廂）	成人 （二等車廂）	16-26 歲青年 （頭等車廂）	16-26 歲青年 （二等車廂）
連續使用 3 天	CHF 369(HK$3,137)	CHF 232(HK$1,972)	CHF 260(HK$2,210)	CHF 164(HK$1,394)
連續使用 4 天	CHF 447(HK$3,780)	CHF 281(HK$2,386)	CHF 315(HK$2,678)	CHF 199(HK$1,692)
連續使用 6 天	CHF 570(HK$4,845)	CHF 359(HK$3,0512)	CHF 402(HK$3,417)	CHF 254(HK$2,159)
連續使用 8 天	CHF 617(HK$5,244)	CHF 389(HK$3,307)	CHF 436(HK$3,706)	CHF 276(HK$2,346)
連續使用 15 天	CHF 675(HK$5,737)	CHF 429(HK$3,647)	CHF 479(HK$4,072)	CHF 307(HK$2,610)
1 個月內可使用 3 天	CHF 424(HK$3,604)	CHF 267(HK$2,270)	CHF 299(HK$2,542)	CHF 189(HK$1,607)
1 個月內可使用 4 天	CHF 514(HK$4,369)	CHF 323(HK$2,746)	CHF 362(HK$3,077)	CHF 229(HK$1,947)
1 個月內可使用 6 天	CHF 610(HK$5,185)	CHF 384(HK$3,264)	CHF 430(HK$3,655)	CHF 272(HK$2,312)
1 個月內可使用 8 天	CHF 649(HK$5,517)	CHF 409(HK$3,477)	CHF 459(HK$3,902)	CHF 290(HK$2,465)
1 個月內可使用 15 天	CHF 706(HK$6,001)	CHF 449(HK$3,817)	CHF 501(HK$4,259)	CHF 321(HK$2,729)

*2023 年價格

GA 旅行卡 (GA Travelcard)

瑞士交通系統由火車、汽車、輪船和高山纜車組成，這些交通工具環環相扣，形成了覆蓋整個瑞士的交通網絡。遊客遊覽瑞士，建議購買 GA 旅行卡 (GA Travelcard)，可在 1 個月內無限次乘坐 SBB 火車和大多數其他鐵路的火車，以及瑞士的大部分公共交通工具。

> **Info**
> 瑞士交通優惠卡 Swiss Transfer Ticket
> 有效期：1 個月
> 費用：頭等車廂 CHF545(HK$4,633)，
> 　　　二等車廂 CHF340(HK$2,890)
> 網址：**www.sbb.ch/en/travelcards-and-tickets/railpasses/ga.html**

瑞士半價優惠卡 Swiss Half Fare Card

瑞士半價優惠卡與瑞士交通優惠卡性質非常相似，都是可在 1 個月內半價乘搭瑞士鐵路、巴士、輪船及高山列車。不過，瑞士半價優惠卡不包括免費來回機場及市中心的交通費，所以瑞士半價優惠卡的費用也便宜很多。

> **Info**
> 瑞士半價優惠卡 Swiss Half Fare Card
> 有效期：1 個月
> 費用：CHF120(HK$ 906)
> 網址：**www.swiss-pass.ch**

日內瓦交通卡 Geneva Transport Card

到日內瓦觀光時，只要入住日內瓦任何一間酒店、青年旅舍或營地，都可免費獲得一張日內瓦交通卡，憑卡可兩日內免費乘搭日內瓦市內電車、巴士、火車及乘船渡湖。

Geneva Transport Card：
網址：www.geneva.info/transport/card/

日內瓦通行證 Geneva Pass

日內瓦的旅遊局亦推出了日內瓦觀光通行證，除了可免費乘搭公共交通工具外，亦可享有 40 多個優惠，包括免費觀光團、得到獨有的紀念品等等，大家到日內瓦旅遊時可考慮購買。

天數	價錢
1 日	CHF 26(HK$ 196)
2 日	CHF 37(HK$ 279)
3 日	CHF 45(HK$ 340)

www.myswitzerland.com/en/geneva-pass.html

遮馬特

Grand Hotel Zermatterhof

星級	5 ★
免費 WiFi	✓
含早餐	X
房間獨立浴室	✓
泳池	✓
入住時間	15:00
退房時間	12:00

地圖 P.210

Info

地址：Bahnhofstrasse 55-Postfach 14-CH-3920 Zermatt, Switzerland
交通：由遮馬特火車站步行約 8 分鐘
房價：CHF 451(HK$3,834) 起
電話：+41 279666600
網址：**www.zermatterhof.ch**

Darioli Apartments

星級	3 ★
免費 WiFi	X
含早餐	X
房間獨立浴室	✓
泳池	✓
入住時間	13:00
退房時間	11:00

地圖 P.210

Info

地址：Bahnhofstrasse 64, Matterstreet Area, Zermatt, Switzerland
交通：由遮馬特火車站步行約 6 分鐘
房價：CHF 240(HK$ 2,040) 起
電話：+41 56 441 73 27
網址：**hausdarioli.ch**

Hotel Mont Cervin Palace

星級	5 ★
免費 WiFi	✓
含早餐	✓
房間獨立浴室	✓
泳池	✓

地圖 P.210

Info

地址：Bahnhofstrasse 31, Postfach 210, CH-3920 Zermatt, Switzerland
交通：由遮馬特火車站步行約 3 分鐘
房價：CHF 545(HK$4,633) 起
電話：+41 279668888
網址：**www.montcervinpalace.ch**

Matterhorn Hostel

星級	1 ★
免費 WiFi	✓
含早餐	X
房間獨立浴室	X
入住時間	16:00
退房時間	10:00 (4-6月、9-12月) 11:00 (6-9月、12-4月)

地圖 P.210

Info

地址：Schluhmattstrasse 32, Zermatt, Switzerland
交通：由遮馬特火車站步行約 15 分鐘
房價：CHF 36 (HK$ 272) 起，房間分為 2、3、4、6、7、8 人房
電話：+41 279681919
網址：**www.matterhornhostel. com**

Alpenhof Hotel

星級	4 ★
免費 WiFi	✓
含早餐	X
房間獨立浴室	✓
泳池	✓

Neues Deluxe Doppelzimmer

地圖 P.210

Info

地址：Matterstrasse 43, CH-3920 Zermatt, Switzerland
交通：由遮馬特火車站步行約 7 分鐘
房價：CHF 220(HK$1,870) 起
電話：+41 279665555
網址：**www.julen.ch/de/hotel-alpenhof/**

日內瓦

Four Seasons Hotel des Bergues Geneva

星級	5 ★
免費 WiFi	X
含早餐	X
房間獨立浴室	✓
泳池	✓
入住時間	15:00
退房時間	12:00

地圖 P.215

Info
地址：33, Quai des Bergues, 1201 Genève, Switzerland
交通：由科納文 (Genève) 火車站步行約 10 分鐘
房價：CHF 1,245(HK$10,583) 起
電話：+41 229087000
網址：www.fourseasons.com/geneva

因特拉根

Victoria-Jungfrau Grand Hotel & Spa

星級	5 ★
免費 WiFi	✓
含早餐	✓
房間獨立浴室	✓
泳池	X
入住時間	15:00
退房時間	12:00

Info
地址：Höheweg 41, CH-3800 Interlaken, Switzerland
交通：由因特拉根西 (Interlaken West) 站步行約 8 分鐘
房價：CHF 905(HK$7,693) 起
電話：+41 338282828
網址：www.victoria-jung frau.ch

Hotel Beau Rivage

星級	5 ★
免費 WiFi	✓
含早餐	X
房間獨立浴室	✓
泳池	X

地圖 P.215

Info
地址：Quai du Mont Blanc 13, CH 1201 Genève, Switzerland
交通：由科納文 (Genève) 火車站步行約 10 分鐘
房價：CHF 790 (HK$ 5,965) 起
電話：+41 22 716 66 66
網址：www.beau-rivage.ch

Hotel Metropole

星級	4 ★
免費 WiFi	X
含早餐	X
房間獨立浴室	✓
泳池	✓
入住時間	14:00
退房時間	11:00

Info
地址：Höheweg 37, CH-3800 Interlaken, Switzerland
交通：由因特拉根東站 (Interlaken Ost) 步行約 7 分鐘
房價：CHF 196-554 (HK$1,666-4,709) 起
電話：+41 338286666
網址：www.metropole-interlaken.ch/index.php?page=332

Auberge de Jeunesse

星級	NIL
免費 WiFi	X
含早餐	✓
房間獨立浴室	X
泳池	X
入住時間	14:00
退房時間	19:00

地圖 P.215

Info
地址：Rue Rothschild 30, 1202 Genève, Switzerland
交通：由科納文 (Genève) 火車站步行約 15 分鐘
房價：CHF 36 (HK$ 272) 起，分為 2-6 人房，部分 2 人房有獨立洗手間及浴室
電話：+41 227326260
網址：www.yh-geneva.ch

Hotel interlaken

星級	4 ★
免費 WiFi	X
含早餐	✓
房間獨立浴室	✓
泳池	X
入住時間	15:00
退房時間	11:00

Info
地址：Hoheweg 74,CH-3800 Interlaken, Switzerland
交通：由因特拉根東站 (Interlaken Ost) 步行約 5 分鐘
房價：CHF 366 起 (HK$3,111)
電話：+41 338266868
網址：www.hotelinterlaken.ch

208

遮馬特景點及美食

Zermatt

遮馬特是瑞士一個小村莊，因阿爾卑斯山脈中最著名的馬特洪峰 (Matterhorn) 的緣故而聞名。小村莊座落在環山之間，為了確保村莊的自然風貌，所有燃油車一律禁止進入，村莊裏以電動車和馬車代步。事實上，遮馬特面積不大，景點十分集中，徒步遊覽約半天就可逛完，也可以乘搭馬車，欣賞村莊周圍的景色。

▲ Mont Cervin Place。

▲ Zermatterhof。

▲當瑞士麥當勞的咖啡通常配上朱古力。

▲遮馬特火車站。

📷 觀光購物街 班郝夫大道 *Bahnhofstrasse* 地圖 P.210

班郝夫大道是遮馬特火車站前南北延伸的一條街道，是遮馬特市中心的主要觀光購物街，街道兩旁商店、餐廳、旅館林立，十分熱鬧。沿着班郝夫大道一直往前走，沿途經過教堂、博物館、朱古力專賣店、運動用品店、特色禮品店、小咖啡廳與地道芝士火鍋餐廳。幸運的話，在黃昏時分走過班郝夫大道，還有機會碰到放牧回家的羊群。

▶班郝夫大道十分熱鬧。

Info

地址：3920 Zermatt, Switzerland

交通：由遮馬特火車站步行約 8 分鐘

209

遮馬特景點地圖

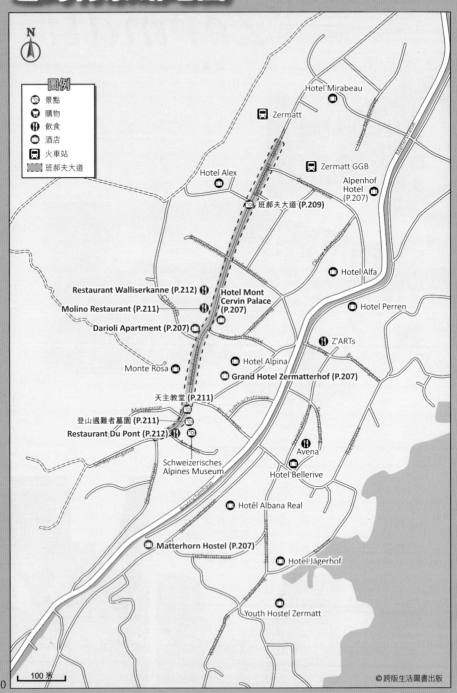

N

圖例
- 景點
- 購物
- 飲食
- 酒店
- 火車站
- 班郝夫大道

Hotel Mirabeau

Zermatt

Zermatt GGB

Hotel Alex

Alpenhof Hotel (P.207)

班郝夫大道 (P.209)

Hotel Alfa

Restaurant Walliserkanne (P.212)

Hotel Mont Cervin Palace (P.207)

Hotel Perren

Molino Restaurant (P.211)

Darioli Apartment (P.207)

Z'ARTs

Monte Rosa

Hotel Alpina

Grand Hotel Zermatterhof (P.207)

天主教堂 (P.211)

登山遇難者墓園 (P.211)

Restaurant Du Pont (P.212)

Avena

Schweizerisches Alpines Museum

Hotel Bellerive

Hotêl Albana Real

Matterhorn Hostel (P.207)

Hotel Jägerhof

Youth Hostel Zermatt

100 米

📷 石頭教堂 天主教堂 *Pfarrkirche St. Mauritius* 地圖 P.210

這是一間用石頭砌成的天主教堂，建於 1913 年，除了用作主日彌撒外，夏天旺季時，教堂內和教堂前的廣場上還有各式音樂演奏，可感受瑞士人簡單純樸的生活。

▶ 遮馬特的天主教堂。

> **Info**
> 地址：**Kirchplatz, Zermatt, Switzerland**
> 交通：由遮馬特火車站步行約 8 分鐘

📷 登山遇難者安息地 登山遇難者墓園 地圖 P.210
Mountaineers' Cemetery

天主教堂旁邊有一附屬墓園，墓園裏有許多石碑及登山杖，用來追悼著名登山家及登山遇難者。不少墓碑的設計都別出心裁，用登山者所喜愛的各式登山用具作裝飾。

▶ 登山遇難者安息地。

▶ 登山家們的陵墓。

> **Info**
> 地址：**Kirchplatz, Zermatt, Switzerland**
> 交通：由遮馬特火車站步行約 8 分鐘

村莊意菜 Molino Restaurant 地圖 P.210

> **Info**
> 地址：**Bahnhofstrasse 52, 3920 Zermatt, Switzerland**
> 時間：10:00-24:00
> 電話：+41 279668181
> 網址：molino.ch/en

這是小村莊內的意大利餐館，網上人氣極佳，設有露天海景座位，推介菜式為薄餅跟意大利麵，但價錢較貴。

▼ 遮馬特人氣意菜餐廳。

人氣瑞士火鍋 Restaurant Walliserkanne

地圖 P.210

　　Walliserkanne 是遮馬特一間歷史悠久的餐廳，位於班郝夫大道中央，也是遮馬特最受歡迎的餐廳之一。除了瑞士火鍋外，還提供意大利菜，特別推介店內的大蝦意大利麵。

▲ Walliserkanne 位於班郝夫大道中央。

Info

地址：Bahnhofstrasse 32 3920 Zermatt, Switzerland
交通：由遮馬特火車站步行約 3 分鐘
時間：10:00-21:30
電話：+41 279664610
網址：www.walliserkanne.ch

▲ 意大利雲吞。

▲ 大蝦意大利麵。

▲ 芝士火鍋。

乳酪專家 Restaurant Du Pont

地圖 P.210

　　Restaurant Du Pont 提供自家製乳酪美食，熱門菜式包括香草乳酪火鍋、軟滑乳酪及蛋包卷等。

Info

地址：Oberdorfstrasse 7, 3920 Zermatt, Switzerland
時間：12:00-14:30，18:00-10:30
休息：星期一
電話：+41 279674343
網址：www.restaurant-dupont.ch

◀ Restaurant Du Pont。

遨遊 11 國省錢品味遊 Easy Go!．歐洲

阿爾卑斯山美景 高納葛拉特觀景台

Gornergrat

乘搭遮馬特市中心出發的登山列車，可到高納葛拉特觀景台，全程約 45 分鐘。在海拔 3,089 米的觀景台上可以飽覽瑞士阿爾卑斯多個著名山峰，包括白朗峰、馬特洪峰及特歐杜爾冰河等壯麗景觀。早上登上高納葛拉特觀景台，往山下看，更有機會看見漂亮的雲海。天晴的時候，在瞭望台一共可以看到 29 個海拔 4,000 米以上的山峰。觀景台有紀念品售賣店和咖啡廳，如想買紀念品，建議返回班郝夫大道購買。

▼ 登山列車上看到的遮馬特小鎮。

▼ 高納葛拉特上的自然景色非常壯麗。

► 高納葛拉特車票。

◄ 車站。

◄ 啡店。

◄ 露天咖

► 在途中遇到的山羊。

▼ 聖伯納犬可供遊客合照留念。

Info

交通：遮馬特火車站對面的高納葛拉特登山電車車站

Info

登山電車

地址：**Getwingstrasse, Zermatt, Switzerland**

費用 **$**：成人來回票 CHF 113.5 (HK$ 965)，單程票 CHF 50.5 (HK$ 429)

時間：(首/尾班車) 一般由遮馬特出發首班車 07:00，由高納葛拉特出發尾班車 18:00，建議出發前留意官網最新資訊

網址：**www.gornergratbahn.ch**

Tips

遮馬特周邊健行路線

遮馬特周邊有總長超過 400 公里的健行路線，絕對是登山愛好者的天堂。如想在瑞士行山，建議到高納葛拉特後，乘火車折回羅登波登 (Rotenboden) 站開始健行。沿路一直步行到利菲爾普 (Riffelberg) 站，再乘火車下山。留意如遇上下雨天、沒有穿適當的衣服或是對行山沒信心的話，別勉強前行，始終安全最重要。

日內瓦景點

Genève

日內瓦是瑞士第二大城市，也是國際著名的都市，自兩次世界大戰後，很多國際組織都在這兒設立總部，包括紅十字會，而第一條日內瓦公約於 1864 年簽訂，公約主要保護戰爭期間的受傷的人員。

日內瓦旅遊局 www.geneve.com

📷 **瑞士最大湖泊 列馬湖** *Lac Léman*　地圖 P.215

列馬湖又稱為日內瓦湖，呈半月形，是瑞士最大的湖泊，湖水來自阿爾卑斯山脈，湖周邊的大自然景色非常優美。列馬湖左岸的新市區有聯合國總部所在的萬國宮 (Palais des Nations)、中央郵局及國際紅十字會總部等建築；右岸舊市區有聖彼得大教堂、休憩公園及各式美術館等，充滿人文氣息。

▶ 列馬湖景色浪漫醉人。

Info

地址：Genève, Switzerland
交通：從 Vevey 火車站步行至列馬湖的 Vevey 碼頭

▼ 列馬湖雨後的雙彩虹。

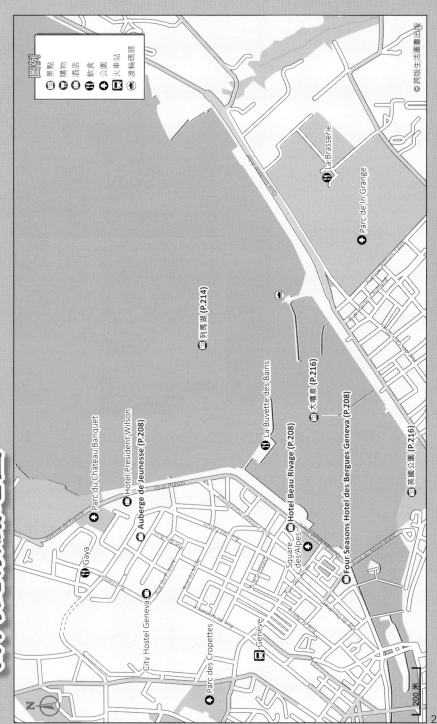

日內瓦景點地圖

圖例
- 景點
- 購物
- 酒店
- 飲食
- 公園
- 火車站
- 渡輪碼頭

©跨版生活圖書出版

La Brasserie

Parc de la Grange

列馬湖 (P.214)

La Buvette des Bains

大噴泉 (P.216)

英國公園 (P.216)

Parc du Château Banquet

Hotel President Wilson

Auberge de Jeunesse (P.208)

Avenue Wilson

Gava

Hotel Beau Rivage (P.208)

Four Seasons Hotel des Bergues Geneva (P.208)

City Hostel Geneva

Square des Alpes

Hotel des Alpes

Genève

Parc des Cropettes

N

200米

日內瓦地標 大噴泉 *Jet d'Eau* 　地圖 P.215

　　大噴泉位於列馬湖中心，可説是瑞士日內瓦的標記。大噴泉的噴水狀況是根據當時的風力而定，以確保噴泉時刻都在「完美」狀態。大噴泉高 145 米、以時速達 200 公里每秒噴出 500 公升的水。若走近噴泉的話，會被水花濺到。日落時分的大噴泉，配上黃昏的晚霞，優美又壯麗。

▶ 大噴泉的黃昏美景。

▲▼ 位於列馬湖中心的大噴泉。

Info

地址：Lac Léman, Genève, Switzerland
交通：由科納文 (Genève) 火車站步行約 15 分鐘

花花時間 英國公園 *Le Jardin Anglais* 　地圖 P.215

　　英國公園建於 1854 年，因參考了英國的造園技術而得名。公園位於列馬湖旁，是欣賞列馬湖景致及散步的好去處。園中有一個由超過 6,000 朵鮮花砌成的大鐘，花鐘直徑長達 5 米。英國公園內有不少餐廳及休憩場所，是瑞士人周末和假日的好去處。

▶ 戶外音樂演出。

像園內英國公園的雕。▶

Info

地址：Rues-Basses Longemalle, 1204 Genève, Switzerland
交通：由科納文 (Genève) 火車站步行約 10 分鐘
電話：+41 229077000

Chamonix-Mont-Blanc

◁ 山中小鎮夏慕尼。

夏慕尼是位於法國東南方的山中小鎮，靠近瑞士和意大利國界，也是滑雪度假聖地。因夏慕尼較近瑞士日內瓦，遊客一般從日內瓦出發前往夏慕尼。法國大革命和拿破崙帝國時期已將這個小鎮併入法國領土，1860年3月24日按照都靈條約正式併入法國。

www.chamonix.net

夏慕尼景點地圖

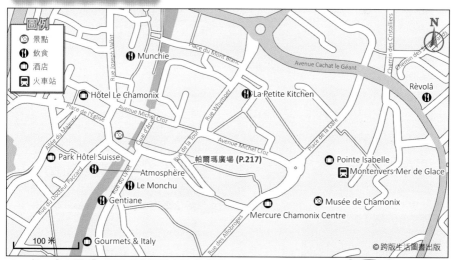

圖例
- 🄵 景點
- 🅗 飲食
- 🄾 酒店
- 🚆 火車站

Place du Mont Blanc
Avenue Cachat le Géant
Rue Joseph Vallot
Munchie
Hôtel Le Chamonix
La Petite Kitchen
Rèvolâ
Avenue Michel Croz
Place de l'Église
Quai d'Arve
Rue Whymper
Avenue Michel Croz
Place de la Gare
Rue de la Tour
Park Hôtel Suisse
帕爾瑪廣場 (P.217)
Pointe Isabelle
Montenvers Mer de Glace
Atmosphère
Le Monchu
Musée de Chamonix
Gentiane
Mercure Chamonix Centre
Rue des Allobroges
100 米
Gourmets & Italy
Chemin des Cristalliers
Chemin des Ecureuils
N
Rue du Docteur Paccard
Allée du Majestic

© 跨版生活圖書出版

📷 攻頂先驅 帕爾瑪廣場 *Place Balma* 〔地圖 P.217〕

夏慕尼火車站附近的帕爾瑪廣場有兩座銅像，其中一個銅像人物用手指着白朗峰 (Mt. Blanc) 山頂，是紀念首位登上白朗峰的帕爾瑪，另一個銅像是帕卡德，當年他與帕爾瑪一起成功攻頂。帕爾瑪廣場有不少餐廳及特色紀念品商店，十分熱鬧，建議在這兒購買白朗峰的精品手信，價錢相宜。廣場上有一間郵局，不妨買張明信片寄回家留念。

▲ 帕爾瑪廣場。

Info

地址：74400 Chamonix-Mont-Blanc, France
交通：由夏慕尼火車站步行約 3 分鐘

Tips

夏慕尼是法國的領土，在這裏購物都以歐元結算。

📷 萬年冰河探險 蒙唐維爾瞭望台 *Montenvers*

　　由夏慕尼火車站乘 20 分鐘登山列車，便可到達高 1,913 米的蒙唐維爾瞭望台。由瞭望台前往冰河，沿路有不少碎石及陡峭的路段，若選擇徒步前往會較累，建議乘坐吊車。於蒙唐維爾瞭望台除了欣賞到壯麗的冰河，還可到冰窟參觀。往冰窟入口的路沿山而建，一部分的路是空心的，往下看的話真是步步驚心。

▶夏慕尼登山列車售票處。

◀蒙唐維爾瞭望台車站。

▼蒙唐維爾瞭望台車票。

▼吊車站。

▲往冰河吊車。

▶登山列車上。

▼可以用手觸摸的冰窟。

▲往冰窟路上。

Info

地址：(登山列車車站) Place de la Mer de Glace, 74400 Chamonix-Mont-Blanc, France

交通：夏慕尼火車站往後走約 5 分鐘，於蒙唐維爾車站乘登山列車

費用 $：單程 15 歲或以上 € 38 (HK$327)，5-14 歲及 60 歲以上長者 € 32.3 (HK$278)

網址：www.chamonix.com/montenvers-mer-de-glace,81,en.html

遨遊 11 國省錢品味遊 Easy Go!- 歐洲

218

瑞士是我們歐洲之旅的第六站。看過一座又一座人類偉大的建築,到最後發覺,簡單的大自然美景,才是最美。大自然有着使人有好心情的神奇力量。其實,無論是什麼年齡和身份的人,都該多接觸大自然。我們這些香港城市人,平常生活在斗室之中,無論在公司還是在家裏,都只是對着四面牆。我們活像工廠中的機器,每天只管做做做,誰能賺最多錢,才算「有用」。我們太看重結果,彷彿忘了怎樣生活。瑞士的大自然氣息,洗滌了我們疲累的身體及心靈。以這裏作為歐洲之旅的最後一站,最適合不過。

Day 29

今早乘火車出發去瑞士,終於到了由我負責策劃的行程。由於當地的火車時刻表跟網上看到的有點出入,我一直都為有沒有 VISP 這個車站而擔心了很久。火車一駛進瑞士的領土,窗外的風景變得愈來愈漂亮,朋友們都很興奮。我對順利找到旅館和火車站的確很有滿足感,假如全程都是被帶着走,的確很沒意思。

之後到主街班郝夫大道逛逛,由於未來兩天都要早起趕路,今天悠閒地體會小鎮風情是最好不過了。晚上吃芝士火鍋,瑞士的芝士火鍋都加了白酒,因為白酒可令芝士在胃內凝固幫助消化。能吃到正宗的瑞士火鍋,真的好滿足。

原來這晚住的 hostel 沒有熱水供應,在十多度的環境下用冰川流出來的冷水洗頭,不到 10 秒手指都凍得沒知覺,真是個難得的體驗。

Day 30

終於展開瑞士之旅的重點節目——登山(看雪山冰川和遠足)。我們大清早就出門,看到遮馬特村落被霧氣籠罩着,心裏在擔心上山後會否什麼也看不到,在登山鐵路上,失落與不安感一直持續着。在列車快要到站時,終於看到雪山的美景了。下車後眼前就是雪山跟冰川,好震撼。想不到我們都跟着日本遊客讚嘆說:すごいね(厲害)。當走近頂部時,差不多要離開,卻下起大雨來。幸運地,大家沒有高山反應,但在海拔 3,100 米左右的高山上,走得快一點的確會心跳加速。雖然最後因為大雨而取消了遠足的部分,但不要緊。

雖說沒有預期中的壓力,但身為「團長」的我或多或少都會多一點責任感。最基本條件是要找對 hostel 位置和火車班次,此外還得為每個團友的金錢作預算、擔心天氣狀況,還要負責找郵局、郵箱及安排買手信等。幸好瑞士算不上太熱,是一個令人可以放鬆身心的地方。

在瑞士碰上了旅程的第一個下雨天，在 hostel 辦好入住手續後，晚上到日內瓦市區逛逛，主要繞着大噴泉所在的列馬湖走。列馬湖旁有一群群的天鵝，難道這個就是天鵝湖？哈哈。結果，在列馬湖畔從黃昏走到日落。入黑後的大噴泉，反而顯得更漂亮、更有魅力。

Day 31

這個 Geneve-Eaux Vives 車站真的很難找，簡直就像是荒廢了很久似的。望着長滿青草的路軌當時心裏懷疑到底這車站是否仍在運作。今天的目的地是觀賞瑞士的第二個山峰——白朗峰，由於前一天已經上了雪山，今天選一個有冰窟的地點。往冰窟的一段路其實驚險萬分，之前在網上看到別人在山邊小路上走的相片，已經覺得很刺激及不可思議。今回自己要親身去感受。

下山後，我們要離開瑞士了。大伙兒準時搭上預定的那班火車，往法國里昂去。

路上有感

旅行團，是給那些沒時間或沒興趣安排行程的人。導遊介紹好像跟自己毫無關係的景點歷史，遊客們通常都沒有聽進去。旅遊巴士把你載到目的地，拍張照片就等於參觀完畢。餐廳住宿等一切都已經安排妥當，你不用（或沒有機會）跟當地人有任何的互動。

自由行，是給真正渴望了解異國風土人情的人。在編排行程的時候，會不自覺地接觸各國各地的歷史或故事。乘搭公共交通、上餐館親自點餐，能跟當地人互動，或多或少地融入了他們的生活。

透過旅行，了解不同的文化、不同的可能，或許可找到適合自己的生活。旅行，漸漸已成為都市人努力工作的原動力，但可有發覺，旅行時經常會出現「貨不對版」的情況。有時，想去旅遊節目介紹的景點，似乎比「登天」更難，旅遊書上各種引人入勝的風景，到達後發覺原來也「不外如是」。如果只是想看異國風景，其實用不着大灑金錢，只需安坐家中，扭開電視或翻開雜誌，呷一口咖啡，欣賞別人用昂貴的攝影器材拍攝的絕世奇景。

我們為什麼還要去旅行呢？各人都有不同的旅行理由，或吃喝玩樂，或擴闊視野，或增進彼此感情，也可能想拋開煩惱、認識自己，或是只想炫耀。你清楚自己為了什麼而踏上旅途嗎？

Day 32

今日大伙兒重回巴黎。

今天是旅程的最後一天，我們最後一次坐歐洲舒適的火車。連日來睡不夠，人有點累，在火車上很想睡，卻又貪婪地想去多感受多看歐洲的點滴。

雖然行程中有時預約不到火車票，打亂了陣腳，但是這趟旅程大致上都很順利。走進羅浮宮小說一般的世界、參觀我的夢想學院劍橋大學、乘搭有包廂的火車、置身雪山中、走進冰窟、看到車廂外奧地利跟瑞士的美景、到訪有趣的荷蘭紅燈區、觀賞高大的大衛像、走進睡公主的城堡新天鵝堡。一切一切，都是如此的美好。

重回巴黎，一切都是如此的熟悉，走過的路，走過的街景，勾起各種難忘的片段。短短的 1 個月，季節已由夏天變成秋天了。往 hostel 的一段路，已遍地落葉，連天氣也變冷了，不再熱。今天決定不帶相機外出，輕輕鬆鬆地感受巴黎禮拜天的悠閒。少了負擔，人也舒服。今天除了在巴士底市集逛逛外，幾乎沒有安排別的行程，能跟法國人一樣悠閒地過一天，其實也不錯。

一條國界，決定了你的信念和生活。你認為自己是亞洲人、中國人、台灣人，還是香港人？無論什麼國民身份認同調查，也很難查出你內心的想法。當你來到遙遠的歐洲，當地人都無法根據你的外貌及語言來判斷你是來自哪裏。不論你拿著哪個國家的護照，在哪裏出生，以何種語言作母語，當被問及 Where are you from? 的時候，你的回答就切實地反映了內心真實的感受。外出旅遊，是對國民身份這課題進行反思的一個好機會。你會為了被誤認為是某個國家的人而高興或反感嗎？

Part 9

西班牙 Spain

一般人對西班牙的認識，可能是透過學習西班牙語、觀看西班牙足球聯賽或西班牙球隊巴塞隆拿及皇家馬德里。西班牙語是全球第三大語言，西班牙世界文化遺產有數十多處，西班牙被譽為「天才之國」，除了天才建築師高迪，還有畫家畢卡索及達利、文學巨著《唐吉訶德》，以及著名的佛朗明哥舞步(Flamenco)。在藝術以外，西班牙是個充滿熱情和活力的城市，鬥牛活動及每年的奔牛節都吸引了世界各地的遊客。

首都：馬德里（Madrid）

流通貨幣：歐元（€）

語言：西班牙語

時差：比香港慢 7 小時，3 月至 10 月比香港慢 6 小時

電壓：230V 50Hz

插頭：二圓孔或三圓孔

貨幣面值：紙幣分為 €5、€10、€20、€50、€100、€200、€500，硬幣分為 €1、€2、1 cent、2 cent、5 cent、10 cent、20 cent、50 cent；€1 等於 100 cent

電話區號：西班牙國際區號 34；巴塞隆拿城市區號 93；塞維亞城市區號 95；哥多華城市區號 957；格拉納達城市區號 958；塞哥維亞城市區號 921

緊急電話：警察、救護車、消防 091

商店營業時間：09:30-13:30，16:30-20:30

特產：木雕工藝品、皮革、陶瓷

美食：生火腿、橄欖、大蒜、西班牙炒飯

西班牙天氣

月份	平均氣溫（攝氏）	平均降雨量（毫米）
1	10	42
2	11	40
3	12	40
4	14	49
5	17	52
6	20	41
7	24	23
8	24	54
9	21	67
10	18	84
11	13	66
12	11	44

節慶及重要的活動

月份	節慶 / 活動（舉辦日期）
1 月	聖西斯堅打鼓節 (La Tamborrada de San Sebastián)（1 月 20 日）
2 月	魔鬼節 (La Endiablada)(2 月 1 日 -4 日)
3 月	瓦倫西亞火祭 (La Falles en Valencia/Fallas de San Jose)（3 月 15 日 -19 日）
4 月	春祭 (Feria de Abril/April Fair)（2024 年 4 月 14 日 -20 日）
4 月	摩爾及基督教徒節 (Fiesta de Moros y Cristianos)(4 月 22 日 -24 日)
5 月	哥多華庭院節 (Fiesta de los Patios Cordobeses/The Cordoba Patio Festival)（5 月第 1-2 週）www.turismodecordoba.org/patios-de-cordoba.cfm
6 月	聖夫安火節 (Hogueras de San Juan)（6 月 20 日 -24 日）www.hoguerassanjuan.com
7 月	奔牛節 (San Fermin)（每年 7 月 6 日 -14 日）www.sanfermin.com
8 月	番茄大戰 (La Tomatina)(8 月最後一個星期三) www.latomatina.org
9 月	葡萄豐收節（每年 9 月）(Fiestas de la Vendimia Riojana)
10 月	皮拉節 (Fiestas del Pilar)（2023 年 10 月 7 日 -15 日）

公眾假期

2024	2025	
1 月 1 日	1 月 1 日	新年
1 月 6 日	1 月 6 日	主顯節
3 月 28 日	4 月 17 日	濯足節
3 月 29 日	4 月 18 日	耶穌受難節
4 月 1 日	4 月 21 日	復活節星期一
5 月 1 日	5 月 1 日	勞動節
8 月 15 日	8 月 15 日	聖母升天節
10 月 12 日	10 月 12 日	國慶日
11 月 1 日	11 月 1 日	諸聖節
12 月 6 日	12 月 6 日	行憲紀念日
12 月 8 日	12 月 8 日	聖母純潔受胎日
12 月 25 日	12 月 25 日	聖誕節

www.spain.info

223

如何前往西班牙？

從香港出發

　　香港沒有去西班牙的直航航班，必需轉機。有多家航空公司提供轉飛往西班牙的航班，可轉機往馬德里的航空公司包括英國航空、荷蘭皇家航空、聯合航空、德國漢莎航空、阿聯酋航空、中國國際航空、法國航空等。

　　而飛往巴塞隆拿的航空公司除了上述部分航空公司，還有瑞士航空。瑞士航空經瑞士蘇黎世轉飛馬德里的接駁時間較佳，可節省等待轉機的時間。香港至巴塞隆拿機票由 HK$6,500 起 (需轉機一次)，俄羅斯航空由香港往馬德里機票由 HK$6,800 起 (需轉機一次)。

ℹ️ 瑞士國際航空：www.swiss.com
　 俄羅斯航空：www.aeroflot.ru

從歐洲其他國家出發

　　如果想從歐洲某國家前往西班牙國內的城市，如馬德里和巴塞隆拿等，可以選擇乘搭飛機、火車及巴士。

1. 飛機

　　在歐洲各國乘搭飛機往西班牙馬德里和巴塞隆拿所需時間約 1.5-3 小時，各國所需時間分別如下：

出發地	所需時間	
	馬德里	巴塞隆拿
奧地利維也納	約 3 小時	/
法國巴黎	約 2 小時	約 1.5 小時
英國倫敦	約 2-2.5 小時	
德國法蘭克福	約 2-2.5 小時	
意大利米蘭	約 1.5-2 小時	
意大利羅馬	約 1.5-2.5 小時	
荷蘭阿姆斯特丹	約 2-2.5 小時	

2. 火車

　　如乘搭火車，因應目的地及預算，可選擇 **Talgo** 國際特快車、西班牙國鐵 **Trenhotel** 特快夜車及 **TGV(Train à Grande Vitesse)** 法國特快車。車費視乎不同的火車種類及不同的目的地而定，行程所需的時間也不一樣，由法國巴黎乘火車至西班牙馬德里及巴塞隆拿分別約 12 小時及 12.5 小時；葡萄牙里斯本至馬德里約 10 小時。

ℹ️ RAILEUROPE：www.raileurope.com
　 Talgo：www.talgo.com
　 Trenhotel：www.renfe.com/es/en/renfe-group/renfe-group/fleet-of-trains/trenhotel

3. 巴士

　　如選擇乘巴士到西班牙，可在出發前購買 FlixBus 車票，即可周遊列國，省錢又方便。

　　由法國巴黎乘巴士往西班牙巴塞隆拿，需時約 15 小時；德國法蘭克福往西班牙馬德里和巴塞隆拿，分別約 29 小時及 19.5 小時。

　　有關 FlixBus app 的資料，可參看 P.50。

> **i** FlixBus：
> global.flixbus.com

西班牙國內交通

航空

　　西班牙的主要機場分別是巴塞隆拿—埃爾普拉特機場 (Aeropuerto de Barcelona-El Prat)、馬德里—巴拉哈斯機場 (Aeropuerto de Madrid-Barajas)、馬略卡島帕爾馬機場 (Aeropuerto de Palma de Mallorca)、薩拉戈薩機場 (Aeropuerto de Zaragoza) 及北特內里費機場 (Aeropuerto de Tenerife Norte)。

　　巴塞隆拿—埃爾普拉特機場是歐洲十大繁忙機場；馬德里—巴拉哈斯機場是首都馬德里的國際機場，是西班牙國內人流最暢旺的出入境口岸，也是南歐最大的機場，提供往歐洲和國際航線，也是歐洲和拉丁美洲之間的轉乘點；馬略卡島帕爾馬機場是西班牙第三大機場，夏季時是歐洲其中一個最繁忙的機場；薩拉戈薩機場位於西班牙北部，主要提供國內航線、歐洲及國際航線等；北特內里費機場是小島機場，提供往來西班牙群島的航班，同時不定期提供往來西班牙國內、歐洲和南美的航班。由馬德里乘飛機往巴塞隆拿及塞維亞，需時約 1-1.5 小時。

> **i** 巴塞隆拿－埃爾普拉特機場：www.aena.es/es/josep-tarradellas-barcelona-el-prat.html
> 北特內里費機場：www.aena.es/es/tenerife-norte-ciudad-de-la-laguna.html
> 薩拉戈薩機場：www.aena.es/es/zaragoza.html
> 馬德里－巴拉哈斯機場：www.aena.es/es/adolfo-suarez-madrid-barajas.html
> 馬略卡島帕爾馬機場：www.aena.es/es/palma-de-mallorca.html

西班牙國鐵

　　西班牙鐵路網覆蓋範圍甚廣，**Renfe Operadora** 是西班牙國有鐵路的營運商，提供包括地區鐵路營運和高速城際列車的各種鐵路，包括：

- AVE(Alta Velocidad Española) 西班牙高速鐵道
- IC(InterCity) 國內特快車
- Grandes Líneas 長程特快車
- Trenes Regionales 地方快車
- Cercanías 銜接都市與近郊的列車

　　通過 AVE 和西班牙國鐵，遊客可以輕鬆地遊覽西班牙主要城市，如馬德里、塞維亞、馬拉加、巴塞隆拿及新開發的旅遊熱點瓦倫西亞。

基本資料

住宿

巴塞隆拿

蒙塞拉特

塞維亞

卡莫納

哥多華

格拉納達

塞哥維亞

西班牙火車證 Spain Pass

購買西班牙火車證 Eurail Spain Pass，可無限次免費乘搭西班牙的火車等，一般在外國旅遊社購買。另有 Renfe Spain Pass，可以在西班牙的火車站或網站內購買，可選擇的使用天數與 Eurail Spain Pass 略有不同。

> Renfe：www.renfe.com
> Eurail：www.eurail.com/en/eurail-passes/one-country-pass/spain

費用：

1 個月內可使用天數	成人		12-27 歲青年	
	頭等車廂	二等車廂	頭等車廂	二等車廂
3 天	€ 227(HK$1,952)	€ 179(HK$1,539)	€ 182(HK$1,565)	€ 155(HK$1,333)
4 天	€ 263(HK$2,262)	€ 207(HK$1,780)	€ 210(HK$1,806)	€ 180(HK$1,548)
5 天	€ 294(HK$2,528)	€ 232(HK$1,995)	€ 235(HK$2,021)	€ 201(HK$1,728)
6 天	€ 323(HK$2,778)	€ 254(HK$2,184)	€ 258(HK$2,219)	€ 221(HK$1,901)
8 天	€ 374(HK$3,216)	€ 295(HK$2,537)	€ 299(HK$2,571)	€ 255(HK$2,193)

*2023 年價格

巴士

西班牙的巴士網絡十分發達，長程、中程、短程巴士幾乎覆蓋了整個西班牙。如打算到偏遠的山區小鎮旅遊，西班牙的公共巴士是一個不錯的選擇。

> ALSA：www.alsa.es
> EVA Transportes：eva-bus.com

巴塞隆拿市內交通：TMB Metro、巴士和路面電車

遊覽巴塞隆拿可有多個選擇，大部分可以地鐵或巴士前往。巴塞隆拿市有 5 條公營地鐵 (TMB Metro) 路線，共分為 6 個區域 (6 zones)。地鐵站與站之間的距離並不遠，主要景點都集中在 zone 1，遊客大多都在此區內活動。

巴士方面，在各旅遊觀光中心可以取得巴士路線圖，路線圖有註明各主要景點的位置及車站。而市中心的路面電車 (Montjuïc funicular) 主要是沿中央大路行駛，乘地鐵下車後可以免費轉乘，是代步好選擇。

除非是去較偏遠的地區，否則乘地鐵比較方便，免卻等巴士及尋找巴士站的煩惱。

> **Info**
> 時間：**(TMB Metro)** 約 05:00-24:00；**(路面電車)** 秋至冬 07:30-20:00，春至夏 07:30-22:00；**(巴士)** 依不同日子而有所不同
> 費用 **$**：所有公共交通工具單程 € 2.4 (HK$ 21)，另有多款套票，價錢由 10(HK$89) 起，詳細請參閱網站。
> 網址：**www.tmb.cat**
>
> **雙層觀光巴士**
> 時間：夏季 09:00-20:00，冬季 09:00-19:00
> 費用 **$**：(1 日票) 成人 € 36.3 (HK$ 315)，長者 € 30.8 (HK$ 265)，小童 € 19.8 (HK$ 170)；(2 日票) 成人 € 48.4 (HK$ 416)，長者 € 42.9 (HK$ 369)，小童 € 25.3 (HK$ 218)
> 網址：**city-sightseeing.com/en/17/barcelona**

塞維亞市內交通：巴士

雖然塞維亞有地鐵及路面電車，但鐵路網絡尚在起步階段。塞維亞市內巴士路線十分發達，主要景點都有巴士直達。所以，在塞維亞旅遊利用巴士比較方便。

> **Info**
> 費用：單程 € 1.4(HK$ 11)，從塞維亞機場往市中心 (Plaza De Armas) 單程 € 4(HK$ 32)
> 網址：**www.tussam.es**

遊遊 11 國省錢品味遊 Easy Go!- 歐洲

馬德里

基本資料

住宿

巴塞隆拿

蒙塞拉特

塞維亞

卡莫納

哥多華

格拉納達

塞哥維亞

Hotel Ritz, Madrid

星級	5 ★
免費 WiFi	X
含早餐	X
房間獨立浴室	✓
入住時間	14:00
退房時間	12:00

Info
地址：**Plaza de la Lealtad 5,28014 Madrid, Spain**
交通：乘搭地鐵 2 號線，在 **Banco de España** 站下車，步行約 10 分鐘
房價：€ 850 (HK$ 7,310) 起
電話：+34 917016767
網址：**www.mandarinoriental. com/en/madrid/hotel-ritz**

The Westin Palace, Madrid

星級	5 ★
免費 WiFi	Public area
含早餐	X
房間獨立浴室	✓
入住時間	15:00
退房時間	12:00

Info
地址：**Plaza de las Cortes, 7, Madrid 28014, Spain**
交通：乘搭地鐵 2 號線，在 **Banco de España** 站下車，步行約 5 分鐘
房價：€ 320 (HK$ 2,750) 起
電話：+34 913608000
網址：**www.westinpalacemad rid.com**

巴塞隆拿

Condes de Barcelona

星級	4 ★
免費 WiFi	✓
含早餐	X
房間獨立浴室	✓
泳池	✓
入住時間	14:00
退房時間	12:00

地圖 P.228

Info
地址：**Passeig de Gràcia, 73-75, 08008 Barcelona, Spain**
交通：乘搭地鐵 3 號線或 **RENFE**(西班牙國鐵)，在 **Passeig de Gràcia** 站下車，步行約 5 分鐘
房價：€ 181.5 (HK$ 1,561) 起
電話：+34 934450 000
網址：**www.condesdebar celona.com**

Balmes Hotel

星級	3 ★
免費 WiFi	✓
含早餐	X
房間獨立浴室	✓
泳池	✓
入住時間	14:00
退房時間	12:00

20%

地圖 P.228

Info
地址：**Mallorca, 216, Barcelona 08008, Spain**
交通：乘搭地鐵 3 號或 5 號線，在 **Diagonal** 站下車，步行約 5 分鐘
房價：€ 189.4 (HK$ 1,629) 起
電話：+34 934511914
網址：**www.derbyhotels.com/ en/hotel-balmes/**

哥多華

Hesperia Córdoba

星級	4 ★
免費 WiFi	✓
含早餐	X
房間獨立浴室	✓
入住時間	15:00
退房時間	12:00

地圖 P.246

Info
地址：**Avda. Fray Albino, 1, 14009 Cordoba, Spain**
交通：由清真寺 **(Mosque-Cathedral)** 步行約 10 分鐘
房價：€ 130.95 (HK$ 1,126) 起
電話：+34 936 11 31 31
網址：**www.hesperia.com/en/ hoteles/spain/cordoba/ hotel-hesperia-cordoba**

巴塞隆拿景點及美食

Barcelona

巴塞隆拿是西班牙第二大城市，具有 2,000 年歷史，今日的巴塞隆拿古典與創新互相融合，其中舊城區更是歐洲哥德式建築的大本營，除了保留中世紀的獨特風貌外，也有嶄新的設計。

ℹ www.barcelonaturisme.com

巴塞隆拿景點地圖

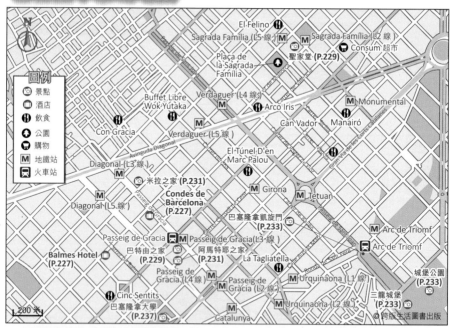

圖例
- 🅿 景點
- 🏨 酒店
- 🍴 飲食
- ↑ 公園
- 🛍 購物
- Ⓜ 地鐵站
- 🚉 火車站

建築大師高迪作品之旅

　　在藝術之都巴塞隆拿市中心有多個重點建築，幾乎都是出自「鬼才建築師」高迪 (Antoni Gaudí i Cornet) 的手筆，其作品充滿了富生命力的曲線。高迪出生於 1852 年，從小喜愛跟大自然獨處，後搬到巴塞隆拿讀建築，在建築地盤打工汲取經驗。後來他的才華受到富商賞識，將桂爾公園 (Park Güell，詳見 P.230) 的設計工程交給他。桂爾公園的成功，令高迪聲名大噪，時至今日，高迪的作品幾乎遍及整個巴塞隆拿。

高迪代表作 聖家堂 地圖 P.228
Basílica de la Sagrada Família

芸芸高迪作品之中，印象最深刻的一定是這間仍在建造中的聖家堂，是高迪的代表作，也是世界遺產。教堂自1883年興建，建成後的教堂將會有3個大門18座高塔，目前已建了8座高塔，預計在2026年完工。聖家堂本身就是一部立體聖經，教堂的3個立面分別命名為「誕生立面」、「復活立面」以及仍在建設中的「榮光立面」，而教堂內的設計也以聖經故事為題材。遊客可登上教堂高塔，欣賞巴塞隆拿市的優美景色。

▲ 仍在建造中的聖家堂。

◀ 教堂的正中央。

Info
地址：**Carrer de Mallorca, 401, 08013 Barceona, Spain**
交通：乘搭地鐵2號或5號線，在 **Sagrada Família** 站下車
時間：教堂 (11月至2月) 09:00-18:00，
(4月至9月) 09:00-20:00，
(12月25-26日及1月1日及6日)
09:00-14:00，(10月及3月) 09:00-19:00；
高塔在教堂關門前15-30分鐘停止進入
費用 $ ：(教堂) 成人€26 (HK$ 224)，學生
€24 (HK$ 206)，65歲以上長者€21
(HK$ 181)，11歲以下小童免費；另
有多款聯票，詳情請登入官網查詢
電話：+34 935132060
網址：www.sagradafamilia.org/en

▲ 教堂內的彩繪玻璃。

鬼魅神秘 巴特由之家 *Casa Batlló* 地圖 P.228

巴特由之家又稱為骨頭之家 (Casa dels Ossos)，建於1904-1906年間，是一眾高迪作品系列中最富神秘感的一座建築物。這波浪型的建築物，有着魚鱗狀的屋頂、骨頭狀的柱，還有面具陽台，在陰天或晚上參觀這兒，更覺鬼影處處。

Info
地址：**Passeig de Gràcia, 43, 08007 Barcelona, Spain**
交通：乘搭地鐵2號、3號或4號線或 RENFE (西班牙國鐵)，在 **Passeig de Gràcia** 站下車，步行約2分鐘
時間：09:00-20:00
費用 $ ：€29 (HK$ 249) 起，門票已包括語音導覽服務，價格隨日子、時段變動
電話：+34 932160306
網址：www.casabatllo.es/en

▲ 五彩繽紛的屋頂。

▲ 人骨面具形的陽台。

▲ 巴特由之家。

夢幻童話 桂爾公園 *Parc Güell*

被聯合國教科文組織列為文化遺產的桂爾公園原本規劃為花園住宅區，由高迪設計的台階、噴水池、廣場、走廊等，採用了碎瓷片鑲嵌，充滿童話色彩，其排列獨特的柱亦令人印象難忘。由於住宅區距離市中心太遠，最後在 1922 年捐贈予政府，並成為巴塞隆拿市民休憩、散步及跑步的好去處。公園裏，高迪生前住過的房子已改為高迪之家博物館 (Gaudi House Museum)，展出高迪使用過的遺物等。今日的桂爾公園是觀賞巴塞隆拿市的最佳位置。要注意，公園每 30 分鐘只限 400 人進場。

▲非常有名的馬賽克變色龍，是高迪的象徵。

▲桂爾公園入口處。

Info

地址：Carrer d'Olot 5, 08024 Barcelona, Spain
交通：乘搭地鐵 3 號線，在 Lesseps 站下車，步行約 5 分鐘
時間：09:30-19:30
費用 $：(公園)成人€ 10(HK$ 89)，7-12歲兒童及65歲以上長者€ 7(HK$ 60)，6歲以下兒童免費；(高迪之家博物館)成人€ 5.5(HK$ 44)，學生€ 4.5 (HK$ 36)，10歲以下兒童免費；其餘區域免費
網址：桂爾公園：www.parkguell.cat
高迪之家博物館：www.casamuseugaudi.org/en

To be No.1 奧林匹克運動場
Estadi Olímpic Lluís Companys

奧林匹克運動場建於 1929 年，當時主要用作國際展覽，1992 年成為巴塞隆拿奧運會主場館，可容納 5.5 萬人，現在主要作足球賽事。在沒有比賽的日子，運動場部分觀眾席會開放予遊客參觀。

▼奧林匹克運動場。

Info

地址：Passeig Olímpic, 17, 08038 Barcelona, Spain
交通：乘搭地鐵 1 號線，在 Espanya 站下車，轉乘 150 號巴士，在 Estadi Olimpic 站下車
時間：夏季 10:00-18:00，冬季 10:00-17:00
費用 $：免費　電話：+34 934262089
網址：estadiolimpic.barcelona/es

世界文化遺產 米拉之家 *Casa Milà/ La Pedrera*

米拉之家建於 1906-1912 年，於 1984 年被列為世界文化遺產，高迪當年主要負責米拉之家聖母瑪利亞像的工程。米拉之家是一間石頭屋，外形呈不規則的波浪，屋頂上矗立着煙囪。米拉之家設有高迪博物館，展出桂爾教堂的模型及高迪設計的椅子。

▲內部模型。

▲米拉之家。

Info
地址：**Provença, 261-265, 08008 Barcelona, Spain**
交通：乘搭地鐵 3 號或 5 號線，在 **Diagonal** 站下車，步行約 3 分鐘
時間：09:00-20:30
休息：12 月 25 日、1 月 7 日 -13 日
費用 $：成人€ 35(HK$ 301)，7-12 歲兒童€ 22.5(HK$ 194)，學生及長者€ 29(HK$ 249)，6 歲或以下小童免費，門票已包括語音導覽服務
電話：+34 902202138　| 網址：www.lapedrera.com/en

▲米拉之家的屋頂十分特別。

不和諧之美 阿馬特耶之家 *Casa Amatller*

地圖 P.228

阿馬特耶之家建於 1875 年，是巴塞隆拿其中一座著名的現代主義建築。跟巴特婁及莫雷拉之家 (Casa Lleo Morera) 構成「不和諧街區」(Illa de la Discordia)，留意此景點只供團體預約參觀。

▶充滿不和諧之美。 Illa de la Discordia

▲阿馬特耶之家。

Info
地址：**Passeig de Gràcia, 41, 08007 Barcelona, Spain**
交通：乘搭地鐵 2 號、3 號或 4 號線，在 **Passeig de Gràcia** 站下車，步行約 5 分鐘
時間：10:00-18:00
費用 $：一般€ 20 (HK$ 172)，學生及長者€ 17 (HK$ 146)，30 歲以下€ 12 (HK$ 103)，7 歲以下免費
電話：+34 932160175
網址：amatller.org/en　| 電郵：amatller@amatller.org

基本資料 住宿 巴塞隆拿 蒙塞拉特 塞維亞 卡莫納 哥多華 格拉納達 塞哥維亞

231

📷 教區象徵 巴塞隆拿主教座堂 *Catedral de Barcelona* 地圖 P.238

主教座堂採用哥德式建築風格，祈禱室供奉巴塞隆拿各行各業的主保聖人。主教座堂的面積不大，主教堂部分範圍免費開放給遊人參觀。遊客可付費乘電梯到教堂頂層，從高處欣賞巴塞隆拿市的風光。

▲ 大教堂正面。

▲ 教堂頂的風光。

Info

地址：Pla Seu, 3, 08002, Barcelona, Spain
交通：乘搭地鐵 4 號線，在 Jaume I 站下車，步行 5 分鐘
時間：星期一至五 9:30 - 18:30 (17:45 關閉)；星期六和節假日前夕 9:30 - 17:15(16:30 關閉)；星期日和節假日 2:00 - 17:00 (16:30 關閉)
費用 $：€ 9(HK$ 77)
電話：+34 933428262
網址：www.catedralbcn.org

📷 世博會標誌建築 加泰羅尼亞國立美術館

Museu Nacional d'Art de Catalunya

這是 1929 年巴塞隆拿世界博覽會的標誌建築。其後，於 1934 年成為了收藏西班牙各地藝術品的博物館，展品囊括 11 至 20 世紀的文物，如濕壁畫、雕刻和祭壇畫、攝影作品等。由於館藏量大，若用心細看每件作品，一天也未必逛得完。美術館前方沿山丘一直伸延的廣場有多個瀑布及噴泉，每晚 21:00 開始有音樂幻彩 Show。噴泉配上五光十色的燈光及節拍強勁的音樂，廣場一帶的氣氛頓時被炒得熱哄哄。

▲ 噴泉音樂幻彩 show。

Info

地址：Parc de Montjuïc, 08038 Barcelona, Spain
交通：乘搭地鐵 1 號或 3 號線，在 Espanya 站下車，步行約 15 分鐘
時間：(10 月至 4 月) 星期二至六 10:00-18:00，星期日及假期 10:00-15:00；(5 月至 9 月) 星期二至六 10:00-20:00，星期日及假期 10:00-15:00
休息：星期一 (公眾假期除外)，1 月 1 日，5 月 1 日，12 月 25 日
費用 $：€ 12(HK$ 97)，16 歲以下及 65 歲以上免費
電話：+34 936220360
網址：www.museunacional.cat/en

▲ 從博物館往下看的景緻。

▲ 博物館及門外的噴水池及瀑布。

📷 白方體建築 巴塞隆拿當代藝術博物館

Museo d'Art Contemporani de Barcelona(MACBA)

藝術博物館採立方體設計，由美國設計師 Richard Meier 設計，展出了 50 年代後巴塞隆拿本地及外國的藝術作品。展館分兩部分，一部分是常設展館，另一部分是特別展覽。

Info

地址：Plaza dels Angels, 1, 08001 Barcelona, Spain
交通：乘搭地鐵 1 號或 2 號線，在 Univeritat 站下車，步行 10 分鐘
時間：星期一、三至五 11:00-20:00，星期六 10:00-20:00，星期日 10:00-15:00，逢星期二休息 (公眾假期除外)
費用 $：成人€ 12(HK$ 103)，學生€ 9.6(HK$ 82)，逢星期六 16:00-20:00 免費
電話：+34 934120810　| 網址：www.macba.cat/en

232

巴塞市民休憩處 城堡公園
Parc de la Ciutadella

地圖 P.228、238

城堡公園內有巴塞隆拿動物園、三龍城堡，可謂是巴塞隆拿的圖勒里花園。公園建於 1877 年，公園總面積約 28 萬平方米，是巴塞隆拿市民消閒休憩的熱門地點。入口由紅磚組成的凱旋門 (Arco de Triunfo) 是為慶祝 1888 年世界博覽會而建，亦是當年的會場入口。凱旋門上有「Barcelona rep les Nacions」的句子，意即「巴塞隆拿歡迎各國」。其頂端有西班牙其他 49 個省的省徽裝飾。

► 為紀念促成 1888 年世界博覽會的政治家 Francisco de Paula Riusy Taulet 而擺放於公園門前的紀念碑。

◄ 由紅磚砌成的巴塞隆拿凱旋門，是城堡公園入口。

龍堡中探索自然 三龍城堡
The Castell dels Tres Dragons

城堡採哥德式建築風格，是建築家蒙達內爾的作品。城堡以著名劇作家索雷爾 (Frederic Soler，或 Serafí Pitarra) 的作品為名，於 1888 年博覽會時期，是一間咖啡廳，現以博物館 (The Natural Laboratory) 形式對外開放。

Info

城堡公園
地址：**Parc de la Ciutadella, 08003 Barcelona, Spain**
交通：乘搭地鐵 1 號線，在 **Arco de Triomf** 站下車即達
時間：(10-2 月) 10:00-17:00，(3-9 月) 10:00-19:00
休息：1 月 1 日、5 月 1 日、6 月 24 日、12 月 25 日
費用$：(公園) 一般€ 6 (HK$ 52)，16-29 歲人士及 65 歲或以上長者€ 2.7 (HK$ 23)，16 歲以下免費；逢星期日 15:00 開始及每月第一個星期日全日免費
電話：(三龍城堡)+34 932562200　|　網址：**museuciencies.cat/en**

▲三龍城堡。

感受地中海風情 巴塞隆拿港
La Barceloneta

地圖 P.238

來到這裏，遊客可欣賞巴塞隆拿海港的優美海岸線，更可於附近的餐館品嚐新鮮的海鮮料理。有時間的話，亦可以逛一下這一帶甚有特色的橫街窄巷，感受當地人的風情。

►路邊出售舊物的攤檔。

Info

地址：**La Barcelonata, Barcelona, Spain**
交通：乘搭地鐵 4 號線，在 **Barceloneta** 站下車即達

▲海邊有草地供大家嬉戲。

購物美食港灣 奧運港 *Puerto Olimpico* 地圖 P.238

這港口位於巴塞隆拿港的附近，本是為迎接 1992 年奧運而建的，現已改建為購物消閒中心。內有酒吧、賭場、食肆等，時尚之中，亦盡展大都會的魅力。港口泊滿無數的遊艇，十分壯觀。

◀ 海口旁有很多餐廳，可以品嚐最新的海鮮。

◀ 港口泊滿遊艇。

Info
地址：Puerto Olimpico, 08005
　　　Barcelona, Spain
交通：乘搭地鐵 4 號線，在
　　　Ciutadella / Vila olimpica
　　　站下車，步行 10 分鐘
電話：+34 932259220
網址：portolimpic.barcelona/ca

近距離觸摸鯊魚 巴塞隆拿水族館 地圖 P.238
L'Aquarium de Barcelona

這是巴塞隆拿市內最大型的水族館，館內飼有企鵝、鯊魚、水母、珊瑚及各種鹹淡水魚類。水族館設有「親親鯊魚」活動，可以近距離接觸及觸摸鯊魚 (需額外收費)。假日或週末都吸引無數大人小孩前來遊玩。

▲ 海馬。　　　▲ 鯊魚。

▶ 魔鬼魚。

▲ 水族館內有大型的水族箱。

Info
地址：Moll d'Espanya del Port Vell,
　　　08039 Barcelona, Spain
交通：乘搭地鐵 3 號線，在 Drassane
　　　站下車，步行 15 分鐘
時間：約 10:00-20:00，依日子不同
　　　有異
費用 $：成人€ 25(HK$ 215)，
　　　5-10 歲兒童€ 18(HK$ 155)，
　　　3-4 歲兒童€ 10 (HK$ 89)，
　　　網上購票有折扣優惠
電話：+34 932217474
網址：www.aquariumbcn.com/en

延伸至海中的步道 海上蘭布拉 地圖 P.238
Rambla de mar

▶ 步道相當受遊客歡迎。

在這條海邊的步道，可以 360 度欣賞巴塞隆拿港的海景。這裏連接多個購物、觀光景點，包括哥倫布紀念塔、巴塞隆拿水族館等。

Info
地址：La Ramblas, Barcelona, Spain
交通：乘搭地鐵 3 號線，在 Drassane 站下車，步行
　　　約 10 分鐘

西班牙夏威夷 巴塞隆拿海灘 地圖 P.238

巴塞隆拿的海岸線長達 4.5 公里，總共分為 7 個海灘。來到這裏可以欣賞到一望無際的地中海景色，十分漂亮。

Info

交通：乘搭地鐵 4 號線，在 Ciutadella / Vila olimpica 站下車，步行 5 分鐘；或在 Barceloneta 站下車，步行約 15 分鐘

巴塞隆拿港地標 哥倫布紀念塔 地圖 P.238
Monumento a Colón

這高塔是紀念 1493 年哥倫布航海歸來而建。塔頂有哥倫布像，他的手指向美洲大陸的方向。遊客可乘電梯到塔頂觀賞海港的美景。

Info

地址：Plaza Portal de la Pau, 1, 08002 Barcelona, Spain
交通：乘搭地鐵 3 號線，在 Drassane 站下車，步行約 5 分鐘
時間：08:30-14:30
費用 **$**：乘電梯到塔頂 € 7.2(HK$ 62)
休息：1 月 1 日、12 月 25 日
電話：+34 932853834
網址：www.barcelonaturisme.com/wv3/en/page/457/mirador-de-colom.html

▲哥倫布手指向美洲大陸，揭示他發現新大陸的功績。

▲哥倫布紀念塔。

熱鬧露天餐廳 Makamaka 地圖 P.238

◀餐廳是年輕人的聚腳點。

這間前往沙灘路上的餐廳設有不少露天座位，沙灘椅加上沙灘傘，非常有夏日感覺。這裏是年輕人聚會用餐的熱點，氣氛熱鬧。食物選擇豐富，由一般輕食到套餐也有。

Info

地址：Passeig de Joan de Borbó, 76, 08003, Barcelona, Spain
交通：乘搭地鐵 4 號線，在 Barceloneta 站下車，步行約 10 分鐘
時間：星期一至四 13:00-24:30，星期五至日 12:00-24:30
電話：+34 932213520
網址：makamaka.es

▲透心涼的香蕉士多啤梨沙冰 (Banana Republic Smoothies)，€ 6.6(HK$57)。

▲蒜蓉味薯條配帕馬森芝士 (Garlic & Parmesan Fries)，€ 5.9(HK$ 51)。

▲牛肉漢堡 (Big Maka)，牛肉重達 200 克，€ 11.8 (HK$ 101)。

必到的熟食市場 La Boqueria Market

地圖 P.238

這個聞名歐洲的市場是到巴塞隆拿旅遊必逛的地方，位於蘭布拉大道的附近。於1217年建成，後來經歷過幾番重建，成為現今巴塞隆拿最具代表性的市場。市場出售新鮮水果、海鮮、肉類、啤酒、不同口味的橄欖、精美的糖果等，更可以買到西班牙火腿、兔肉。在這裏逛一圈，就能清楚了解到西班牙人的口味。市場也有不少 Bar 枱位置給遊人即時用餐。

▲聞名遐邇的波蓋利亞市場。

▶海鮮檔有出售即開的新鮮生蠔。

▶西班牙特色小食薯蛋餅 (Tortilla de Patatas)。

▲除了有各種口味的橄欖售賣外，更有橄欖油專賣店。

▼可買到西班牙火腿的連鎖店 Mas。

▶精美的朱古力及甜品。

Info

地址：Rambla, 91, 08001 Barcelona, Spain
交通：乘搭地鐵 3 號線，在 Liceu 站下車即達
時間：星期一至六 08:30-20:30
電話：+34 933182584
網址：www.boqueria.barcelona/home

美味海鮮食店 Bar Central

到了 **La Boqueria Market**，這家燈火通明的海鮮食店，一定不會讓你看走眼。**Bar** 枱上放了不少極為吸引的海鮮，經常座無虛席，吸引了來自世界各地的遊客光顧。

▲ 帕拉莫斯蝦，€ 24(HK$193)。

▲ 生蠔，€ 24(HK$193)。

▲ 經常座無虛席的 Bar Central。

▲ 煎魷魚配薯條，€ 14(HK$113)。

Info
地址：**494-498, G6, Bar Central la Boqueria**
時間：星期一至六 09:00-20:00
電話：+34 933011098
網址：bar-central-la-boqueria.negocio.site/

優美古建築 巴塞隆拿大學
Universitat de Barcelona

地圖 P.228、238

巴塞隆拿大學是一所西班牙的公立大學，創建於 1450 年，是加泰羅尼亞地區內最古老的大學，也是西班牙最好的大學。大學的建築極其華麗而優美，如有時間，可仔細欣賞。

▲ 復古式廊柱建築令大學更顯莊嚴。　▲ 極盡華麗的大學主禮堂。

Info
地址：**Gran Via de les Corta Catalanes, 585, 08007 Barcelona, Spain**
交通：乘搭地鐵 3 號線，在 **Universitat** 站下車，步行 1 分鐘
電話：+34 934021100
網址：**www.ub.edu/web/ub/en**

▲ 巴賽隆納大學正門。

📷 半山隱世別墅 奎爾別墅 *Güell Pavilions*

這所高迪設計的渡假別墅，重點在於別墅鐵閘上的龍，栩栩如生。別墅平日不開放予公眾參觀，想進別墅參觀，必須於特定時間隨導賞團參觀。

▶ 建築牆外如魚鱗般的雕刻。

▲ 奎爾別墅。

◀ 別墅的鐵閘上刻有栩栩如生的巨龍。

Info

地址：	Avinguda de Pedralbes, 7, 08034 Barcelona, Spain
交通：	乘搭地鐵 2 號或 3 號線，在 Palau Reial 站下車，步行 15 分鐘
導賞時間：	(英語)10:00、11:00、15:00(時間或有更改，詳情請參閱官網)
費用：	成人 €4(HK$ 32)，18 歲以下 €2(HK$ 16)
電話：	+34 933177652
網址：	www.rutadelmodernisme.com

遨遊11國省錢品味遊 Easy Go! · 歐洲

巴塞隆拿港及周邊景點地圖

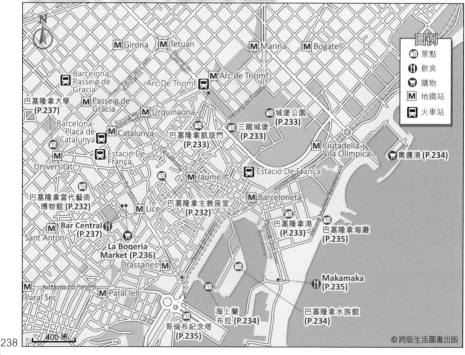

© 跨版生活圖書出版

Montserrat

▼登山纜車。

蒙塞拉特是巴塞隆拿市的近郊，離市中心約 60 公里。來這裏，除了參觀蒙塞拉特修道院外，也是以奇特岩石形狀見稱的登山健行理想勝地。在山上，可以看到巴塞隆拿市的全貌。

金碧輝煌的神秘隱修地 蒙塞拉特修道院

Abadía de Montserrat

　　走入修道院內，你會發現右方總有一條人龍，排隊參觀黑聖母像，相傳摸過黑聖母後，願望就能成真。下午修道院的男童合唱團會於教堂內演唱。這裏以山中形狀奇特的石頭而聞名。可登上山上飽覽山中的莊麗美景。健行路段風景絕美，沿途可以看到遼闊的田野景觀、山中小教堂，亦能從不同的角度觀賞奇石的姿態，驚喜處處。由於路段比較斜，建議先乘登山列車再走下山。

Info

地址：Abadia de Montserrat, 08199 Montserrat, Spain
交通：乘搭巴塞隆拿地鐵 1 號、3 號線到 Espanya 站，轉乘 FGC 火車 R5 號線，在 Montserrat-Aeri 站轉乘吊車或於 Monistrol de Montserrat 站轉乘纜車登山
時間：07:30-20:00；(合唱團) 星期一至星期六 13:00 及 19:00，星期日 12:00
電話：+34 938777777
網址：www.abadiamontserrat.cat

▶修道院內貌。

▲修道院內金碧輝煌。

▲排隊朝拜聖母像的人群。

▲信徒在聖母像前禱告。

西班牙美食 Restaurant Hostal Abat Cisneros

　　在蒙塞拉特遊覽，想找家高級餐館用餐，這裏絕對是不二之選。餐廳提供各式西班牙美食，當然亦少不了各種餐酒。餐廳的環境亦甚有特色，坐在這裏用餐，實在是一種享受。

Info

地址：Hotel Hostal Abat Cisneros, 08199 Montserrat, Spain
電話：+34 938777701
網址：www.montserratvisita.com/en/organize-the-visit/where-to-eat/restaurant-hostal-abat-cisneros

▶ Restaurant Hostal Abat Cisneros。

▶免費的前菜 (芝士軟包、提子包)。

▶另一款前菜，火腿片。

▶二人份正宗西班牙海鮮飯。

239

塞維亞景點及美食

Sevilla

塞維亞位於西班牙南部，是西班牙熱鬧與文化藝術兼備的城市，這兒是鬥牛與佛朗明哥舞 (Flamenco) 的發源地。由馬德里前往塞維亞可乘搭 AVE 高鐵，約需 2 小時 50 分鐘；也有不少人從葡萄牙里斯本 (Lisbon) 乘巴士往塞維亞，約需 7 至 8 小時。

> ℹ️ 塞維亞觀光網頁：www.visitasevilla.es
> 塞維亞地鐵：www.metro-sevilla.es

📷 金光閃閃 黃金塔 *Torre del Oro* 〔地圖 P.244〕

▶ 黃金塔。

▶ 在塔上可以看到運河的美麗景觀。

黃金塔建於 13 世紀，是一座十二邊形的軍事瞭望塔，表面用黃金瓷磚砌成，故取名黃金塔。黃金塔在回教時代用作防衛及監視，後曾作監獄、倉庫、郵局等，現已改為海洋博物館，館內展出航海圖、船隻模型等。

Info

地址：**Paseo de Cristóbal Colón, 41001 Seville, Spain**
交通：乘搭地鐵或路面電車 T1 線，在 **Puerta de Jerez** 站下車步行約 1 分鐘
時間：星期一至五 09:30-18:45，星期六至日 10:30-18:45
費用 $：成人 € 3(HK$ 24)，學生 € 1.5(HK$ 12)，星期一免費
電話：+34 954222419

📷 西班牙國粹 塞維亞鬥牛場 〔地圖 P.244〕
Plaza de Toros de la Maestranza

塞維亞鬥牛場是西班牙著名的鬥牛場，始建於 1761 年，前後花了 120 年才建成，可容納 12,500 人。鬥牛賽不是每天也有演出，要預先在網上查看時間。鬥牛場設有博物館，講述鬥牛的歷史、來源等。春祭鬥牛活動時，這兒總是人頭湧湧。

▶ 塞維亞鬥牛場。

Info

地址：**Paseo de Colón, 12, 41001 Sevilla, Spain**
交通：由阿爾瑪斯廣場巴士中繼站 **(Estación de autobuses Plaza de Armas)** 步行約 10 分鐘
時間：博物館：09:30-21:30，鬥牛表演日子：09:30-15:30
費用 $：博物館：成人 € 10 (HK$ 89)，學生 € 6 (HK$ 52)，6-11 歲兒童 € 3.5 (HK$ 30)
電話：+34 954224577/+34 954221490
網址：(鬥牛賽) visitaplazadetorosdesevilla.com
(博物館) www.realmaestranza.com

世界三大教堂之一 塞維亞聖母主教座堂

地圖 P.244

Catedral de Sevilla

　　大教堂的前身是清真寺，亦曾是天主教最大的教堂，是世界三大教堂之一，也是世界文化遺產。教堂內共有 5 座哥德式殿堂，主祭壇有描繪基督生平的 36 個場景。塞維亞大教堂旁的高塔，高 98 米，是教堂的鐘樓。牆外有阿拉伯風格的網格裝飾跟馬蹄形狀的窗，遊客可以登上 70 米的高台欣賞塞維利亞市的風光。哥倫布墓亦位於教堂的地下室。

◀▶ 精雕細琢的大教堂。

▼ 教堂塔頂的風光。

Info

地址：**Avenida de la Constitución, 41004 Servilla, Spain**
交通：乘搭路面電車 T1 線，在 **Plaza Nueva** 站下車，步行約 10 分鐘
時間：星期一至六 10:15-18:00，星期日及假日 14:30-18:00
費用：成人€ 12(HK$ 103)，學生€ 7(HK$ 60)
電話：+34 902099692
網址：**www.catedraldesevilla.es**

Tips

　　另外兩所三大教堂是梵蒂岡聖伯多祿大教堂 (P.193) 及倫敦聖保羅大教堂 (P.88)。

地上最大的木建築藝術 Metropol Parasol

地圖 P.244

　　這個外形獨特的大型木建築，座落於塞維亞的心臟位置，於 2011 年正式啟用。建築師以「太陽傘」構思，設計了這座新穎奪目的建築。整座建築物主要用木材建造，是現今地上最大的木建築。

Info

地址：**Plaza de la Encarnación, Sevilla, Spain**
交通：乘搭 27 或 32 號巴士，在 **Plaza Encarnación** 站下車
時間：09:30-12:30
電話：+34 954561512 ｜網址：setasdesevilla.com

基本資料　住宿　巴塞隆拿　蒙塞拉特　塞維亞　卡莫納　哥多華　格拉納達　塞哥維亞

哥德與伊斯蘭建築混合體 塞維亞皇宮 地圖 P.244

Reales Alcázares de Sevilla

這是全歐洲最歷史悠久的皇宮，足足花了500年建造，混合了哥德式和伊斯蘭建築特色。牆上的每一個部分都有細緻的雕刻或瓷磚，令人目不暇給。除了皇宮的部分，花園面積也很大，整個皇宮最少得花2小時才逛得完。

◀庭院。

▲ 大門口

Info

地址：**Patio de Banderas, 41004 Sevilla, Spain**
交通：乘搭路面電車 T1 線，在 **Archivo de Indias** 站下車，步行約 2 分鐘
時間：10 月至 3 月 09:30-17:00，4 月至 9 月 09:30-19:00
休息：1 月 1 日及 6 日、耶穌受難節、12 月 25 日
費用 **$**：成人 € 13.5(HK$ 116)，學生 € 7.5(HK$ 65)
電話：+34 954502324
網址：**www.alcazarsevilla.org**

▲ 皇宮內一樑一柱都有着華麗又繁複的雕飾。

著名電影場景 西班牙廣場 *Plaza de España* 地圖 P.244

　　西班牙廣場是 1929 年舉辦博覽會時展示西班牙的工藝與科技的場所，充滿西班牙古國的特色與風采。現時廣場上有不少售賣當地特色手信的攤檔。這廣場多次成為不同的電影場景，建築宏偉，亦充滿美感。廣場中有古代兵器博物館，展示了從前軍人的模型、槍械等。

◀西班牙廣場曾成為不少電影場景，看看你記得哪一套？

Info

地址：**Plaza de España, 41013 Sevilla, Spain**
交通：乘搭地鐵或路面電車 T1 線，在 **Prado de San Sebastian** 站下車

遨遊 11 國省錢品味遊 Easy Go!- 歐洲

📷 市中心的花園 美國公園 *Plaza de America* 〔地圖 P.244〕

在伊比利亞美洲博覽會期間，美國公園曾作拉丁美洲展區。廣場的設計融合了多種不同的建築風格，包括西班牙新哥德風格、穆德哈爾風格及銀匠風格。美國公園內的考古博物館，展出了古羅馬時期的文物。（目前維修休館中。）

Info
地址：**Plaza de America, 41013 Sevilla, Spain**
交通：乘搭巴士 3、6、34 號，在 **Paseo Las delicias** 站下車
時間：(公園)08:00-22:00，7 月及 8 月 08:00-00:00
費用 $：(公園) 免費
電話：+34 955120632
網址：(博物館)www.museosdeandalucia.es/web/museoarqueologicodesevilla

◀座落在美國公園中的考古博物館。

☕ 地道西班牙 Tapas Robles Laredo 〔地圖 P.244〕

在這家餐廳可以吃到最傳統、地道的塞維亞風味 Tapas，價錢亦合理。除了各式 Tapas 之外，也有提供精美的糕點甜品。若然不知道該點什麼，可以一試「是日推介 (Tapas of the Day)」，品嚐廚師自家秘製的 Tapas，也可以叫待應推介菜式。這家餐廳的咖啡亦十分有名，不能錯過。

▲炸混合海鮮和魚丸子配紅醬油，€ 4.95(HK$ 40)。

▲醃小鳳尾魚卷配薯仔，€ 4.95(HK$ 40)。

Info
地址：**Calle Sierpes, 90, 41004 Sevilla, Spain**
交通：乘搭 C5 號巴士，在 **Francisco Bruna** 站下車，步行 1 分鐘
時間：12:30-24:00
電話：+34 954213150
網頁：www.casa-robles.com

▲採訪當日的 **Tapas of the Day**──薯仔煙肉雞卷，€ 3.4(HK$ 27)。

☕ 高雅西班牙菜 Victoria Eugenia 〔地圖 P.244〕

這家餐廳裝修華麗，服務生都穿着整齊西裝。在這裏可以品嚐到產自西班牙南部的牛尾，肉質極軟，十分可口。

▶燉牛尾。

▶鱈魚。

Info
地址：**Plaza Villasis, 1, Sevilla, Spain** (Hotel Victoria Eugenia 內)
交通：乘搭 27 號、32 號巴士，在 **Plaza Encarnacion** 站下車，步行 1 分鐘
電話：+34 954227459

基本資料
住宿
巴塞隆拿
蒙塞拉特
塞維亞
卡莫納
哥多華
格拉納達
塞哥維亞

塞維亞景點地圖

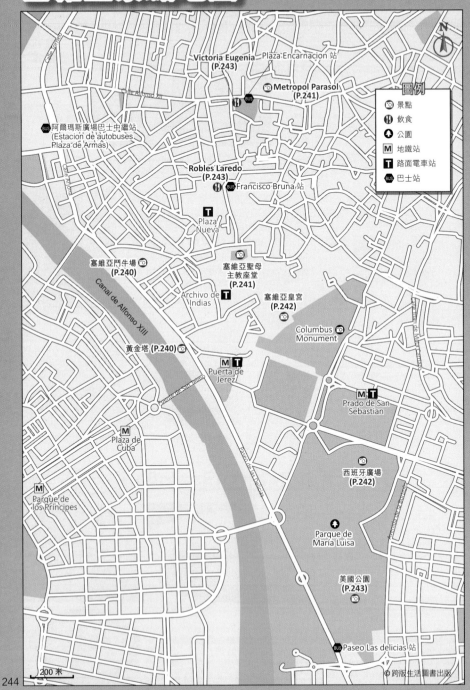

N

Victoria Eugenia
(P.243)

Plaza Encarnacion 站

Metropol Parasol
(P.241)

圖例
- 景點
- 飲食
- 公園
- M 地鐵站
- T 路面電車站
- 巴士站

阿爾瑪斯廣場巴士中繼站
(Estacion de autobuses
Plaza de Armas)

Robles Laredo
(P.243)

Francisco Bruna 站

Plaza
Nueva

塞維亞鬥牛場
(P.240)

塞維亞聖母
主教座堂
(P.241)

Archivo de
Indias

塞維亞皇宮
(P.242)

Columbus
Monument

黃金塔 (P.240)

Canal de Alfonso XIII

Puerta de
Jerez

Prado de San
Sebastian

Plaza de
Cuba

西班牙廣場
(P.242)

Parque de
los Principes

Parque de
Maria Luisa

美國公園
(P.243)

Paseo Las delicias 站

200 米

© 跨版生活圖書出版

卡莫納景點

Carmona

卡莫納是位於塞維亞與哥多華之間的一個白色小鎮，鎮內以住宅為主，環境寧靜。卡莫納以活蝸牛料理最著名，是觀光客必嚐之選。卡莫納距離塞維亞約1小時車程，從塞維亞 Metro San Bernardo 站附近乘搭 Casal 巴士 124 號，在總站下車，車費單程€ 2.8(HK$ 23)。

ℹ️ 巴士時間表：www.autocarescasal.com/horarios-lineas-regulares

📷 最佳觀景地 塞維亞要塞

Alcázar de la Puerta de Sevilla

在巴士站下車，便會立即見到這座要塞。沿樓梯便可登上要塞的平台，繼續往上走至頂層，可以遠眺整個卡莫納小鎮的美麗景緻。要塞設有展館，收藏了少量出土文物。

▲ 塞維亞要塞。

Info

地址：**Alcazar de la Puerta de Sevilla, 41410, Carmona, Spain**
交通：由卡莫納巴士總站 **(Carmona)** 步行 3 分鐘
時間：星期一至五 09:00-15:00，星期六日及公眾假期 10:00-15:00
費用 $：成人€ 2(HK$ 16)，小童、學生及長者€ 1 (HK$ 8)
電話：+34 954190955
網址：**www.turismo.carmona.org**

◀從要塞平台上看到的風光。

📷 飽覽山中優美景致 觀景台

走到東面小山丘盡頭，有個小小的觀景台，可以看到一望無際的田園景觀。從巴士站前往觀景台途中，遊走於白色小屋群的窄巷之中，甚有風味。

▶小小的觀景台。

Info

地址：**Puerta de Marchena, Carmona, Spain**
交通：由卡莫納巴士總站 **(Carmona)** 步行 15 分鐘

▲ 觀景台上看到的風光。

基本資料
住宿
巴塞隆拿
蒙塞拉特
塞維亞
卡莫納
哥多華
格拉納達
塞哥維亞

245

哥多華景點

Córdoba

哥多華是西班牙南部一個古蹟城市，位於塞維亞和格拉納達之間，在中古時代是一個非常繁華的城市，並建造了當時歐洲最大的回教寺 La Mezquita。前往哥多華可搭乘 AVE 高鐵，從塞維亞前往哥多華需時約 45 分鐘，從馬德里前往則需時約 1.5-2 小時；抵達哥多華火車站後，可以換乘 3、4、10、11 號巴士前往市中心。另外，也可從塞維亞、格拉納達乘搭長途巴士往哥多華，票價比高鐵便宜，車程約 2.5 小時。由塞維亞於 Plaza De Armas 站乘 ALSA 巴士往哥多華，車費€ 12.32(HK$ 99)

turismodecordoba.org

哥多華景點地圖

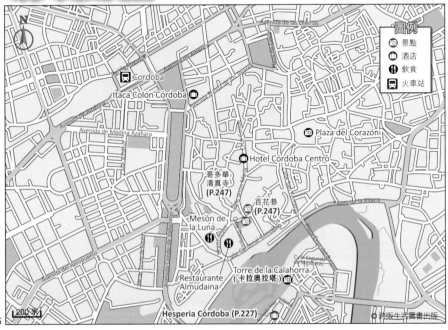

圖例
- 🅘 景點
- 🏨 酒店
- 🍴 飲食
- 🚉 火車站

Cordoba
Itaca Colón Córdoba
Plaza del Corazóni
Hotel Córdoba Centro
哥多華清真寺 (P.247)
百花巷 (P.247)
Mesón de la Luna
Torre de la Calahorra（卡拉奧拉塔）
Restaurante Almúdaina
Hesperia Córdoba (P.227)

200 米

© 跨版生活圖書出版

舊猶太人街 百花巷 *Calleja de las flores*

地圖 P.246

位於清真寺旁的舊猶太人街 (La Juderia) 是昔日猶太人居住的地區，已被列為世界文化遺產。當中不能錯過的，就是百花巷，白色牆面上懸掛着四季常青的盆栽，各家各戶各有特色。這裏的大街小巷如威尼斯一樣錯綜複雜，一不留神就會迷路。

Info

地址：La Juderia, Cordoba, Spain
交通：由 Cordoba 火車站乘搭 3
　　　號巴士，再步行 5 分鐘

240 年的成就 哥多華清真寺

地圖 P.246

Cathedral Mosque

哥多華清真寺曾是世界上最大的清真寺，也是世界文化遺產之一。清真寺佔地約 4,000 平方米，建於 9-10 世紀回教王朝期間，前後花了 240 年建造。清真寺可分為橘子中庭及寺廟兩部分，寺內由顏色鮮艷的馬賽克裝飾所組成，共有 850 個馬蹄型拱門，據說有防震功能。寺廟最吸引之處，就是其建築混合了不同風格與宗教特色。

▶ 哥多華的清真寺。

Info

地址：Cardenal Herrero, 14003
　　　Cordoba, Sapin
交通：由 Cordoba 火車站乘搭 3
　　　號巴士，再步行 5 分鐘
時間：(3 月至 10 月)
　　　星期一至六 10:00-19:00
　　　星期日 08:30-11:30 及
　　　15:00-19:00
　　　(11 月至 2 月)
　　　星期一至六 10:00-18:00
　　　星期日 08:30-11:30 及
　　　15:00-18:00
　　　寺院不定時設有晚間參觀時
　　　段，可留意官網最新資訊
費用 $ ：成人€ 13 (HK$ 112)，
　　　10-14 歲兒童€ 7 (HK$ 60)
電話：+34 957470512
網址：mezquita-catedralde
　　　cordoba.es/en

基本資料
住宿
巴塞隆拿
蒙塞拉特
塞維亞
卡莫納
哥多華
格拉納達
塞哥維亞

格拉納達景點

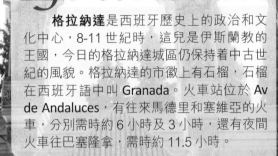

Granada

格拉納達是西班牙歷史上的政治和文化中心，8-11 世紀時，這兒是伊斯蘭教的王國，今日的格拉納達城區仍保持着中古世紀的風貌。格拉納達的市徽上有石榴，石榴在西班牙語中叫 Granada。火車站位於 Av de Andaluces，有往來馬德里和塞維亞的火車，分別需時約 6 小時及 3 小時，還有夜間火車往巴塞隆拿，需時約 11.5 小時。

www.turgranada.es

📷 回教皇族住處 阿爾汗布拉宮

La Alhambra y el Generalife

阿爾汗布拉宮，建於 13、14 世紀，是回教王朝時期皇室的居所，由於城牆的石頭含有大量紅鐵成分，以致整座宮看起來呈紅色，故又稱為紅堡。今日的阿爾汗布拉宮，是經過多年來不斷改建而成的。當時每一朝皇室，都不斷重建及拆毀前朝的皇宮，為的是要展示自己的實力及與眾不同。由於參觀人士眾多，一大早到場輪候也不一定能買到即日的門票，宜先在網上預約。以下介紹的王宮 (Placios) 及卡洛斯五世宮殿，是熱門參觀地（見右頁）：

▲ 阿爾汗布拉宮。

鐘乳石圓頂 Nazaríes 王宮 *Palacios Nazaríes* ....

在阿爾汗布拉宮內，王宮的鐘乳石圓頂，是整座王宮的標記。戶外的獅子庭園 (Patío delos Leones)，有一座由 12 頭獅子組成的噴水時鐘。王宮的景點雙星姊妹大廳 (Sala de las Dos Hermanas)，呈星形蜂巢式般設計，因地板鋪上兩片大理石而得名。另外梅斯亞爾大廳 (Mexuar) 昔日用來審判犯人，同時開放予遊客參觀。

▼ 柏塔爾庭園 (Jardines de Partal)。

▶ 桃金孃宮 (Patío de los Arrayanes)。

文藝復興風格 卡洛斯五世宮殿 *Palacio de Carlos V* ....

卡洛斯五世宮殿建於 1526 年，呈外方內圓格局，裏面是仿照羅馬圓形劇場而建，是一座具文藝復興風格的宮殿，現成為阿爾汗布美術館。

Info

阿爾汗布拉宮

地址：C/Real de la Alhambra, s/n 18009 Granada, Spain

交通：由 Granada 火車站乘搭迷你巴士

時間：(4 月 1 日 -10 月 14 日) 星期一至日 08:30-20:00，星期二、六晚間時段 22:00-23:30；(10 月 15 日 - 3 月 31 日) 08:30-18:00，星期五、六晚間時段 20:00-21:30

費用 $：分區域收費，普通門票 (包括所有開放的宮殿及花園) € 18 (HK$ 155)；花園門票 (包括 Nazaríes 王宮以外所有區域) € 10(HK$ 89)；夜遊門票 (只限 Nazaríes 王宮) € 10(HK$ 89)，其他門票類型可參考官網

電話：+34 902441221

網址：www.alhambra-patronato.es

▼ 卡洛斯五世宮殿。

基本資料

住宿

巴塞隆拿

蒙塞拉特

塞維亞

卡莫納

哥多華

格拉納達

塞哥維亞

249

華麗彩繪玻璃 格拉納達大教堂
Catedral de Granada

　　這座教堂足足花了 200 年時間建造，教堂內的彩繪玻璃十分華麗。另外，教堂內設有小型博物館，收集了摩爾人統治時期的出土文物，包括當時貴族用的食具、服裝及擺設。

▲▼彩繪玻璃配合華麗的裝飾，令教堂別有一番氣派。　　▲大型琴譜。

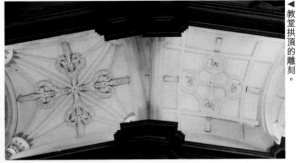

◀教堂拱頂的雕刻。

Info

地址：Catedral de Granada, Gran Via de Colón 5, 18001 Granada, Spain
交通：由 Granada 火車站步行 20 分鐘
時間：星期一至六 10:00-20:15、星期日及假期 15:00-18:15
費用 $ ：成人 € 6(HK$ 52)，學生 € 4.5 (HK$ 39)，12 歲以下小童免費
電話：+34 958222959
網頁：catedraldegranada.com

Se Segovia

塞哥維亞是西班牙另一個古老的城市，其古城及古羅馬高架引水橋已列入世界文化遺產。從馬德里可搭 La Sepulvedana 巴士到塞哥維亞，車程約 1 小時，車站就在馬德里地鐵 Príncipe Pío 站下面。

www.spain.info/en/ven/otros-destinos/segovia.html

古羅馬偉大的工程 塞哥維亞輸水道
Acueducto de Segovia

地圖 P.251

塞哥維亞的古羅馬高架引水橋是遊覽西班牙必看的景點。這道橋建於 1 世紀，是當時為引進亞斯比達河水而建的水利工程，是目前保存最好的古羅馬遺跡，於 1985 年列入世界文化遺產名錄。橋高 28 米、長 894 米，共有 160 多個圓拱頂，大部分水道都藏於地底，其中只有一小段露出水面。這條引水道 2,000 年來一直運作良好，為塞哥維亞市提供了水源。

Info

地址：Plaza del Azoguejo, 1 40001 Segovia, Spain
交通：塞哥維亞巴士總站步行約 15 分鐘

塞哥維亞景點地圖

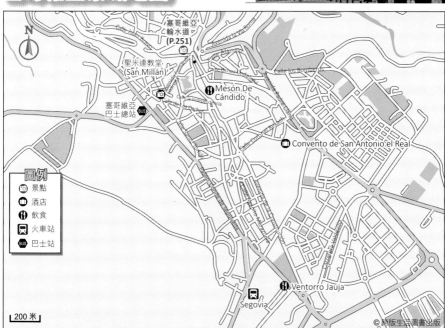

塞哥維亞輸水道 (P.251)

聖米連教堂 (San Millán)

Mesón De Cándido

塞哥維亞巴士總站

Convento de San Antonio el Real

圖例
- 景點
- 酒店
- 飲食
- 火車站
- 巴士站

Ventorro Jauja

Segovia

200 米

© 跨版生活圖書出版

基本資料 住宿 巴塞隆拿 蒙塞拉特 塞維亞 卡莫納 哥多華 格拉納達 塞哥維亞

Part 10

捷克 Czech Republic

捷克以其首都古城布拉格而聞名於世，整個布拉格城已列入世界文化遺產。布拉格在早上、中午和晚上各有不同的景致。想體會布拉格古城的美，不一定要忙着四處參觀。可以花一整天的時間，在城中的咖啡館坐坐、登上鐘樓教堂，感受一下啡紅色小屋群、古舊城堡和查理大橋的醉人風光。你就會明白為什麼這個城市被譽為世界上最美麗的古城。

首都：布拉格（Prague）

流通貨幣：捷克克朗 (Kč)

語言：捷克語

電壓：230V 50Hz

電話區號：捷克國際區號 420
布拉格城市區號 3

緊急電話：警察 158；救護車 155；
消防 150

插頭：兩圓孔

時差：比香港慢 7 小時，3 月至 10 月比香
港慢 6 小時

特產：水晶玻璃、提線木偶

美食：生啤酒

商店營業時間：星期一至五 08:00-18:00，
星期六、日休息

貨幣面值：紙幣分為 Kč20、Kč50、
Kč100、Kč200、Kč500、
Kč1,000、Kč2,000、
Kč5,000；硬幣分為 Kč1、
Kč2、Kč5、Kč10、Kč20、
Kč50；1 克朗等於 100 赫勒

月份	平均氣溫（攝氏）	平均降雨量（毫米）
1	5	21
2	6	20
3	10	28
4	15	39
5	20	76
6	23	72
7	26	68
8	25	64
9	23	44
10	18	32
11	12.5	33
12	7	28

2024	2025	
1 月 1 日	1 月 1 日	新年
3 月 29 日	4 月 18 日	耶穌受難日
4 月 1 日	4 月 21 日	復活節星期一
5 月 1 日	5 月 1 日	勞動節
5 月 8 日	5 月 8 日	勝利日
7 月 5 日	7 月 5 日	宗教紀念日 (St Cyril and Methodius Day)
7 月 6 日	7 月 6 日	楊故斯紀念日 (Jan Hus Day)
9 月 28 日	9 月 28 日	St Wenceslas Day
10 月 28 日	10 月 28 日	獨立紀念日
11 月 17 日	11 月 17 日	捷克民主紀念日
12 月 24 日	12 月 24 日	平安夜
12 月 25 日	12 月 25 日	聖誕節
12 月 26 日	12 月 26 日	聖斯德望節

月份	節慶 / 活動 (舉辦日期)
5 月	布拉格國際書展 (Svět knihy Praha) (2024 年 5 月 23 日 -26 日) www.svetknihy.cz
	布拉格美食節 (Prague Food Festival) (每年 4 月至 10 月) www.praguefoodfestival.cz
5 月 - 6 月	布拉格春季音樂會 (Pražské jaro) (每年 5 月 -6 月) www.festival.cz
7 月 - 8 月	布拉格國際音樂節 (International Music Festival Český Krumlov) (2023 年 7 月 14 日 -8 月 5 日) festivalkrumlov.cz
9 月 - 10 月	布拉格秋季音樂節 (Prague Autumn International Music Festival) (2023 年 9 月 12 日 -10 月 1 日)

www.czechtourism.com/cn/home

如何前往捷克？

從香港出發

　　香港沒有直航航班飛往捷克，需經其他歐洲國家轉機。經布拉格轉機往捷克的航空公司包括國泰航空、英國航空、荷蘭皇家航空、聯合航空、德國漢莎航空、阿聯酋航空、芬蘭航空、法國航空和瑞士航空等，香港至布拉格機票由 HK$6,700 起，法國航空在俄羅斯轉機；阿聯酋航空則在杜拜轉機。

從歐洲其他國家出發

　　如果想從歐洲某國家前往捷克國內的城市，如布拉格等，可以選擇乘搭飛機、火車及巴士。

1. 飛機

　　在歐洲各國乘搭飛機往捷克布拉格所需時間約1.5-3小時，各國所需時間分別如下：

出發地	所需時間
奧地利維也納；德國柏林、法蘭克福；瑞士蘇黎世	約 1 小時
法國巴黎；德國漢堡；荷蘭阿姆斯特丹；意大利米蘭	約 1.5-2 小時
英國倫敦；意大利羅馬	約 2 小時
西班牙馬德里、巴塞隆拿	分別約 2.5 小時和 3 小時

2. 火車

　　如乘搭火車，因應目的地及預算，可選擇 EC(Eurocity) 國際特快車及 EN(EuroNight) 特快夜車。一般來說，由歐洲國家乘火車往捷克布拉格，需時約 4.5-9.5 小時。

RAILEUROPE：
www.raileurope.com

　　由德國慕尼黑、柏林和法蘭克福乘 EC 至布拉格分別約 6 小時、5 小時及 6 小時；由匈牙利布達佩斯乘 EC 至布拉格約 7 小時；由奧地利維也納乘 Railjet 至布拉格約 4 小時。

3. 巴士

FlixBus：global.flixbus.com

　　乘巴士到捷克也很方便，只需出發前購買 FlixBus 車票 (詳見 P.50)，即可周遊列國。由歐洲國家乘巴士到捷克布拉格，需時由 5-16.5 小時不等。各國所需時間分別如下：

出發地	所需時間
奧地利維也納	約 5 小時
匈牙利布達佩斯	約 8.5 小時
德國柏林、法蘭克福、司徒加和慕尼黑	分別約 6.5 小時、8.5 小時、8 小時及 7.5 小時
意大利米蘭	約 16.5 小時

捷克國內交通

航空

　　捷克國內有四個主要機場，其中較為人熟悉的是布拉格國際機場 (Letiště Václava Havla Praha/Prague Airport)，是捷克與歐洲國家往來的主要機場。

布拉格國際機場：
www.prg.aero/en

捷克鐵路

　　鐵路可說是捷克重要的交通工具，遊客可乘搭火車往來布拉格及捷克國內其他城市，布拉格的中央車站 (Praha Hlavni Nadrazi) 更是市內最大的火車站，大部分火車證，包括 IC(InterCity) 國內特快車，都在這個站出入。遊客除了使用捷克火車證 Czech Republic Pass 乘搭火車外，還可透過捷克交通部的 IDOS 網站，查詢火車班次及時間等資訊。

捷克火車證 Czech Republic Pass

一個月內可使用日數	成人		12-27 歲青年	
	（頭等車廂）	（二等車廂）	（頭等車廂）	（二等車廂）
3 天	€ 123(HK$1,058)	€ 97(HK$834)	€ 98(HK$843)	€ 84(HK$722)
4 天	€ 152(HK$1,307)	€ 120(HK$1,032)	€ 122(HK$1,049)	€ 104(HK$984)
5 天	€ 179(HK$1,539)	€ 141(HK$1,213)	€ 143(HK$1,230)	€ 122(HK$1,049)
6 天	€ 205(HK$1,763)	€ 162(HK$1,393)	€ 164(HK$1,410)	€ 140(HK$1,204)
8 天	€ 253(HK$2,176)	€ 200(HK$1,720)	€ 202(HK$1,737)	€ 172(HK$1,497)

*2023 年價格

IDOS：jizdnirady.idnes.cz
Eurail：www.eurail.com/en/eurail-passes/one-country-pass/czech-republic

地下鐵、巴士及電車

　　布拉格市內的公共交通系統包括地下鐵、巴士、電車、渡輪和貝特辛山纜車 (Petřín funicular)，由 Prague Public Transport Co. 營運，車票互相通用。

　　布拉格的地鐵主要分為三條路線，分別是 A 線、B 線和 C 線，行走於布拉格市區及部分周邊地區，地鐵辦公時間是 05:00-00:00 約 5-10 分鐘一班。路面電車主要在市區內行駛，需要留意在布拉格舊市區內是沒有電車的，建議遊客於地鐵站內索取電車路線圖，方便四處逛逛。至於巴士，大部分路線都是通往郊區及其他城鎮。

　　上述交通工具的車票是互相通用的，一般分為單次短程票和多次轉程票。單次短程票在巴士及電車使用時限為 20 分鐘，地鐵為 30 分鐘內，可乘搭五個地鐵站及轉乘不同路線，但不適用於夜間巴士和電車、渡輪以及貝特辛山纜車。多次轉程票可無限次轉乘巴士、地鐵及電車，不限轉乘路線及次數，使用時限為 75 分鐘。另外，還有適合遊客的任乘車票，可用於任何交通工具。

布拉格車票

車票種類	15-60 歲成人	60-65 歲老年人
短期 30 分鐘	Kč 30(HK$11)	Kč 15(HK$5)
基本 90 分鐘	Kč 40(HK$14)	Kč 20(HK$7)
1 日 24 小時	Kč 120(HK$43)	Kč 60(HK$22)
3 日 72 小時	Kč 330(HK$119)	/

Prague Public Transport Co.
www.dpp.cz
Cebus：www.cebus.cz
Tourbus：www.tourbus.cz

布拉格住宿

Hilton Prague

星級	5 ★
免費 WiFi	✓
含早餐	X
房間獨立浴室	✓
泳池	✓

地圖 P.257

Info

地址：**Pobřežní 311/1, 186 00 Prague 8-Karlín, Czech Republic**
交通：由舊市區廣場 (**Staroměstské náměstí**) 步行約 15 分鐘
房價：**Kč 3,502 (HK$1,261) 起**
電話：+420 224841111
網址：**www.hilton.com/en/hotels/prghitw-hilton-prague/**

Vienna House Diplomat Prague

星級	4 ★
免費 WiFi	✓
含早餐	X
房間獨立浴室	✓
泳池	✓
入住時間	14:00
退房時間	11:00

Info

地址：**CZ-160 41 Prague 6, Evropská 15, Czech Republic**
交通：乘搭地鐵 A 線，在 **Dejvická** 站下車，步行約 5 分鐘
房價：**Kč 3,940 (HK$1,422) 起**
電話：+420 296559111
網址：**bit.ly/3ZD2PdJ**

Central Hotel Prague

星級	3 ★
免費 WiFi	✓
含早餐	X
房間獨立浴室	✓
泳池	X
入住時間	14:00
退房時間	12:00

地圖 P.257

Info

地址：**Rybná 8, 110 00 Praha 1, Czech Republi**
交通：乘搭地鐵 B 線，在 **náměstí Republiky** 站下車，
　　　步行約 5 分鐘
房價：**Kč 2,149 (HK$774) 起**
電話：+420 222317220
網址：**www.booking.com/hotel/cz/central.
　　　html?aid=7942751**

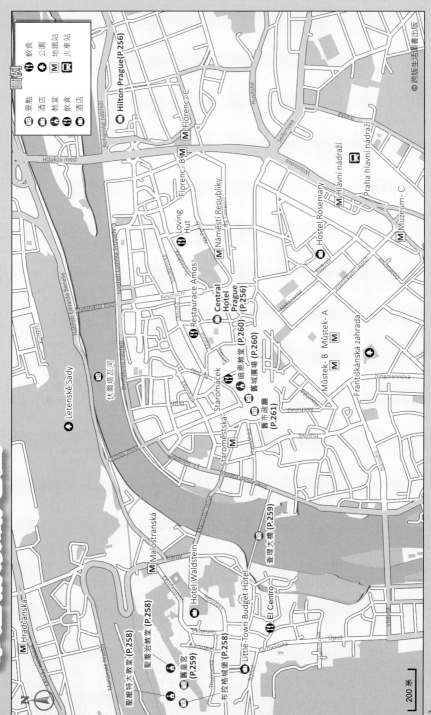

布拉格景點地圖

圖例

飲食　公園　地鐵站　火車站

景點　酒店　教堂　飲食　酒店

Hilton Prague(P.256)

M Florenc-C

M Florenc-B/M

Loving Hut

M Náměstí Republiky

Restaurace Amos

Central Hotel Prague (P.256)

迪恩教堂 (P.260)

Staroměstská

Staroměstská

舊城廣場 (P.260)

Staroměšcek

舊市政廳 (P.261)

Můstek- B Můstek-A

M M Můstek

Františkánská zahrada

Hostel Rosemary

M Hlavní nádraží

Praha hlavní nádraží

M Muzeum-C

Letenské Sady

伏爾塔瓦河

M Hradčanská

M Malostranská

Hotel Waldstein

查理大橋 (P.259)

El Centro

Little-Town Budget Hotel

聖維特大教堂 (P.258)

聖喬冶教堂 (P.258)

舊皇宮 (P.259)

布拉格城堡 (P.258)

Hlávkův most

200 米

布拉格景點

PPrague

▶ 美麗的布拉格。

布拉格不但是捷克的首都，而且是這個國家最大的城市，一直以來是歐洲大陸的中心。市內有很多不同歷史時期、風格各異的建築，其中以巴洛克風格和哥德式建築最多，難怪被稱為歐洲其中一個最美麗的城市。布拉格歷史城區已於 1992 年被列入世界文化遺產名錄。

▲ 聖尼古拉教堂。

📷 千年古堡 布拉格城堡 *Pražský Hrad*

地圖 P.257

從查理大橋 (Karlův Most) 往城堡走，經過 **Malá Strana** 小城區，這兒餐廳、商店林立，一邊走一邊看布拉格的風土人情。布拉格城堡是必遊的景點，位於伏爾塔瓦河 (Vltava) 附近，始建於 9 世紀，是昔日國王的官邸及議會國事行政中心。城堡內有很多著名的建築，可以在這兒待上半天。

◆ 必看濕壁畫 聖喬治教堂 *Bazilika sv. Jiri*

聖喬治教堂始建於 920 年，是布拉格城堡內最古老的教堂，也是是捷克保存最完好的仿羅馬式建築。教堂的外牆以磚瓦色調為主，有雙塔，內有多個禮拜堂，其中有最著名的濕壁畫「頂棚的耶路撒冷」和「聖母加冕」。

▼ 聖喬治教堂。

◆ 哥德式建築 聖維特大教堂 *Katedrala sv. Vita*

聖維特大教堂建於小山丘上，沿途可欣賞布拉格市區景觀。教堂始建於 14 世紀，於 1929 年完工，集合了羅馬式、哥德式、文藝復興及巴洛克等多種建築風格，外牆的花紋圖案、精緻的雕像、波希米亞式的裝潢，處處都顯出富麗堂皇的氣派。教堂內的玻璃彩繪於 20 世紀時由捷克畫家阿爾豐斯慕夏設計。另外，教堂內也有「基督受難」等濕壁畫，值得細看。

▼ 聖維特大教堂。

政治風雲大舞台 舊皇宮 *Starý Královský Palác* ....

舊皇宮位於大教堂東邊，可說是捷克政治風雲的大舞台。皇宮建於 12 世紀，可分為三層，其中一層有哥德式的查理四世宮殿和仿羅馬式宮殿大廳，1618 年著名的波希米亞起義發生在東部的房間，兩個當地的官員及隨從被扔出窗外，是為「拋出窗外」事件，隨後引發一段長達 30 年的戰爭，今日的舊皇宮是捷克總統選舉的地點。

▲舊皇宮。

Info

地址：**Pražský hrad, 119 08 Praha 1, Czech Republic**
交通：乘搭地鐵 A 線，在 **Malostranská** 站下車，步行約 20 分鐘
費用 **$**：景點入場票 (A) 成人 **Kč** 250 (HK$90)，學生／長者 **Kč** 125 (HK$45)；景點入場票 (B) 成人 **Kč** 200 (HK$72)，學生／長者 **Kč** 150 (HK$54)；景點入場票 (C) 一次入場 **Kč** 150 (HK$54)
時間：**布拉格城堡** 06:00-22:00
　　　城堡內的歷史建築 (4 月至 10 月) 09:00-17:00
　　　(11 月至 3 月) 09:00-16:00
　　　城堡花園 (4 月及 10 月) 10:00-18:00
　　　(11 月及 3 月) 暫停開放

聖維特大教堂 (4 月至 10 月) 星期一至六 09:00-17:00，星期日 12:00-17:00，
(11 月至 3 月) 星期一至六 09:00-16:00，星期日 12:00-16:00
Bastion 花園 06:00-22:00
電話：+420 224373368
網址：www.hrad.cz/en/prague-castle-for-visitors
備註：景點聯票 (A) 包括舊皇宮、聖喬治大教堂、黃金巷、聖維特大教堂
　　　景點聯票 (B) 布拉格城堡的故事、布拉格城堡圖片廊
　　　景點聯票 (C) 大教堂塔樓及觀景廊

🄰 中歐最古老石橋 查理大橋 *Karlův Most* 地圖 P.257

這道橫跨伏爾塔瓦河的查理大橋，是中歐地區最長、最古老的石橋，1357 年由查理四世下令興建，歷時 45 年才完成。橋的兩旁有 30 尊聖人雕像。大橋有兩座橋塔，遊客可登上橋塔欣賞伏爾塔瓦河河水流過查理大橋的美景。橋上有不少街頭藝術家，有表演樂器演奏的，亦有即場繪畫的，為查理大橋增添了幾分藝術色彩。

▶橋塔。

▶查理大橋非常熱鬧。

Info

地址：**Karlův most, 110 00 Praha, Czech Republic**
交通：乘搭地鐵 A 線，在 **Staroměstská** 站下車，步行約 2 分鐘

基本資料　住宿　布拉格

故事與歷史 舊城廣場 地圖 P.257

Staroměstské náměstí

　　舊城廣場是中世紀以前的古老市集，亦被稱為布拉格廣場，周圍有巴洛克式風格的房屋，構成了廣場的特色。廣場中央有宗教改革家胡斯 (Jan Hus) 的青銅雕像，胡斯 15 世紀時因推動宗教革命而受到火刑。除此以外，這兒是布拉格市民遊行示威的熱門地點，平日廣場上都站滿了街頭藝人或是兜售演奏會門票的人。舊城廣場有着不同的故事、不同的歷史，充滿政治與宗教色彩。

▶舊城廣場有很多街頭藝人。

Info

地址：110 00 Prague1 , Czech Republic
交通：乘搭地鐵 A 線，在 Staroměstská
　　　站下車，步行約 7 分鐘

布拉格地標 迪恩教堂 地圖 P.257

Kostel Matky Boží před Týnem

◀迪恩教堂。

　　迪恩教堂是哥德式的建築物，也是「百塔之城」布拉格的地標，由查理大橋的設計師設計。正中央的三角形塔頂有閃閃發光的純金聖母瑪利亞像，是教堂的一大特色。迪恩教堂在布拉格市中心建築群中，以其獨特的外形脫穎而出，成為世界文化遺產及布拉格城的標記。

Info

地址：**Staroměstské náměstí, Praha 1-Staré Město,Czech republic**
交通：乘搭地鐵 A 線，在 **Můstek** 站下車，步行約 5 分鐘
時間：星期二至六 10:00-13:00，15:00-17:00，星期日 10:30-12:00
費用：建議捐款 € 1 (HK$ 8)
電話：+420 222318186
網址：**www.tyn.cz**

死神敲鐘 舊市政廳 *Staroměstská radnice* 地圖 P.257

舊市政廳建於 1338 年，屬哥德式建築，外牆上的天文時鐘建於 1410 年，每當整點時，十二使徒便會伴着「死神」現身敲鐘，引來不少遊客駐足觀看。遊客可乘電梯登上高 69 米的塔頂，可以觀賞布拉格古城的美景。另外，舊市政廳還收藏了無數珍貴的畫作，現以博物館形式開放予遊客參觀。

Info

地址：Staroměstské náměstí 1/3, 110 00 Praha 1-Staré Město, Czech Republic
交通：乘搭地鐵 A 線，在 Staroměstská 站下車，步行約 7 分鐘
費用 $：成人 Kč 300 (HK$ 108) 兒童 Kč 200 (HK$ 72)
時間：(大堂) 星期一 11:00-19:00，星期二至日 09:00-19:00 (4-12 月 10:00-19:00)；(高塔) 星期一 11:00-20:00，星期二至日 10:00-20:00 (4-12 月 10:00-21:00)
電話：+420 724508584
網址：www.staromestska radnicepraha.cz

▲天文時鐘 (Orloj)。

保健強身 維吉特爾尼飲泉所
Vřídelní kolonáda

維吉特爾尼飲泉所位於捷克最大規模的溫泉療養地卡羅維瓦力 (Karlovy Vary)。飲泉所中央的間歇泉，每隔一段時間就會噴出 8 米高的水，留意泉水不能直接飲用。間歇泉旁邊有多個水龍頭，分別流出不同溫度的泉水，最高的一個水龍頭，泉水溫度高達攝氏 72 度。溫泉水有行氣活血、養顏及促進新陳代謝的作用，尤其能針對肌肉酸痛、手腳冰冷等。布拉格市民習慣直接飲用泉水作保健之用。

Info

地址：Lazenska 18/2 360 01, Karlovy Vary, Czech Republic
交通：由 Karlovy Vary 火車站步行約 20 分鐘
時間：06:30-19:00 (冬季至 18:00)
費用 $：免費
電話：+420 353362100

◀維吉特爾尼飲泉所。

Part 11

匈牙利 Hungary

匈牙利被稱為「多瑙河珍珠」，是因為其首都布達佩斯有著名的多瑙河流經而得名。相比起古城布拉格、音樂之都維也納，匈牙利顯得較簡單純樸。匈牙利由不同的民族組成，文化多姿多彩，至今仍保留著為數不少的大平原，有些更被列入世界遺產。

匈牙利也是歐洲著名的溫泉之鄉，匈牙利市民以泡浸溫泉保健。而匈牙利用灰葡萄黴菌釀製而成的特凱阿斯葡萄酒，入口甘香，甜味十足；辣椒粉及各區的特色刺繡也是匈牙利的傳統特產。

基本資料

首都：布達佩斯（Budapest）

流通貨幣：匈牙利福林 (Ft)

電壓：220V 50Hz

插頭：C 式、SE 式

語言：匈牙利語、德語

時差：比香港慢 7 小時，3 月至 10 月比香港慢 6 小時

貨幣面值：紙幣分為 Ft 200、Ft 500、Ft 1,000、Ft 2,000、Ft 5,000、Ft 10,000，硬幣分為 Ft 1、Ft 2、Ft 5、Ft 10、Ft 20、Ft 50、Ft 100；1 福林等於 100 菲勒

電話區號：匈牙利國際區號 36 布達佩斯城市區號 1

緊急電話：警察 107；救護車 104；消防 105

特產：刺繡品、葡萄酒、辣椒粉

美食：辣椒粉、酸乳酪食物

商店營業時間：星期一至五 08:00-18:00，星期六、日休息

網址：budapest.hu/sites/english/Lapok/default.aspx

Tips

影相隨時犯法！

匈牙利在 2014 年 3 月立法規定，在匈牙利拍照一定要得到被拍者同意，否則會犯法。所以遊客在匈牙利拍照時，小心拍到路人而觸犯法例啊！

布達佩斯天氣

月份	平均氣溫（攝氏）	平均降雨量（毫米）
1	5	40
2	6	39
3	8	38
4	13	40
5	19	62
6	23	68
7	26	42
8	27	52
9	23	40
10	18	38
11	12.5	50
12	7	46

公眾假期

2024	2025	
1 月 1 日	1 月 1 日	新年
3 月 15 日	3 月 15 日	獨立革命紀念日
3 月 31 日	4 月 20 日	復活節
4 月 1 日	4 月 21 日	復活節星期一
5 月 1 日	5 月 1 日	勞動節
5 月 19 日	6 月 8 日	五旬節
8 月 20 日	8 月 20 日	建國紀念日
10 月 23 日	10 月 23 日	共和國紀念日
11 月 1 日	11 月 1 日	諸聖節
12 月 25 日	12 月 25 日	聖誕節

節慶及重要的活動

月份	節慶 / 活動 (舉辦日期)
4 月	布達佩斯春祭 (Budapesti Tavaszi Fesztival) (2023 年 4 月 20 日 -5 月 2 日) btf.hu
6 月	結他音樂節 (Balatonfüred International Guitar Festival/BALATONFÜREDI NEMZETKÖZI GITÁRFESZTIVÁL) (2023 年 6 月 28 日 -7 月 1 日) www.facebook.com/balatonguitar
7 月	F1 方程式錦標賽 (Hungarian Formula 1 Grand Prix) (2024 年 7 月 19 日 -21 日) www.hungary-grand-prix.com/en/2672-hungary-f1
9 月	國際葡萄酒節 (Budavári Borfesztivál/Budapest International Wine Festival) (2023 年 9 月 7 日 -10 日) aborfesztival.hu
10 月	布達佩斯馬拉松大賽 (Budapest Marathon) (2023 年 10 月 14 日 -15 日) marathon.runinbudapest.com

如何前往匈牙利？

從香港出發

香港沒有直航航班前往匈牙利，須經倫敦、阿姆斯特丹、蘇黎世等地轉機前往，全程約需 14.5-20 小時。

可轉機往匈牙利布達佩斯的航空公司包括俄羅斯航空、英國航空、荷蘭皇家航空、德國漢莎航空、芬蘭航空、法國航空和瑞士航空等，香港至布達佩斯機票由 HK$6,700 起 (需要轉機一次)，法國航空在莫斯科轉機；英國航空則在倫敦轉機。

從歐洲其他國家出發

如果想從歐洲某國家前往匈牙利國內的城市，如布達佩斯等，可以選擇乘搭飛機、火車、巴士及輪船。

1. 飛機

在歐洲各國乘搭飛機往匈牙利布達佩斯所需時間約 1-6 小時，各國所需時間分別如下：

出發地	所需時間
奧地利維也納	1 小時內
法國巴黎；英國倫敦；荷蘭阿姆斯特丹；意大利米蘭、羅馬	約 2 小時
瑞士蘇黎世	約 1.5 小時
德國法蘭克福、漢堡及柏林	約 1.5-2 小時
西班牙馬德里	約 3.5 小時

2. 火車

如選擇乘搭火車，可以乘搭 EC(Eurocity) 國際特快車和 EN(EuroNight) 特快夜車往匈牙利。由歐洲國家乘火車往匈牙利布達佩斯，可到達多個東歐國家，如波蘭和羅馬尼亞等，需時約 2.5-14.5 小時，而由奧地利維也納乘火車往匈牙利布達佩斯只需 3 小時，真是又快又方便。

RAILEUROPE：www.raileurope.com

3. 巴士

匈牙利與奧地利相鄰，由這個國家乘巴士到布達佩斯又快又方便，只需在出發前購買 FlixBus 車票 (詳見 P.50)，即可省錢周遊。

由奧地利維也納乘巴士至匈牙利布達佩斯，車程約 3 小時。

FlixBus：global.flixbus.com

4. 輪船

遊覽維也納後，如果下一個目的地是匈牙利，不妨考慮乘搭輪船去匈牙利布達佩斯。現時在匈牙利有船公司營運往來維也納及斯洛伐克首都布拉斯拉瓦 (Bratislava) 港口的航線，航程約 4-5.5 小時，其中由維也納乘搭輪船往布達佩斯約 5.5 小時，逢星期二、四 09:00 出發，單程票價 € 109 (HK$879)，雙程票價 € 125 (HK$1,008)，留意此航線只在 6 月至 9 月營運。

www.mahartpassnave.hu

匈牙利國內交通

航空

　　匈牙利國內有幾個機場，其中布達佩斯國際機場 (Budapest Liszt Ferenc International Airport)，是匈牙利與世界各國往來的主要機場。從布達佩斯國際機場乘搭機場的 Airport Minibusz，可往來布達佩斯機場與市中心，而乘搭 BKV 的 200E 及 93 號巴士，可到布達佩斯市內的地鐵 Kőbánya-Kispest 站 (地鐵 3 號線)。

 www.bud.hu

匈牙利鐵路

　　匈牙利的鐵路由 MÁV 營運，火車連接匈牙利國內其他城市，而布達佩斯市內主要有三個火車站，即 Keleti Pályaudvar、Nyugati Pályaudvar 及 Déli Pályaudvar，這些火車站都可連接地鐵及其他交通工具，非常方便。遊客可乘搭 IC(InterCity) 國內特快往布達佩斯以外的城市。另外，可瀏覽 MÁV 網頁，查詢火車班次和時間等最新資訊。

匈牙利火車證 Eurail Hungary Pass

持有 Eurail Hungary Pass 的遊客可在指定時限內無限次乘搭匈牙利火車。

1 個月內可使用天數	成人		12-27 歲青年	
	頭等車廂	二等車廂	頭等車廂	二等車廂
3 天	€ 123(HK$1,058)	€ 97(HK$834)	€ 98(HK$843)	€ 84(HK$722)
4 天	€ 152(HK$1,307)	€ 120(HK$1,032)	€ 122(HK$1,049)	€ 104(HK$894)
5 天	€ 179(HK$1,539)	€ 141(HK$1,213)	€ 143(HK$1,230)	€ 122(HK$1,049)
6 天	€ 205(HK$1,763)	€ 162(HK$1,393)	€ 164(HK$1,410)	€ 140(HK$1,204)
8 天	€ 253(HK$2,176)	€ 200(HK$1,720)	€ 202(HK$1,737)	€ 172(HK$1,479)

*2023 價格

MÁV：www.mavcsoport.hu　　| Eurail：www.eurail.com

布達佩斯市內交通

　　布達佩斯市內的公共交通系統由 BKV 營運，交通工具包括地鐵、巴士、電車、HEV，還有 Sikló 纜車，車票是劃一收費及互相通用的。建議遊客購買 BKV 的任乘車票 Travel Card，可在任何時間免費乘搭巴士、路面電車、地下鐵，以及星期一至五免費乘搭渡輪。另外，也可考慮購買 Budapest Card，不但可免費乘搭布達佩斯市內的交通工具，還享有餐飲、Spa、觀光團、博物館入場等折扣優惠。

Info

任乘車票 Travel Card
費用 $ ：24 小時票 Ft 2,500 (HK$ 50)，72 小時票 Ft 5,500 (HK$ 324)
網址：**bkk.hu/en/tickets-and-passes/prices/**
Budapest Card
費用 $ ：24 小時 Ft 11,990 (HK$264)，48 小時 Ft 17,990 (HK$396)，72 小時 Ft 22,990 (HK$506)，96 小時 Ft 28,990 (HK$638)，120 小時 Ft 33,990 (HK$748)
網址：**www.budapestinfo.hu/budapest-card**

地鐵　Budapesti metró

　　目前布達佩斯的地鐵有 9 條路線，1-4 號線是市中心線，5-9 號線是市郊線，各路線以一種顏色來表示，如 1 號線為紅色，2 號線為黃色，3 號線為藍色，4 號線為綠色，穿梭於布達佩斯市各個地方。地鐵營業時間約為 04:30-23:00，單程票價 Ft 350 (HK$9)。

巴士　busz

　　布達佩斯市內的巴士有很多路線，幾乎可以到達每個景點，巴士營業時間跟地鐵一樣。晚上 23:30 起有通宵巴士，行駛時間至次日 04:00，如遊客打算乘搭巴士到景點，可在地鐵站購買巴士路綫圖，方便遊覽。

電車　Villamos and HÉV

　　布達佩斯的市區電車叫 Villamos，是黃色的電車，主要行駛於市中心，運行時間跟巴士和地鐵一樣。前往市郊電車叫 HÉV，是綠色的電車，共有四條路線，主要連接布達佩斯及近郊城市，留意乘車範圍如超出布達佩斯市，就要在車上補票。

▶ 路面電車。

纜車　Sikló

　　布達佩斯的纜車主要往來布達佩斯的著名景點布達皇宮 (P.268) 和鎖鏈橋 (P.270)，營業時間為 07:30-22:00。遊客乘搭纜車時，別忘了欣賞布達佩斯市的景色。

布達佩斯住宿

Budapest Marriott Hotel

星級	5 ★
免費 WiFi	✓
含早餐	X
房間獨立浴室	✓
入住時間	16:00
退房時間	11:00

地圖 P.267

Info

地址：Apaczai Csere Janos u. 4, Budapest, 1052, Hungary
交通：乘搭地鐵 1 號線，在 Vörösmarty tér 站下車
房價：€ 279 (HK$2,399) 起
電話：+36 14865000
網址：www.marriott.com/hotels/travel/budhu-budapest-marriott-hotel

City Hotel Mátyás

星級	3 ★
免費 WiFi	✓
含早餐	✓
房間獨立浴室	X
入住時間	15:00
退房時間	11:00

地圖 P.267

地址：Március 15. tér 7-8, 1056 Budapest, Hungary
交通：乘搭地鐵 3 號線，在 Ferenciek tere 站下車，步行約 3 分鐘
房價：€ 72.25 (HK$621) 起
電話：+36 20 327 4627
網址：www.cityhotel-matyas.hu

布達佩斯景點地圖

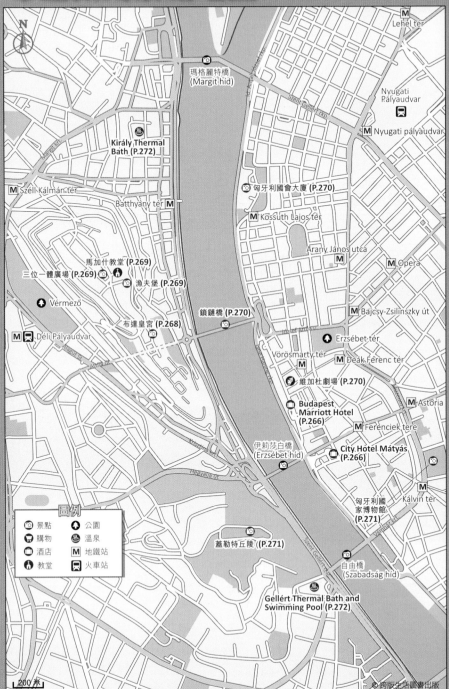

N

瑪格麗特橋
(Margit híd)

Lehel tér

Nyugati
Pályaudvar

Nyugati pályaudvar

Király Thermal
Bath (P.272)

匈牙利國會大廈 (P.270)

Széll Kálmán tér

Kossuth Lajos tér

Batthyány tér

Arany János utca

馬加什教堂 (P.269)

Opera

三位一體廣場 (P.269)

漁夫堡 (P.269)

Vérmező

鎖鏈橋 (P.270)

Bajcsy-Zsilinszky út

布達皇宮 (P.268)

Erzsébet tér

Déli Pályaudvar

Vörösmarty tér

Deák Ferenc tér

維加杜劇場 (P.270)

Astoria

Budapest
Marriott Hotel
(P.266)

Ferenciek tere

伊莉莎白橋
(Erzsébet híd)

City Hotel Mátyás
(P.266)

Kálvin tér

匈牙利國
家博物館
(P.271)

圖例

景點		公園	
購物		溫泉	
酒店		M 地鐵站	
教堂		火車站	

蓋勒特丘陵 ((P.271)

自由橋
(Szabadság híd)

Gellért Thermal Bath and
Swimming Pool (P.272)

200 米

布達佩斯景點

Budapest

布達佩斯是匈牙利的首都，也是主要的政治、經濟中心，以及東歐地區重要的中繼站。布達佩斯市本來是由布達和佩斯兩個城市於 1873 年合併而成的，兩個城市由一道鎖鏈橋 (P.270) 相連。

i budapest.hu

地圖 P.267

📷 最多博物館 布達皇宮

Budavari Palota / Buda Castle

布達皇宮位於多瑙河旁邊，其歷史可追溯至 13 世紀。這座混合哥德式與巴洛克風格的白色建築物，是昔日前匈牙利國王的居所，今日已成為布達佩斯的地標，並被列為世界文化遺產。皇宮現時以博物館及美術館的形式開放，包括國家美術館 (Magyar Nemzeti Galéria) 和歷史博物館 (Budapesti Történeti Múzeum)，後者分為多個藏館。

▼布達皇宮。

Info

地址：**Szent Szent György tér 2, 1014 Budapest, Hungary**

交通：乘搭火車或地鐵 2 號線 **Déli Pályaudvar** 站步行約 15 分鐘

電話：+36 204397 325

國家博物館

時間：10:00-18:00(星期一休息)

費用 $：(常設展)一般票 Ft 4,200 (HK$84)，優惠票 Ft 2,100 (HK$42)

網址：**mng.hu/en**

歷史博物館

時間：(Castle Museum、Aquincum Museum) 11 月至 3 月 10:00-16:00，4 月至 10 月 10:00-18:00；(Kiscell Museum) 約 10:00-18:00；所有博物館星期一休息

費用 $：(Castle Museum) 成人 Ft 3,800 (HK$76)，學生及長者 Ft 1,900 (HK$38)；
(Kiscell Museum) 成人 Ft 2,000 (HK$40)，學生及長者 Ft 1,000 (HK$20)；
(Aquincum Museum) 成人 Ft 1,800-2,200(HK$36-44)，學生及長者 Ft 800-1,100(HK$16-22)

網址：**www.btm.hu/eng/**

雪白城堡 漁夫堡 地圖 P.267

Halászbástya / Fisherman's Bastion

　　漁夫堡建於 1899-1905 年，座落於城堡山上，屬新羅馬式的建築，白色三角尖塔是最搶眼的標記。漁夫堡是為了紀念昔日保衛多瑙河的漁夫而建的。從漁夫堡往外看，多瑙河、布達佩斯市區的景致盡收眼底。另外，漁夫堡附近有很多小商店，售賣特色紀念品。

Info

地址：	**Szentháromság tér, 1014 Budapest, Hungary**
電話：	**+36 14583030**
交通：	乘搭地鐵 2 號線，在 **Batthyány tér** 站下車，步行約 7 分鐘
費用 $：	城堡免費；高塔成人 Ft1,200 (HK$24)，6 至 26 歲學生 Ft 600 (HK$12)
時間：	城堡及高塔全年 24 小時開放；高塔 3 月中至 4 月 09:00-19:00 5 月至 10 月中 09:00-21:00，需門票費用
網址：	**www.fishermansbastion.com**

◀ 漁夫堡。

感恩是福 三位一體廣場 *Szentháromság tér* 地圖 P.267

　　三位一體廣場位於城堡山的中心，廣場上的豎立起一座巴洛克風格的三位一體柱，分別呈現出三個場景，紀念柱是 18 世紀時為紀念匈牙利人能倖免於黑死病而建的。

◀ 三位一體廣場。

Info

地址：	**Szentháromság tér, Budapest, Hungary**
交通：	乘搭火車或地鐵 2 號線 **Déli Pályaudvar** 站步行約 8 分鐘

瑰麗堂皇 馬加什教堂 地圖 P.267

Mátyás Templom / Matthias Church

Info

地址：	**2 Szentháromság tér, Budapest 1014, Hungary**
交通：	乘搭火車或地鐵 2 號線 **Déli Pályaudvar** 站步行約 8 分鐘
時間：	星期一至五 09:00-17:00，星期六 09:00-12:00，星期日 13:00-17:00
費用 $：	成人 Ft 2,500 (HK$50)，學生及長者 Ft 1,900 (HK$38)
電話：	**+36 13555657**
網址：	**www.matyas-templom.hu**

　　馬加什教堂建於 1255-1269 年，其哥德式尖塔及馬賽克屋頂最搶眼球。昔日匈牙利王室人員的婚禮，以及新國王的加冕儀式都在這兒舉行，因而又稱為「加冕教堂」。位於教堂左側的是貝洛小鐘樓，右側的是馬加什鐘樓，拱門上的玫瑰窗非常宏偉；屋頂上有鮮艷的蛇紋，充分體現了法國與奧地利藝術混合之美。教堂在土耳其入侵時，曾一度被改建為清真寺。

◀ 馬加什教堂。

連城同心 鎖鏈橋 〔地圖 P.267〕
Széchenyi Lánchíd / Chain Bridge

　　橫跨多瑙河兩岸的鎖鏈橋於 1849 年建成，是第一道連接老布達區及佩斯區的大橋，二次大戰時曾遭損毀，於 1949 重建。橋的兩旁各有兩尊石獅子像，晚上橋上亮起燈光，使這道橋更美麗動人。

▶鎖鏈橋。

Info
地址：Budapest, Hungary
交通：乘搭地鐵 1、2 或 3 號線，在 Deák Ferenc tér 站下車，步行約 10 分鐘

莊嚴宏偉 匈牙利國會大廈 〔地圖 P.267〕
Országház / Hungarian Parliament Building

遊遊 11 國省錢品味遊 Easy Go!．歐洲

　　位於多瑙河畔的匈牙利國會大廈建於 1885-1902 年間，集合了巴洛克、哥德式、東方等不同的建築風格。大廈全長 268 米，總面積達 18,000 多平方米，有 200 多個房間，大廈內每一根柱、樑都各具特色，陳列了壁畫、織錦畫、雕塑等，絕對不能錯過。留意進入國會大廈前，須接受保安檢查。

Info
地址：H-1055 Budapest, Kossuth tér 1-3, 1357 Budapest, Hungary
交通：乘搭地鐵 2 號線，在 Kossuth Lajos tér 站下車，步行約 3 分鐘
費用：成人 Ft10,000 (HK$200)，6-24 歲人士 Ft 5,000 (HK$100)，6 歲以下免費
電話：+36 12684904/+36 14 414000
網址：www.parlament.hu/web/orszaghaz/latogatas

Tips
　　想要參觀國會大廈，必須預先購買門票，及參加官方安排的導覽團，才可進去參觀，導賞團約 45-50 分鐘。
售票處地址：國會大廈 Gate X (Kossuth Square 旁邊)，也可在官網購票
時間：(1 至 3 月)08:00-16:00；(4 月)08:00-16:00，星期五至日：8:00-18:00；(5 至 10 月)8:00-18:00；(11 至 12 月)8:00-16:00
網址：latogatokozpont. parlament.hu/en/purch asing-tickets

▶匈牙利國會大廈。

精彩表演 維加杜劇場 〔地圖 P.267〕
Pesti Vigadó / Vigadó Concert Hall

　　維加杜劇場建於 1872 年，二次大戰曾遭破壞，是布達佩斯第二大的劇場。不少著名音樂家曾在這劇場作初次演出。劇場全年都有不同類型的歌劇、演奏會等上演。

Info
地址：Vigadó tér, 1051 Budapest, Hungary
交通：乘搭地鐵 2 號線，在 Vigadó tér 站下車，步行約 3 分鐘
時間：10:00-17:00　│電話：+36 13283300
費用 $：(導賞團) 成人 Ft 2,900(HK$76)，學生及長者 Ft 1,450(HK$38)
網址：vigado.hu

▲維加杜劇場。

📷 仿希臘神廟建築 匈牙利國家博物館

地圖 P.267

Magyar Nemzeti Múzeum

博物館於 1802 年成立，其建築屬新古典主義風格，建於 1837-47 年。1848 年的匈牙利革命，這家博物館發揮了重要的作用，因此每年 3 月 15 日革命紀念日，匈牙利市民都會在這兒聚集。博物館有七個常設展覽，展出匈牙利各時期的歷史文物，透過館內的藝術品和美輪美奐的頂棚畫，可深入了解匈牙利的歷史。

Info

地址：**Múzeum krt. 14-16, 1088 Budapest, Hungary**
交通：乘搭地鐵 3 號線，在 **Kálvin tér** 站下車，步行約 3 分鐘
時間：星期二至日 10:00-18:00
費用 **$**：一般 Ft 2,600 (HK$52)
電話：**+36 13382122**
網址：**mnm.hu/en**

▲ 匈牙利國家博物館。

📷 多瑙河靚景 蓋勒特丘陵 *Gellért-hegy*

地圖 P.267

蓋勒特丘陵是為了悼念天主教傳教士蓋勒特而命名。蓋勒特丘陵高 235 米，在這裏可欣賞布達佩斯多瑙河優美的景致。山上有一座 19 世紀的城堡，是奧匈帝國時奧地利人興建的，廣場中央有聖蓋勒特像。從丘陵還可遠望附近溫泉區的優美景色。

▲ 蓋勒特丘陵上的廣場。

▲ 自由女神雕像。

Info

地址：**1118 Budapest, Hungary**
交通：乘搭地鐵 3 號線，在 **Ferenciek tere** 站下車，步行約 7 分鐘

▲ 在蓋勒特丘陵上可觀賞布達佩斯的城市面貌。

基本資料　住宿　布達佩斯　森田德勒

布達佩斯泡溫泉 Spa　地圖 P.267

　　布達佩斯被譽為「歐洲溫泉都市」，這兒的溫泉可分為溫泉浴池和溫泉旅館兩大類。大部分的溫泉旅館在日間開放予非旅館住客泡溫泉，也有溫泉泳池和裸體泡浸。若是開放式的泳池，需穿着泳衣泡浸。

　　匈牙利人習慣在泡溫泉之餘，同時享受按摩及美容服務。購票時，要想清楚是否需要按摩、臉部或指甲美容等額外服務。建議先淋浴，然後泡澡，最後才按摩。離開前，別忘了給更衣室的服務員或按摩師小費。以下是 3 間推介的 SPA：

Info

Szechenyi Bath and Spa Budapest

地址：**Állatkerti krt. 11, 1146 Budapest, Hungary**

交通：乘搭地鐵 1 號線，在 **Széchenyi Fürdő** 站下車，步行約 3 分鐘

時間：07:00-20:00 部分設施開放時間或有不同

費用 **$**：由 Ft 9,400(HK$188) 起

電話：+36 13633210

網址：**www.szechenyibath.hu**

Gellért Thermal Bath and Swimming Pool

地址：**Kelenhegyi út 4, 1118 Budapest, Hungary**

交通：乘搭地鐵 3 號線，在 **Kálvin tér** 站下車，步行約 10 分鐘

時間：09:00-19:00

費用 **$**：由 Ft 9,400(HK$188) 起

電話：+36 14666166

網址：**www.gellertbath.hu**

Danubius Health Spa Resort Helia

地址：**62-64.Kárpát utca, 1133 Budapest, Hungary**

交通：乘搭地鐵 3 號線，在 **Dózsa György út** 站下車，步行約 5 分鐘

時間：07:00-10:00

費用 **$**：（泳池溫泉套票）星期一至五 Ft 5,500 (HK$110)，星期六至日 Ft 6,600(HK$132)

電話：+36 18895800

網址：**bit.ly/44znJLR**

Szentendre

森田德勒距離布達佩斯約 20 公里，是多瑙河畔的一個小鎮，鎮內有七間精緻的教堂和十間博物館。小鎮充滿巴爾幹半島風情，不少藝術家、文學家都被這裏優雅閒適的環境吸引，紛紛到這裏定居及工作。

> **Info**
> 交通：乘搭地鐵 2 號線，在 **Batthyány tér** 站下車，轉乘 **HÉV** 市郊電車，約 40 分鐘

📷 東正教遺跡 布拉哥維修登修卡教堂
Blagovesztenszka Templom

布拉哥維修登修卡教堂是森田德勒小鎮的地標，位於中央廣場上矗立的東正教十字架旁，距今已有 300 多年歷史，屬塞爾維亞東正教教堂。其黃白色的外牆，充分展現了巴洛克建築風格，教堂周圍常有畫家為遊客即席素描。

> **Info**
> 地址：Fő tér, 2000 Szentendre, Magyarország, Hungary
> 交通：由 Szentendre 火車站步行約 10 分鐘
> 網址：bit.ly/45QOJY5

▲布拉哥維修登修卡教堂。

Part 12

二 奧地利 Austria

奧地利向來被譽為「音樂之都」，多位傑出的音樂家最活躍的時期都在奧地利定居。除了音樂，奧地利的藝術、舞蹈與文學創作也聞名中外。在首都維也納，一年四季都可以欣賞到高質素的音樂會，其中以五月的維也納音樂節最熱鬧。除了音樂會之外，奧地利也有著名的歌劇表演。在全球各地無間斷上演的歌劇《仙樂飄飄處處聞》，就是以奧地利為故事背景。多少名留千古的音樂、文化、藝術作品，都在奧地利誕生。身處奧地利，每一口氣仿似都充滿了藝術氣息。

首都：維也納（Vienna/Wien）

流通貨幣：歐元 (€)

電壓：220V 50Hz

插頭：主要為 2 圓孔，少部分 3 孔

語言：德語

時差：比香港慢 7 小時，3 月至 10 月比香港慢 6 小時

特產：刺繡、水晶玻璃、音樂商品

美食：咖啡、蛋糕、麵包

商店營業時間：星期一至五 08:00/09:00-18:00，星期六 08:00/09:00-13:00/17:00，星期日休息

貨幣面值：紙幣分為€ 5、€ 10、€ 20、€ 50、€ 100、€ 200、€ 500，硬幣分為€ 1、€ 2、1 cent、2 cent、5 cent、10 cent、20 cent、50 cent；€ 1 等於 100 cent

電話區號：奧地利國際區號 43 維也納城市區號 1

緊急電話：警察 133；救護車 144；消防 122

維也納天氣

月份	平均氣溫（攝氏）	平均降雨量（毫米）
1	4	31
2	1	8
3	9	48
4	10	103
5	15	59
6	19	44
7	23	76
8	21	76
9	17	22
10	8	42
11	7	67
12	2	41

節慶及重要的活動

月份	節慶 / 活動 (舉辦日期)
2 月	Nassereither Schellenlaufen (2026 年 2 月 8 日) www.fasnacht-nassereith.at
	Schleicherlaufen in Telfs (2025 年 2 月) www.schleicherlaufen.at
	Wampelerreiten in Axams (2023 年 2 月 19 日) www.tyrol.com/things-to-do/events/all-events/e-axams-wampelerreiten
3 月 /4 月	復活節音樂節 (Osterfestspiele Salzburg/ Salzburg Easter Festival) (2024 年 3 月 22 日 -4 月 1 日) www.osterfestspiele-salzburg.at
5 月 -6 月	維也納藝術節 (Wiener Festwochen) (2024 年 5 月 17 日 -6 月 23 日) www.festwochen.at
7 月 -8 月	Bregenzer Festspiele (2024 年 7 月 17 日 -8 月 19 日) bregenzerfestspiele.com
8 月 -9 月	Music Festival Grafenegg (2023 年 8 月 31 日 -9 月 3 日) www.grafenegg.com
	Ars Electronica Festival (2023 年 9 月 6 日 -10 日) www.aec.at

公眾假期

2024	2025	
1 月 1 日	1 月 1 日	新年
1 月 6 日	1 月 6 日	主顯節
4 月 1 日	4 月 21 日	復活節後星期一
5 月 1 日	5 月 1 日	勞動節
5 月 9 日	5 月 29 日	耶穌升天節
5 月 20 日	6 月 9 日	聖靈降臨日
5 月 30 日	6 月 19 日	聖體節
8 月 15 日	8 月 15 日	聖母升天節
10 月 26 日	10 月 26 日	國慶日
11 月 1 日	11 月 1 日	諸聖節
12 月 8 日	12 月 8 日	聖母純潔受胎日
12 月 25 日	12 月 25 日	聖誕節
12 月 26 日	12 月 26 日	聖誕節翌日

如何前往奧地利？

從香港出發

香港沒有直航航班前往奧地利，須經台北、首爾、倫敦、巴黎等地轉機前往。台灣中華航空有直航航班往奧地利，航程約16-20小時，其他可轉機往奧地利維也納的航空公司包括長榮航空、泰國國際航空、英國航空、荷蘭皇家航空、聯合航空、德國漢莎航空、阿聯酋航空、芬蘭航空、法國航空和瑞士航空等，香港至維也納機票由HK$6,540起，中華航空在台北轉機；阿聯酋航空則在杜拜轉機。

> 中華航空：
> www.china-airlines.com
> 阿聯酋航空：
> www.emirates.com

從歐洲其他國家出發

如果想從歐洲某國家前往奧地利國內的城市，如維也納等，可以選擇乘搭飛機、火車及巴士。

1. 飛機

在歐洲各國乘搭飛機往奧地利維也納所需時間約1-3小時，各國所需時間分別如下：

出發地	所需時間
捷克布拉格；匈牙利布達佩斯	約1小時
德國法蘭克福；荷蘭阿姆斯特丹	約1.5-2小時
法國巴黎	約2小時
英國倫敦；意大利羅馬	約2.5小時
西班牙馬德里	約3小時

3. 巴士

奧地利與匈牙利和捷克較近，由這兩個國家乘巴士到維也納又快又方便，只需在出發前購買FlixBus車票(詳見P.50)，即可省錢周遊。

由匈牙利布達佩斯乘巴士至維也納約3小時；由捷克布拉格出發5小時之內可到達維也納。

> FlixBus : global.flixbus.com

2. 火車

遊客也可選擇乘搭火車，比飛機便宜，以及可以在火車上欣賞沿途的景色。可以乘搭的火車種類包括：EC(Eurocity)國際特快車、EN(EuroNight)特快夜車、CNL(City Night Line)豪華臥鋪夜車及ICE(Intercity Express)德國高速新幹線。

由歐洲國家乘火車往奧地利維也納，一般需時約3-12.5小時。

出發地	所需時間
德國法蘭克福(乘ICE)	約4.5小時
德國科隆(乘CNL)	約11小時
匈牙利布達佩斯(乘EC)	約2.5小時
捷克布拉格(乘EC或Railjet)	約4小時
瑞士蘇黎世(乘Railjet)及意大利威尼斯(乘Railjet及巴士、或EN)	約8小時
意大利佛羅倫斯(乘EN)	約10小時
荷蘭阿姆斯特丹(乘CNL)	約15小時
法國巴黎(乘TGV及EC)	約12小時

> RAILEUROPE :
> www.raileurope.com

航空

　　奧地利國內有六個機場,其中維也納國際機場 (Flughafen Wien-Schwechat),是維也納與世界各國往來的主要機場。從維也納國際機場乘搭 City Airport Train (CAT) 到 Wien Mitte 站,轉乘地鐵 U3 線,即可到達維也納市中心或火車西站 (Wien Westbahnhof)。

維也納國際機場:www.viennaairport.com
City Airport Train:www.cityairporttrain.com

奧地利鐵路

　　奧地利的鐵路四通八達,幾乎可以通往所有歐洲國家,以及國內城市。遊客常用的火車站主要是維也納火車南站 (Wien Südbahnhof) 和火車西站 (Wien Westbahnhof)。這兩個火車站也是機場巴士的上落客處,而西站可接駁維也納地鐵,到達維也納市中心。大部分火車,包括 IC(InterCity) 國內特快車、維也納周邊列車 Schnellbahn/Regionalzug、D(Schnellzug) 夜車/國際快車及 E(Eilzug) 加掛貨車快車都在這些站出入。另外,可瀏覽奧地利聯邦鐵路 ÖBB 網頁,查詢火車班次和時間等最近新資訊。

奧地利火車證 Eurail Austria Pass

　　持有 Eurail Austria Pass 的遊客可在指定時限內無限次乘搭奧地利火車。

費用:

1 個月可使用天數	成人		12-27 歲青年	
	頭等車廂	二等車廂	頭等車廂	二等車廂
3 天	€ 195 (HK$1,677)	€ 153 (HK$1,316)	€ 156 (HK$1,342)	€ 133 (HK$1,144)
4 天	€ 230 (HK$1,978)	€ 182 (HK$1,565)	€ 184 (HK$1,582)	€ 158 (HK$1,359)
5 天	€ 262 (HK$2,253)	€ 207 (HK$1,780)	€ 210 (HK$1,806)	€ 179 (HK$1,539)
6 天	€ 291 (HK$2,503)	€ 229 (HK$1,969)	€ 233 (HK$2,004)	€ 198 (HK$1,703)
8 天	€344 (HK$2,958)	€271 (HK$2,331)	€275 (HK$2,365)	€235 (HK$2,021)

*2023 年價格

ÖBB:www.oebb.at
Eurail:www.eurail.com

維也納市內交通:地鐵、電車和巴士

　　維也納的公共交通系統四通八達,主要交通工具包括市郊火車 (S-Bahn)、地鐵 (U-Bahn)、有軌電車 (Strassenbahn) 和巴士 (Autobus),交通網絡密集,其中地鐵線、電車線和巴士線縱橫交錯,可互相接駁,車票也通用,非常方便,建議遊客購買 Vienna City Card,可無限次免費乘搭地鐵、巴士及有軌電車,超過 210 處的博物館和景點享有折扣優惠,省錢又方便。

Info

Vienna City Card
價錢 $:24 小時 € 17 (HK$ 137),
48 小時 € 25 (HK$ 202),
72 小時 € 29 (HK$ 234)
網址:www.wien.info/en/travel-info/vienna-city-card

Vienna City Map:
www.wien.gv.at/stadtplan/en

1. 地鐵

　　維也納地鐵分為 U1、U2、U3、U4、U6 五條路線,各路線以一種顏色來表示,U1 為紅色,U2 為紫色,U3 為橙色,U4 為綠色,U6 為棕色。遊客常用的路線包括 U1、U2、U3、U4 線,S 路線屬輕軌路線,連接維也納市區和郊區。

www.wienerlinien.at

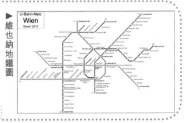

基本資料

住宿

維也納

維也納地鐵圖

2. 巴士

　　巴士主要行走於比較狹窄的街道，市區路線後面通常有 A 字，郊區路線則後面有 B 等；1A、2A 和 3A 巴士可到達維也納市內的景點或附近。

3. 有軌電車

　　有軌電車一般在寬闊的街道上行駛，電車站及車上都有清晰的路線名稱及號碼，都以德文字母或數字命名。

維也納住宿

Hotel Bristol

星級	5 ★
免費 WiFi	✓
含早餐	X
房間獨立浴室	✓
泳池	✓
入住時間	15:00
退房時間	12:00

地圖 P.279

Info

地址：**Kaerntner Ring 1, Wien,1010, Austria**
交通：乘搭地鐵 U1 線，在 **Karlsplatz** 站下車，步行約 1 分鐘
房價：**€ 540 (HK$4,644) 起**
電話：**+43 1515160**
網址：**bit.ly/3LDKiZ4**

Hotel Wandl Wien

星級	3 ★
免費 WiFi	✓
含早餐	X
房間獨立浴室	✓
入住時間	15:00
退房時間	12:00

地圖 P.279

Info

地址：**Petersplatz 9A, 1010 Wien, Austria**
交通：乘搭地鐵 U1 或 U3 線，在 **Stephansplatz** 站下車，步行約 3 分鐘
房價：**€ 144.4 (HK$ 1,242) 起**
電話：**+43 1534550**
網址：**www.hotel-wandl.com**

Gartenhotel Altmannsdorf(Hotel 2)

星級	3 ★
免費 WiFi	✓
含早餐	✓
房間獨立浴室	✓
入住時間	14:00
退房時間	12:00

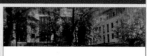

Info

地址：**Hoffingergasse 26-28, Wien, 1120, Austria**
交通：乘搭地鐵 U6 線，在 **Am Schöpfwerk** 站下車，步行約 3 分鐘
房價：**€ 110 (HK$946) 起**
電話：**+43 (1) 802-60-60**
網址：**garten-hotel.com**

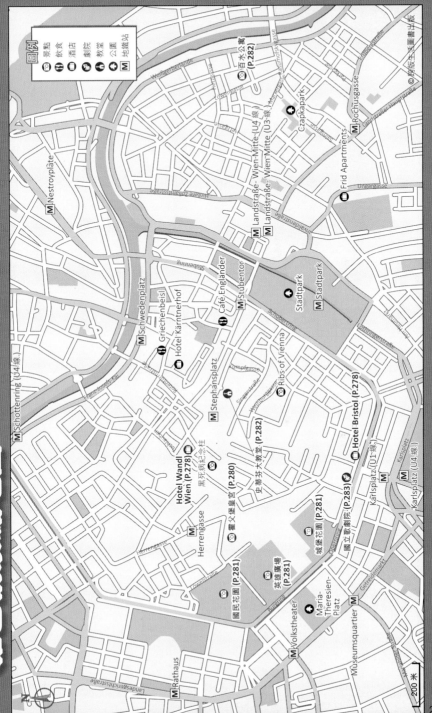

維也納景點地圖

維也納景點

Vienna

維也納是奧地利共和國的首都，不但是古老的皇家城市，而且是現代的藝術中心，也是藝術家們夢寐以求的城市。這個歐洲著名的國際都市充滿濃厚古典音樂氣氛，音樂家輩出，被稱為「世界音樂之都」和「樂都」。1815年拿破崙戰敗，歷史上著名的維也納會議就在這兒舉行；二次大戰時，奧地利與納粹德國聯手對抗歐美各國，戰後維也納跟德國的柏林一樣，被英、美、法、前蘇聯四國共同佔領，至1955年才結束。

www.wien.info/en

皇家氣派 霍夫堡皇宮　地圖 P.279
Hofburg

　　霍夫堡皇宮，現在是總統官邸，也是維也納市中心的地標，從13世紀開始是哈布斯堡王朝的冬季皇宮及藝術殿堂。整個建築群有20多個世界級藏館或博物館，以及兩個庭園，例如新皇宮、舊皇宮、瑞士宮、城堡花園及國民花園等。到1918年哈布斯堡王朝滅亡為止，是奧地利皇室人員的居所。皇宮內有多個不同的博物館，需個別收費，遊客可按個人興趣選擇參觀不同的展館。

▲霍夫堡皇宮。

▲米歇爾門。

巴洛克風格 舊皇宮

舊皇宮 (Alte Hofburg) 在米歇爾門 (Michaelerplatz) 的左面，建於 1723 年，屬巴洛克風格，這兒有皇室宅邸、西西博物館、宮廷餐具及銀器藏品館。此外，米歇爾門的右面是西班牙騎馬學校 (Spanischen Hofreitschule)，可觀看馬匹晨操及表演。

新古典主義風格 新皇宮

新皇宮 (Neue Burg) 建於 1881 年至第一次世界大戰期間，屬新古典主義風格建築。皇宮前的英雄廣場 (Heldenplatz) 矗立了兩座騎馬像。1938 年希特拉在新皇宮這座雙頭鷹族徽下的陽台發表演講，使新皇宮聞名於世。現時皇宮內有幾個博物館，展示了古樂器及武器等文物，是認識維也納及歐洲歷史的好地方。

▲皇宮中庭的佛朗茨二世紀念碑。

皇家庭院 城堡花園、國民花園 *Burggarten, Volksgarten*

城堡花園原址是一片被法國軍隊摧毀的城塞遺址，法蘭茲一世 (Kaiser Franz I) 於 1818 年下令在原址上修建成城堡花園。花園一隅有莫札特像的紀念碑，雕像前的花圃，都以紅色的花卉排成音符的形狀。

國民花園 (Volksgarten) 也是在城塞遺址興建的，是維也納最古老的公共庭園。花園內有玫瑰園、水池、Theseus 教堂，以及西西公主的白色雕像。遊客逛得累了，可在花園的長椅上坐下來休息。

◀莫札特雕像紀念碑。

▶城堡花園。

Tips

最古老的建築　瑞士宮

瑞士宮位於新、舊皇宮間的中庭，大門由紅、藍和金色組成，於 1522 年建成，是維也納皇宮內最古老的建築物。由於哈布斯堡家族原是瑞士的貴族，初時有瑞士兵駐守這兒，因而稱為瑞士宮。宮內設有皇宮寶物館，收藏了羅馬皇帝皇冠等珍寶。瑞士宮內還有皇宮禮拜堂，主日有彌撒，維也納少年合唱團會在這兒唱詩歌。

Info

地址：**Michaelerkuppel, Hofburg, 1010 Wien, Austria**
交通：乘搭地鐵 **U3** 線，在 **Herrengasse** 站下車，步行約 3 分鐘
時間：(9 月至 6 月)09:00-17:30
　　　(7 月至 8 月)09:00-18:00
費用 $：成人€ 17.5 (HK$ 151) 起，6-18 兒童€ 11 (HK$ 95) 起，19-25 學生及 **Vienna Card** 持有人€ 16.5(HK$ 142) 起
電話：+43 15337570
網址：霍夫堡皇宮 www.hofburg-wien.at
　　　西班牙騎馬學校 www.srs.at

無限驚喜 百水公寓 *Hundertwasserhaus* 地圖 P.279

▶百水公寓。

百水公寓外觀色彩繽紛，由被稱為「奧地利高迪」的建築師 Friedrich Stowasser 設計，外牆由不同大小、顏色的瓷磚拼貼而成，其建築靈感來自巴塞隆拿的米拉之家 (Casa Milà)。百水公寓建於 1983-1985 年，共有 50 個單位，入住的租客可自由變更單位的窗戶顏色，使百水公寓一直都充滿無限的驚喜與新鮮感。

Info

- 地址：Kegelgasse 35/3, 1030 Wien, Österreich, Austria
- 交通：乘搭地鐵 U3 或 U4 線，在 Landstrase-Wien Mitte 站下車，步行約 12 分鐘
- 網址：www.hundertwasser-haus.info

多種建築風格 史蒂芬大教堂 地圖 P.279
Wiener Stephansdom

▶史提芬大教堂。

史蒂芬大教堂位於舊市區中心，融合了羅馬、哥德與文藝復興的風格，最早建於 1147，是維也納另一個著名的地標。教堂是歷代皇帝舉行葬禮的地方，教堂內可觀賞「牙痛的耶穌」及「瑪利亞加臭」等作品。史蒂芬大教堂分為主教堂、地下墓園 (Catacomb) 及南北二塔等，地下墓園安放着 2,000 多名黑死病死者的骸骨；登上 137 米高的南塔 (Steffl)，可觀看維也納市區的景致，而北塔上的普梅林大鐘 (Pummerin) 也值得觀看。教堂提供導賞團及參觀套票，如時間許可的話，值得一一細看。

Info

- 地址：Stephansplatz 1, 1010 Wien, Austria
- 交通：乘搭地鐵 U1 或 U3 線，在 Stephansplatz 站下車，步行約 1 分鐘
- 時間：星期一至六 06:00-22:00，星期日及公眾假期 07:00-22:00
- 費用 $：免費入場
- 導賞團時間及費用：

導賞團	時間	每節時間	費用
導賞團 (所有景點)	/	/	€ 20 (HK$ 172)
大教堂 導賞團	(星期一至六)10:30	30 分鐘	€ 6 (HK$ 52)
地下墓園 導賞團	(星期一至六) 10:00-11:30， 13:30-16:30 星期日及公眾假期 13:30-16:30	30 分鐘	€ 6 (HK$ 52)
北塔大鐘	(星期一至日) 09:00-20:30	/	€ 6 (HK$ 52)
南塔	(星期一至日) 09:00-17:30	/	€ 5.5 (HK$ 47)

- 電話：+43 1515523024
- 網址：www.stephanskirche.at

▲史提芬大教堂裏面。

🎥 音樂盛會 國立歌劇院 *Wiener Staatsoper*

地圖 P.279

▲ Austria Staatoper 日景。

　　國立歌劇院是維也納必遊的景點，建於 1869 年，屬文藝復興風格建築，現時的歌劇院是二次大戰後重建的，可容納 2,280 人。除作表演外，裏面還有不少畫作及雕像都值得觀賞，如莫札特的「魔笛」濕壁畫，現時歌劇院也開放予遊客參觀，並提供導賞服務。每年的 9 月至 6 月是維也納的歌劇節，2 月下旬則有歌劇院舞會 (The Vienna Opera Ball)，好不熱鬧。如想欣賞歌劇或演奏會，建議衣着要整齊。

地址：Opernring 2, 1010 Wien, Austria
交通：乘搭地鐵 U2 線，在 Karlsplatz 站下車，步行約 2 分鐘
時間：(歌劇院導賞) 星期一至日
費用 $：成人 € 15-220(HK$ 129-1,892)
電話：+43 1514442250
網址：www.wiener-staatsoper.at

Tips

歌劇院導賞團時間一般在中午開始，但每天的時間都不同，宜留意官網的最新資訊。

▼ 夜景。

🎥 奢華宮殿 熊布倫宮 *Schloß Schönbrunn*

　　又稱「美泉宮」，因皇宮花園內漂亮的噴泉而得名，於 1996 年被列為世界文化遺產。雖然宮廷的建築參照了凡爾賽宮，卻有獨自的特色及格調。熊布倫宮採用巴洛克建築風格，主宮殿共有 1,400 多個房間，瑪利亞女皇的居所有約 1,000 個僕人打理。熊布倫宮讓遊客感受到哈布斯堡家族當時的輝煌與奢華。除了宮殿外，幾何形狀的花園和瑪利亞女皇吃早餐的葛洛麗葉樓閣 (Gloriette) 也值得逛，後者現已活化為咖啡廳。

地址：Betriebsges.m.b.H., 1130 Wien, Austria
交通：乘搭地鐵 U4 線，在 Schönbrunn 站下車，步行約 2 分鐘
時間：
熊布倫宮：(4 月至 11 月 2 日)08:30-17:30，(11 月 3 日至 3 月) 08:30-17:00
皇室私密花園 (Kronprinzengarten)、迷宮樹叢 (Irrgarten & Labyrinth) 及葛洛麗葉樓閣 (Gloriette) 依月份不同有異，詳細時間請查詢官網
費用 $：

門票種類	參觀範圍	設有語音導賞	費用
Imperial Tour	可參觀 12 個房間	✓	€ 24 (HK$ 206)
Grand Tour	可參觀 40 間房間	✓	€ 29 (HK$ 249)
Classic Pass	可參觀 40 間房間、迷宮樹叢、皇室私密花園、葛洛麗葉樓閣	✓	€ 34 (HK$ 292)

電話：+43 18113239
網址：www.schoenbrunn.at/en

▲ 熊布倫宮。

基本資料　住宿　維也納

希臘 Greece

希臘，是個古典而神秘的國度，到處都是遺址、古跡；優美的愛琴海，更是很多人理想的度假勝地。為數不少的世界遺產遍佈希臘各地，希臘神殿設計，成為日後西方建築界重要的一環。希臘的神話、哲學、文學、戲劇等也十分發達，可以說是西方文明搖籃。

首都：雅典 (Athens)

流通貨幣：歐元 (€)

時差：比香港慢 7 小時；
3~9 月則比香港慢 6 小時

語言：希臘語

電壓：220V 50Hz

插頭：二孔圓孔和三孔圓孔

貨幣面值：紙幣分為€ 5、€ 10、€ 20、€ 50、
€ 100、€ 200、€ 500，硬幣分為€
1、€ 2、1 cent、2 cent、5 cent、
10 cent、20 cent、50 cent；€ 1 等
於 100 cent

電話區號：希臘國際區號 30

緊急電話：救護車 166；警察 100；消防 199

商店營業時間：09:00-14:00，17:00-20:00，
部份商店只在星期一、三、六
09:00-14:00 營業

特產：葡萄酒

美食：橄欖、羊肉料理

雅典天氣

月份	平均氣溫（攝氏）	平均降雨量（毫米）
1	10.3	45.2
2	10.7	47.8
3	12.4	44.3
4	16	24.8
5	20.6	14.4
6	25	6
7	27.8	5.6
8	27.6	8.1
9	24.3	9.7
10	19.3	47.8
11	15.4	50.8
12	12	66.3

節慶及重要的活動

月份	節慶 / 活動 (舉辦日期)
6-8 月	雅典藝術節 (Athens & Epidaurus Festival) （每年 6 月 -8 月） aefestival.gr/?lang=en
6-10 月	尼利迪摩格爾民族舞節 (Nelly Dimoglou troupe at the Old City of Rhodes on Rhodes)
8 月	FASMA Festival (2023 年 8 月 20 日) www.fasma.com.mx
9 月	斯巴達馬拉松 (Spartathlon Ultra Race) (2023 年 9 月 30 日 -10 月 1 日) www.spartathlon.gr/en
11 月	雅典國際馬拉松 (Athens Marathon) (2023 年 11 月 11 日 -12 日) www.athensauthenticmarathon.gr

公眾假期

2024	2025	
1 月 1 日	1 月 1 日	元旦
1 月 6 日	1 月 6 日	主顯節
3 月 18 日	3 月 3 日	聖灰星期一
3 月 25 日	3 月 25 日	獨立紀念日
/	4 月 18 日	東正教耶穌受難節
/	4 月 21 日	東正教復活節星期一
5 月 1 日	5 月 1 日	勞動節
5 月 3 日	/	東正教耶穌受難節
5 月 6 日	/	東正教復活節星期一
6 月 24 日	6 月 8 日	東正教聖靈降臨節
8 月 15 日	8 月 15 日	聖母升天日
10 月 28 日	10 月 28 日	國家紀念日 (Ochi Day)
12 月 25 日	12 月 25 日	聖誕節
12 月 26 日	12 月 26 日	聖誕節翌日

如何前往希臘？

從香港出發

香港沒有去希臘的直航班次，必需轉機。有多家航空公司提供轉飛往希臘的航班，包括國泰航空、德國漢沙航空、法國航空、英國航空、瑞士航空、荷蘭皇家航空、俄羅斯航空、卡塔爾航空等。香港至雅典機票由 HK$7,003 起。

從歐洲其他國家出發

如果想從歐洲某國家前往希臘國內的城市，如雅典等，可以選擇乘搭飛機、火車及輪船：

1. 飛機

在歐洲各國乘搭飛機往希臘雅典所需時間約1-3小時，各國所需時間分別如下：

出發地	所需時間
奧地利維也納；匈牙利布達佩斯；意大利羅馬	約 1 小時
意大利米蘭；英國倫敦	約 2 小時
法國巴黎	約 2.5 小時
荷蘭阿姆斯特丹	約 3 小時

ⓘ 雅典國際機場 (Athens international airport Eleftherios Venizelos)：www.aia.gr

2. 火車

前往希臘的火車路線曾一度停駛多時，現雖再度開通，但選擇海上交通或其他交通方法會比較方便及保險。火車路線轉折，於歐洲其他城市需先前往希臘的塞薩洛尼基 (Thessaloniki) 或再轉乘 Intercity 特快列車 (需另購特急券) 或夜行列車 (Night train)(需另付臥鋪費) 前往雅典。土耳其伊斯坦堡 (Istanbul) 至希臘塞薩洛尼基約 14.5 小時；保加利亞索菲亞 (Sofia) 至希臘塞薩洛尼基約 9 小時；馬其頓斯科普里 (Skopje) 至希臘塞薩洛尼基約 5.5 小時。

3. 輪船

可從意大利或土耳其乘船前往希臘，所需時間約數小時至 1 天不等。持有 Eurailpass 的遊客更可免費乘搭 ADN (Adriatica) 及 HML 公司往來意大利跟希臘的路線。

ⓘ AND 網址：www.ferryto.net/adriatica.html
HML 網址：www.ferryto.co.uk/hml.html

希臘國內交通

航空

希臘境內共有 30 多個機場，方便了島與島之間的往來。雅典的主要機場為艾雷夫塞利歐斯威尼塞羅斯國際機場 (Elftherios Venizelos International Airport)，於 2001 年啟用，提供國內外的航線。現時由雅典乘飛機往亞歷山大卓波利 (Alexandroupoli)、塞薩洛尼基、米克諾斯島及聖托里尼島約 40 分鐘至 1 小時。

ⓘ 艾雷夫塞利歐斯威尼塞羅斯國際機場：www.aia.gr

希臘國鐵

希臘國鐵的路線主要集中在希臘北部地方，而希臘的主要觀光景點分佈在不同的小島，著名的觀光小島都沒有鐵路網絡覆蓋。希臘的鐵路網主要有以下數種的列車，包括主要行駛希臘北部的 IC(Intercity) 國內特快車、Night Train 臥鋪夜車、停靠主要的大站的 Express 快車、停靠各站 Regular 普通列車及 Suburban 支線列車。

希臘火車證 Eurail Greece Pass

一個月內 可使用日數	成人		12-27 歲（二等車廂）	
	頭等車廂	二等車廂	頭等車廂	二等車廂
3 天	€ 123(HK$1,058)	€ 97(HK$834)	€ 98(HK$843)	€ 84(HK$722)
4 天	€ 152(HK$1.307)	€ 120(HK$1,032)	€ 122(HK$1,049)	€ 104(HK$894)
5 天	€ 179(HK$1,539)	€ 141(HK$1,213)	€ 143(HK$1,230)	€ 122(HK$1,049)
6 天	€ 205(HK$1,763)	€ 162(HK$1,393)	€ 164(HK$1,410)	€ 140(HK$1,204)
8 天	€ 253(HK$2,176)	€ 200(HK$1,720)	€ 202(HK$1,737)	€ 172(HK$1,479)

*2023 年價格

www.eurail.com

雅典市內交通

地鐵

雅典地鐵網絡有 4 條線，連接市中心、近郊及機場，適合遠距離移動。通車時間為 06:00-00:00，約每 5-10 分鐘一班，不同路線的班次大致相同，於繁忙時間會增加班次。地鐵票價因應票種而不同，單程票於 70 分鐘內有效，並可轉乘不同的交通工具，若然打算同一天在市區遊走多個景點可購買 1 日通行票。車票可於地鐵站內售票處或乘車處的自動售票機購買。

Info

費用 $ ：

天數	成人（頭等）
綜合交通票 (Integrated Ticket)	€ 1.2(HK$10)
機場線巴士票 (Airport Express Bus Line Ticket)	€ 10(HK$81)
1 日通行票 (Daily Ticket)	€ 4.1(HK$35)
5 日票 (5 day ticket)	€ 8.2(HK$71)
3 日票（包括往來機場交通）(3-day Ticket Including 1-round trip to/from Airport Transport)	€ 20(HK$172)

網址：**www.stasy.gr**

路面電車及巴士

路面無軌電車是雅典市的一大特色，適合近距離路程，班次約為 5-15 分鐘，是觀光客最常使用的交通工具之一。雅典亦有巴士系統，但巴士的班次不定，加上車站的路線較為複雜，並不太適合遊客乘搭。

www.oasa.gr

雅典景點

Athens

　　雅典，聞名中外的神話之都，結合奧運體育精神，使雅典成為了既充滿歷史味道，同時讓人熱血沸騰的有趣城市。時至今日，各國的大城市相繼現代化，可幸，在雅典，我們仍然能夠在眾多歷史遺跡中窺看過去的故事。

雅典景點地圖

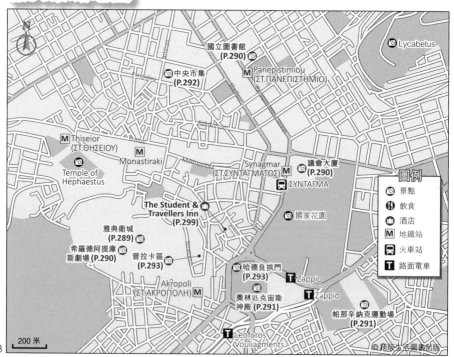

到希臘必遊！雅典衛城
地圖 P.288

Ακρόπολη Αθηνών/Acropolis

　　衛城是雅典最著名的古跡景點，曾多次受破壞。神殿的每條柱子的長度、闊度以至彎度都經過精心計算，柱子中央膨脹並向內傾，設計也方便排水。在古代，建築師們已細心考慮到神殿的視覺效果，實在令人讚嘆。立於山丘上，同時可飽覽雅典的風光。每年 4-10 月，晚上 9 時都有聲光 Show，若人數不足或天氣不佳時或取消。

▼巴特農神殿。

▲艾雷克提歐神殿北側的六少女之柱 (Porch of the Maidens)。

▶前門。

▶艾雷克提歐神殿。

Info

地址：**Athens, Greece**
交通：乘搭地鐵 2 號線，在 **Akropoli(ΣΤ.ΑΚΡΟΠΟΛΗ)** 站下車，步行 12 分鐘
時間：08:00-20:00，根據日照時間縮短至 18:00
費用 **$**：成人€ 20(HK$161)，學生€ 10(HK$81)
電話：+30 2103214172
網址：**bit.ly/48wg0RO**

📷 戶外音樂廳 希羅德阿提庫斯劇場　地圖 P.288

Ωδείο Ηρώδου του Αττικού or Ηρώδειο/Odeon of Herodes Atticus

▲ 從頂層俯瞰劇場。

這個露天劇場共有32級座位，可容納約5,000人，只有演出時才對外開放參觀。這裏會不定期舉辦音樂會、戲劇等，晚上在這裏觀看演出，熱鬧得很，亦份外有氣氛。

Info
地址：Athina, 10555, Greece
交通：乘搭地鐵2號線，在 Akropoli(ΣΤ.ΑΚΡΟΠΟΛΗ) 站下車，步行15分鐘

📷 莊嚴建築 議會大廈　地圖 P.288

Βουλή των Ελλήνων/Hellenic Parliament

▲ 刻在議會大廈的無名戰士紀念碑。

▲ 議會大廈外看守的衛兵。

議會大廈是希臘第一位國王的皇宮，1933年改為議會大廈。整幢建築以其正面的多利斯式柱廊最有特色，大廈內部不對外開放，門外有衛兵看守，每30分鐘換班一次。

Info
地址：Parliament Mansion (Megaro Voulis), GR-10021, Athens, Greece
交通：乘搭地鐵2號或3號線，在 Synagmar(ΣΤ.ΣΥΝΤΑΓΜΑΤΟΣ) 站下車
網址：www.hellenicparliament.gr/en

📷 最大最齊書庫 國立圖書館　地圖 P.288

Η Εθνική Βιβλιοθήκη της Ελλάδος/National Library

這是全希臘最大規模的圖書館，藏書量達多70萬冊。圖書館的外型參考海法斯提歐神殿而建。

▲ 希臘國立圖書館。

Info
地址：32 Panepistimiou Street, Athens, 10679, Greece
交通：乘搭地鐵2號線，在 Panepistimiou (ΣΤ.ΠΑΝΕΠΙΣΤΗΜΙΟ) 站下車，步行1分鐘
時間：星期一至四 09:00-20:00，星期五、六 09:00-14:00
網址：www.nlg.gr

遨遊11國省錢品味遊 Easy Go! 歐洲

📷 首屆奧運場地 帕那辛納克運動場

Παναθηναϊκό στάδιο/The Panathenaic Stadium

這個運動場是首屆奧運會的場地，總共可以容納 5 萬名觀眾。運動場的大理石觀眾席是在羅馬時期加建，多年來運動場曾多次受破壞，幸得希臘富豪贊助，成功修復。

Info

地址：**Vasileos Konstantinou Anevue, Athens11635, Greece**
交通：乘搭地鐵 2 號或 3 號線，在 **Synagmar (ΣΤ.ΣΥΝΤΑΓΜΑΤΟΣ)** 站下車，步行 10 分鐘
時間：(3 月至 10 月)08:00-19:00，(11 月至 2 月)08:00-17:00
費用 **$**：成人€ 10(HK\$86)，學生及 65 歲以上長者€ 5 (HK\$43)
電話：**+30 2107522984-6**
網址：**bit.ly/46nmam1**

▲帕那辛納克運動場。

📷 神話之地 奧林匹克宙斯神殿

Ναός του Ολυμπίου Διός/Temple of the Olympian Zeus

宙斯神殿是希臘神殿之中規模最大的，原本共有 104 根柱，如今遺跡中只剩下 15 根殘柱。神殿附近也可以看到古羅馬浴場的遺跡。這裏是繼衛城之後、雅典另一個必到之處。

▶奧林匹克宙斯神殿。

Info

地址：**Vassilisis Olgas Av., Athens, Greece**
交通：乘搭地鐵 2 號線，在 **Akropoli(ΣΤ. ΑΚΡΟΠΟΛΗ)** 站下車，步行 5 分鐘
時間：08:00-20:00，根據日照縮短至 18:00
費用 **$**：成人€ 8 (HK\$69)，學生€ 4 (HK\$34)
電話：**+30 2109226330**
網址：**odysseus.culture. gr/h/3/eh351. jsp?obj_id=2488**

▼昔日規模宏大，如今只剩殘柱。

地道食品市場 中央市集 地圖 P.288
Central market

中央市集是雅典當地市民購買食品的集中地，無論是新鮮水果、蔬菜、肉類、海鮮等都應有盡有。雖然遊客不能帶回家，來感受一下當地人買菜的氣氛也好。另外也有各種特色乾果、香料，包裝妥當可帶回家作手信。市集不論是平日或週末都很熱鬧。

◀ 中央市集長期都人頭湧湧。

▲ 遊客不妨買點新鮮水果即食。

▲ 無花果乾 (前) 和核桃 (後) 都可以即買即食。

現場還有熟食！最適合遊客填飽肚子。

▲ 市場環境乾淨，鮮肉擺放整齊。

Info

地址：**Athinas 42, Athina, Greece**
交通：乘搭地鐵 2 號線，在 **Panepistimiou** 站下車，步行 5 分鐘
時間：07:30-16:00
休息：星期日

📷 新舊城邊界 哈德良拱門 地圖 P.288

Αψίδα του Αδριανού / Arch of Hadrian

哈德良拱門建於公元 189 年的羅馬皇帝哈德良所統治的時期，拱門分隔了雅典古城區及當時新建的羅馬城區。門的兩面分別刻有不同的字句，面向雅典衛城方向的寫着「這是忒修斯所建的雅典古都 (This is Athens, the ancient city of Theseus)」、另一邊面向新城的則寫着「這邊是哈德良所建之都市，並不屬於忒修斯 (This is the city of Hadrian, and not of Theseus)」。

Info

地址：**Arch of Hadrian, Leoforos Vasilissis Amalias, Athens 10575, Greece**
交通：乘搭地鐵 2 號線，在 Akropoli(**ΣΤ. ΑΚΡΟΠΟΛΗ**) 站下車，步行 5 分鐘

▶哈德良拱門。

📷 雅典步行街 普拉卡區 Plaka 地圖 P.288

參觀完雅典衛城下山，會經過普拉卡區。在這裏可以買到很多不同的雜貨，特別是希臘的皮革。一路上有很多露天餐廳、咖啡廳及即搾鮮果汁店，是市內最熱鬧的區域，集吃喝玩樂以及購物於一身。

Info

地址：**Athens 105 58, Greece**
交通：乘搭地鐵 2 號線，在 Akropoli(**ΣΤ. ΑΚΡΟΠΟΛΗ**) 站下車，步行 5 分鐘

初嚐希臘美食

肉丸
Meatball

希臘肉丸是很受歡迎的菜式之一，主要以香草和鹽來調味，絕對值得一試。

烤肉
Kebab

希臘菜大都以肉類為主，如羊、豬、牛及雞肉。主菜的肉一般多以碳火燒烤，再以竹籤串起，配上香濃的醬汁，十分可口。

炸魷魚
Kalamarakia Tiganita

由於希臘是個島國，面對着愛琴海，可以吃到新鮮的海鮮。其中，以炸魷魚最為出色及美味。

愛琴海小島景點

Aegean Sea

來到希臘,除了必定要到雅典看遺跡之外,當然少不了遊覽**愛琴海**邊的白色小鎮。愛琴海共有 2,000 多座小島,同樣是白色小屋,島與島之間的設計亦不盡相同。除了陽光與海灘以外,島上亦有不少古跡,令人樂而忘返。

網址:www.mykonos.gr

📷 愛琴海的白寶石 米克諾斯島

地圖 P.296

Μύκονος/Mykonos

米克諾斯島被譽為「愛琴海的白寶石」,可以説是愛琴海上最受觀光客歡迎的一個島嶼。這裏亦是同性戀者的熱門渡假勝地。由雅典乘飛機到米克諾斯島約 40 分鐘;或在 Piraeus(雅典南面的港口) 乘搭渡輪,約 5 小時 30 分航程。

▼米克諾斯島上的白色小屋。

▲黃昏的米克諾斯島。

▲島上的海灘。

必到地標 **卡特米利的風車** *Windmills of Kato Mili* 地圖 P.296

風車是米克諾斯島的特色之一，這 6 座白色風車 (下圖是最著名的 5 座風車)，原是用來磨麥子用的。在風車群不遠處有餐廳酒吧，十分熱鬧。

Info
地址	Katomili, Mykonos, Greece
交通	在巴士南站步行 4 分鐘

拍婚紗照熱門地點 **帕拉波爾提亞尼教堂** 地圖 P.296

Paraportiani Church

這教堂是新人拍攝婚紗照的熱門地點，亦是米克諾斯島最著名的地標。教堂採克蘭群島的教堂設計，其獨等之處在於它是由 5 座教堂組合而成，極富特色。

Info
地址	Mykonos Town, Greece
交通	在巴士南站步行 10 分鐘

▶ 帕拉波爾提亞尼教堂。

海邊特色建築群 **小威尼斯** *Little venice* 地圖 P.296

小威尼斯位於米克諾斯島的海邊，沿海旁而建的建築群給人猶如置身意大利水都威尼斯運河的感覺。這一帶沿岸有很多餐廳，充滿小鎮風情，被稱為小島最美麗的角落，是拍攝的最佳地點。除此以外，這裏也是日落時分欣賞夕陽的最佳地方。

Info
地址	Mykonos, Greece
交通	在巴士南站步行約 8 分鐘

▲ 小威尼斯。

295

島上最熱鬧海灘 天堂海灘 *Paradise beach* 地圖 P.296

　　天堂海灘是米克諾斯島上最受歡迎的海灘，沙灘上有很多五彩繽紛的沙灘椅，只要買杯飲料就可隨便坐下享受日光浴。天堂海灘有餐廳、水上活動用品及沙灘服飾專賣店，每逢週末及旺季更是擠得水洩不通，很熱鬧。

▼ 天堂海灘。

▲ 遊客亦可在酒吧點杯飲品。

► 帶套泳裝來享受陽光吧！

▲ 到達海灘的門口了！

► 享受完日光浴，不妨在海灘旁的餐廳點份三文治配薯條作下午茶。

Tips

超級天堂海灘

　　另一個著名的海灘超級天堂海灘 (Super Paradise Beach) 是一個天體海灘，亦是同性戀者的熱門旅遊點，但沒有任何公共交通工具可到達該地，只能乘的士或自駕前往。

Info

地址：Mykonos, Greece
交通：由市中心巴士總站乘巴士前往，車程約 20 分鐘

米克諾斯島景點地圖

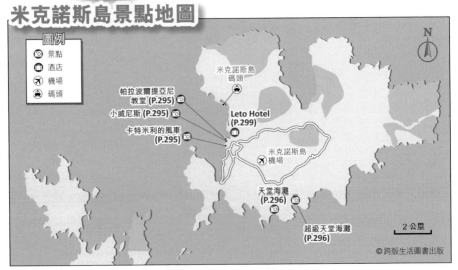

圖例
- 景點
- 酒店
- 機場
- 碼頭

米克諾斯島碼頭

帕拉波爾提亞尼教堂 (P.295)
小威尼斯 (P.295)
卡特米利的風車 (P.295)

Leto Hotel (P.299)

米克諾斯島機場

天堂海灘 (P.296)

超級天堂海灘 (P.296)

N

2 公里

© 跨版生活圖書出版

Σαντορίνη/Santorini

聖托里尼島，位於米克諾斯島的南面，是希臘最著名的度假小島。這島嶼最富特色的是一眾白色小屋之中的藍頂教堂，以及黃昏時愛琴海的醉人日落景緻。這裏的旅館、餐廳、商店都在小屋之間，很有風味。由雅典乘飛機到聖托里尼島約 50 分鐘；或於夏季在 Piraeus 乘搭渡輪，約 4 小時 30 分航程。

▼ 藍頂教堂。

▲ 吊車。

Info

網址：www.thira.gr

▲ 聖托里尼島，小屋沿着懸崖而建。

💡 Tips

騎驢子 Donkey Riding

驢子是聖托里尼島的代表，在島上隨處可見小驢毛公仔或紀念品。難得來到，試試騎驢是不錯的選擇，但亦要顧及動物的感受，留意驢子的狀況，只選擇健康且精心照料的驢子，乘坐 30 分鐘後便休息一下，看看風景拍拍照。天氣炎熱或下雨時，除了騎驢，遊客亦可乘坐纜車或公共交通工具，欣賞美麗的愛琴海。

▶ 可愛的驢子。

▶ 驢子步速穩定，騎起來很安全。

遨遊11國省錢品味遊 Easy Go!‧歐洲

一片深紅 紅沙灘 Red Beach 　地圖 P.298

　　紅沙灘的沙，名符其實真是紅色的，就連圍着海灘的岩石也都是一片深紅，十分特別，是聖托里尼島的必到之處。下巴士後，步行約 20 分鐘就可到達紅沙灘，

其中小部分路線是山路，但也不算太難行，女士別穿高跟鞋就可以了。在這裏亦可以乘船到卡馬利海灘 (Kamari Beach) 及佩利海灘 (Perissa Beach)。

Info

地址：Akrotiri, Santorini, Greece
交通：從 Fira 市中心巴士站乘搭前往 Kamari 的巴士，在 Kamari 站下車

▲ 紅沙灘。

島上最美日落 碉堡 Byzantine Castle Ruins 　地圖 P.298

　　聖托里尼島大部分沿海地區都可以看到日落，其中以碉堡為最熱門的觀賞日落地點。日落前 1 至 2 小時，人群開始聚集，至日落時分，夕陽將一片金黃染在島上白色小屋，美得讓人驚嘆。想要拍到好照片，就要早一點去佔個位置了！

▲ 醉人的夕陽景致。

在碉堡觀賞日落時分，可在島上小屋，十分美麗。

Info

地址：Oia, Santorini, Greece
交通：從 Oia 巴士總站步行約 9 分鐘

聖托里尼島景點地圖

Aethrio Hotel (P.299)
碉堡 (P.298)
圖例　景點　酒店
聖托里尼島
紅沙灘 (P.298)
2 公里
N
©跨版生活圖書出版

聖托里尼島

獨立小屋客房 Aethrio Hotel 地圖 P.299

- Check-in/out：14:30/11:30 ☑ 免費 WiFi ☑ 免費早餐

Aethrio Hotel 環境優美，房間整潔舒服。酒店包自助早餐，亦有公眾泳池，值得一提的是每間房間都是一所獨立小屋，走出門外就是頗有綠意的平台，絕對物超所值！

基本資料

雅典

愛琴海小島

住宿

▲ Aethrio Hotel。

住客可在露天的公共空間坐坐。▶

▲漂亮又乾淨的泳池。

◀每間房間都是一所獨立小屋。

Info

地址：Oia, Santorini, Greece
交通：機場接送服務，每人€ 15 (HK$121)
房價 $：雙人房€ 180 (HK$1,548) 起
電話：+30 22860071040
網址：aethrio.gr

雅典

米克諾斯島

Student and Travellers Inn

星級	1★
免費 WiFi	✓
含早餐	X
房間獨立浴室	✓
入住時間	12:00
退房時間	11:00

地圖 P.288

Info

地址：16 Kydathineon, Plaka, Athens 10558, Greece
交通：乘搭地鐵 2 號或 3 號線，在 Synagmar(ΣΤ. ΣΥΝΤΑΓΜΑΤΟΣ) 站下車，步行 5 分鐘
房價：€ 50(HK$430) 起
電話：+30 2103244808
網址：www.studenttravellersinn.com

Leto Hotel

星級	4★
免費 WiFi	✓
含早餐	✓
房間獨立浴室	✓
入住時間	14:00
退房時間	11:00

地圖 P.299

Info

地址：Leto Hotel, Chora 84600, Mykonos Town 84600, Greece
交通：在計程車廣場步行 2 分鐘
房價：€ 56(HK$482) 起
電話：+30 2289022207
網址：www.letohotel.com

回港了！

Day 33-34

今天乘飛機回港，要離開歐洲了。

我們在最熱最辛苦的時候去歐洲，不過無論如何辛苦，都已過去了，大家很快便會淡忘，猛烈陽光下的美景將成為永遠的回憶。能平安地完成這趟旅程，事前所擔心的問題沒有出現，財物也沒有遺失／被偷，算是十分幸運的了。走在陌生的國度，實在有太多財物失竊的機會，不過青春的我們都 Have Nothing to Lose，感激一路上都遇到好人。

這趟歐洲之旅有「幻想成真」的感覺，教堂、博物館、鐵路、市集、歌劇院、古鎮、Hostel、廣闊的天空，對於亞洲人來說是那麼的新奇，能親身體會，真是棒極了。

想好好享受歐洲的旅程，首先是不怕曬（歐洲的夏天太陽超猛，雲都很薄）、不怕髒（基本上替換衣服只能用手洗，不算很乾淨，牛仔褲還要連穿多天）、不怕累（要走很多路，旅行總不能是坐着吧）、夏天不怕熱、冬天不怕冷（大部分地方是沒有冷氣的，汗水一直流過不停）、隨處都能睡（在飛機／火車／巴士上容易入睡，才有更多精力遊玩）、能提重物（提着行李走路是一件很消耗體力的事）、有好的方向感（沒有迷路，就可以有更多時間去其他地方）。

出發前，以為這次旅行可以儲到不同國家的出入境蓋章，怎知在歐洲坐火車過境居然完全不用出示護照，真有點失望。有時候，坐火車到了別的國家也不知道。

為了好好收藏旅行的每一個感覺和片段，趁乘火車、飛機及在 Hostel 休息的空檔寫日記。在歐洲的火車上，途中會突如其來出現可能轉瞬即逝的美麗風景（如向日葵的花田），給你一個又一個的驚喜，像是獎勵沒有在車上睡覺的人。大概，這些都是旅程中最令人懷念的時刻。

是時候回到現實。遠行是個調整心理狀況的好機會，回港後人生要翻到新的一章。青春有限要好好善用往後的時間了，更重要的是珍惜身邊每一個人，尤其是家人和好朋友。

這趟旅程有時真的很辛苦很累，也有覺得孤單寂寞的時候，下機後，坐在機場巴士上看着窗外熟悉的維多利亞港風景，打從心裏笑了出來。我想我還是喜歡香港，也許我是屬於這個城市的，喜歡喧鬧繁華而又忙碌多彩的生活，然後夢想忙裏偷閒、享受生活。

回家了，我只記着最美好的。將來賺了錢去旅行，住進五星級大酒店時，大概會想念曾經這樣青春過、瘋狂過。

最後，要多謝陪伴了我 34 天的朋友，是你們陪我寫下人生如此美好的一章。

團友 感想

33天，十多個城市。由法國出發，遊歷各個大大小小的著名景點。每日都期待著驚喜時刻的到來。雖然我們一行八人本著慳錢揑麵包的心態去旅行，但沒有因此而影響大家興奮的心情。這次歐遊可以說得上是一生難求的經歷，每次想起都能回味當時熱血的青春！

From 聰

生活每天都在刻板忙碌中度過，有時會忽然停下來，回想起我的畢業旅行。不知哪裏來的勇氣，我們一行八人大踏步邁進歐洲這塊陌生的土地。看著那時拍下的照片，所有回憶都湧上心頭。

朋友說，大學畢業後要盡情享受人生最寶貴而且是最後一個暑假。曾經有過這樣的一段旅行經歷，確實能充實人生的閱歷，閒時也可拿出來細味回憶一番。

From Sherry

感恩，團中有最強 Trip Planner，行程比真正旅行團還緊密！

感恩，旅行期間沒遇上危險事故，只是去德國下火車時，團友無法打開旅行箱的密碼鎖而令到火車 Delay！

感恩，荷蘭隊打入世界盃決賽，在露天廣場一起跟荷蘭人飲啤酒看足球打氣！

感恩，無論是城堡或教堂，都要走很多樓梯才能上頂層看風景，再加1個多月沒吃米飯，瘦了20磅，纖體瘦身療程費用都省下！

From Cherie

回想起「小眼睛看大世界」的歐遊之旅，記憶猶新。偶然翻看那時的照片，感覺就如舊地重遊。

充滿香味的巴黎地鐵，骯髒的柏林圍牆，令人頭痛欲裂的瑞士雪山浴，傳說中百年難得一見的 Double Rainbow……慶幸能在步入社會大學前可以和一班朋友遠征歐洲大陸！正式進入社大後，能夠一大班朋友離港旅遊更是難上加難了！

From Rachel

「Grad Trip 一齊去歐洲嗎？」，「好呀！」。一個簡單的約定，展開了我的歐洲之旅。

在英國，因飲用自來水導致整團人水土不服；在威尼斯，因床位問題差點要露宿街頭；在歐洲熱浪下，仍每天接受著密室巴士／火車旅程的煎熬；1個月的旅程，為了節省旅費，每天吃著差不多味道的麵包薄餅；在米蘭大教堂下，被當地人誤認為菲律賓人；在機場借宿一宵後，才了解到一張睡床的重要性……閒時回想起來，也會會心微笑。最真切的感受，必定源於親身經歷。希望正在看書的您，也能擁有一個回味無窮的旅程，一個只屬於您自己的獨家記憶！

From Snowman

EasyGo! 旅遊系列

日本

経典新玩幸福嘆名物
Easy GO！——大阪

作者：Him
頁數：360頁全彩
書價：HK$98、NT$390

溫泉探秘賞楓景
Easy GO！——福岡長崎北九洲

作者：Li
頁數：408頁全彩
書價：HK$108、NT$450

藍天碧海琉球風情
Easy GO！——沖繩

作者：Li
頁數：416頁全彩
書價：HK$108、NT$450

香飄雪飛趣玩尋食
Easy GO！——北海道青森

作者：Li
頁數：368頁全彩
書價：HK$108、NT$450

暖暖樂土清爽醉遊
Easy GO！——日本東北

作者：Li
頁數：352頁全彩
書價：HK$108、NT$450

秘境神遊新鮮嘗
Easy GO！——鳥取廣島

作者：Li
頁數：456頁全彩
書價：HK$108、NT$450

環抱晴朗慢走島國
Easy GO！——四國瀨戶內海

作者：黃穎宜、Gigi
頁數：352頁全彩
書價：HK$108、NT$450

紅楓粉櫻古意漫遊
Easy GO！——京阪神關西

作者：Him
頁數：488頁全彩
書價：HK$118、NT$480

北陸古韻峻美山城
Easy GO！——名古屋日本中部

作者：Li
頁數：496頁全彩
書價：HK$128、NT$490

頂尖流行掃貨嘗鮮
Easy GO！——東京

作者：Him
頁數：496頁全彩
書價：HK$118、NT$480

歐美、澳洲

海島秘境深度遊
Easy GO！——石垣宮古

作者：跨版生活編輯部
頁數：200頁全彩
書價：HK$98、NT$390

沉醉夢幻國度
Easy GO！——法國瑞士

作者：Chole
頁數：288頁全彩
書價：HK$98、NT$350

豪情闖蕩自然探奇
Easy GO！——澳洲

作者：黃穎宜
頁數：248頁全彩
書價：HK$98、NT$350

Classic貴氣典雅迷人
Easy GO！——英國

作者：沙發衝浪客
頁數：272頁全彩
書價：HK$118、NT$480

出走近關五湖北關西
Easy GO！——東京周邊

作者：沙發衝浪客
頁數：367頁全彩
書價：HK$118、NT$480

熱情都會壯麗紹景
Easy GO！——美國西岸

作者：嚴潔盈
頁數：248頁全彩
書價：HK$128、NT$490

遨遊11國省錢品味遊
Easy GO！——歐洲

作者：黃穎宜
頁數：304頁全彩
書價：HK$118、NT$480

殿堂都會華麗濱岸
Easy GO！——美國東岸

作者：Lammay
頁數：328頁全彩
書價：HK$88、NT$350

網上訂購請瀏覽 www.crossborderbook.net

《遨遊 11 國省錢品味遊 Easy GO!──歐洲》

作者：黃穎宜
編審：李雪熒
責任編輯：Peggy Ng、嚴潔盈、劉希穎
版面設計：Wing Leung
協力：鍾漪琪、Kacy Choi、麥碧心、區嘉倩
攝影鳴謝：黃穎宜, Connie Cheung, Yiki Chan, Tweety Tong, ©iStock.com/Stefan Ata-man, Pete Tripp, Nikada, Solymosi Tam s,Peter Spiro, John Sigler, peeterv, David Herrmann, Ziutograf, Nikada, Joris Van Ostaeyen, Adam Mandoki, Dmitry Goygel-Sokol, Snezana Negovanovic,©iStock.com/sborisov, milangonda, Nisangha, KarSol, eduartphotography, mihaiulia, janicetsang, lena_serditova

出版：跨版生活圖書出版
地址：新界荃灣沙咀道 11-19 號達貿中心 910 室
電話：3153 5574　傳真：3162 7223
網址：http://crossborder.com.hk/（Facebook 專頁）
網誌：http://www.crossborderbook.com
電郵：crossborderbook@yahoo.com.hk

發行：泛華發行代理有限公司
地址：香港將軍澳工業邨駿昌街 7 號星島新聞集團大廈
電話：2798-2220　　傳真：2796-5471
網頁：http://www.gccd.com.hk
電郵：gccd@singtaonewscorp.com

台灣總經銷：永盈出版行銷有限公司
地址：231 新北市新店區中正路 499 號 4 樓
電話：(02)2218 0701　傳真：(02) 2218 0704

印刷：鴻基印刷有限公司

出版日期：2023 年 12 月總第 6 次印刷
定價：港幣一百一十八元　新台幣四百八十元
ISBN：978-988-78895-6-4

出版社法律顧問：勞潔儀律師行